KB138192

코로나19 시기의
심리적 도전과 적응

코로나19 시기의 심리적 도전과 적응

최훈석 | 김민우 | 장승민 | 박형인 | 장혜인

COVID-19 PANDEMIC

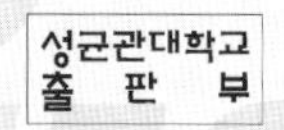

CONTENTS

제1장

개인주의-집단주의와 코로나19 팬데믹

최훈석

1. 들어가며

2019년 12월 중국의 우한에서 출몰한 신종 코로나바이러스(SARS-CoV-2)는 인간에게 급성 호흡기질환을 유발하는 코로나바이러스감염증-2019(이하 코로나19)로 이어져 불과 3개월 만에 전 세계 114개국에서 12만 명에 이르는 사람들을 감염시키고 4천여 명의 목숨을 앗아갔다. 이처럼 상황이 긴박하게 전개되자 세계보건기구(WHO)는 2020년 3월 11일 코로나19 세계적 대유행(pandemic)을 선포했고, 전 세계 국가들이 신종 코로나바이러스의 국내 유입 및 확산을 막기 위해 입국 제한, 다중시설 폐쇄, 검사 의무화, 사회적 거리두기, 마스크 착용, 감염자 격리 등 다양한 통제정책을 시행하기에 이르렀다.

이러한 각종 정책과 함께 2021년부터 예방백신이 본격적으로 보급되고 있음에도 불구하고, 코로나19 팬데믹은 2023년 1월 현재까지도 근절되지 못한 채 전 세계적으로 6억 7천만 명이 감염되고 670만 명이 사망하는 인류 초유의 사태가 계속되고 있다(WHO, 2023). 한국도 예외는 아니어서 총 확진자는 전체 인구의 절반이 넘는 3천만 명에 육박하며 3만 2천여 명이 목숨을 잃었다(질병관리본부, 2023). 예방백신이 개발되면 코로나19를 근절할 수 있을 것이라던 인류의 기대와는 달리, 이제 코로나19는 근절이나 퇴치의 대상이 아니라 인류가 매우 오랜 기간 관리하고 함께 살아야 할 존재로까지 인식되고 있다.

이 장은 인류 최악의 유행병으로 기록될지도 모를 코로나19 팬데믹과 관련된 인간의 사회심리와 행동을 논의하기 위해 집필되었다. 구체적으로, 이 장에서는 코로나19 팬데믹 기간 동안 사회 및 문화심리 분야에서 보고된 실증연구들을 개관하여 문화를 구분하는 핵심 차원인 '개인주의-집단주의'가 전 세계적으로 팬데믹을 관리하고 통제하는 데 어떤 역할을 했는지를 분석한다. 혹자는 코로나19는 바이러스가 일으키는 생물학적 사건인데 이것을 왜 문화와 관련지어 이해하려고 하는지 의문스러워할 수도 있다. 이 물음에 대한 답은 간단하다.

코로나19 팬데믹은 생물학적 사건일 뿐만 아니라 '사회적 사건'이다. 즉, 팬데믹의 시작은 바이러스가 일으킨 생물학적 사건이지만 팬데믹에 대응하는 사람들의 마음과 행동은 한 사회를 지배하는 문화적 가치와 세계관의 영향을 받을 수밖에 없다. 그리고 바로 이러한 문화적 가치와 세계관이 팬데믹에 효과적으로 대응하는 행동 체계의 근간을 이룬다(Choi, 2021). 코로나19 팬데믹의 시작이 인류가 당장의 만족과 번영을 위해 자연생태계를 훼손하는 파괴와 공멸(共滅)의 문화를 향유하고 있음에 상당부분 기인함을 인식하는 것도 물론 중요하다.

이 장에서는 먼저 문화에 관한 심리학적 접근의 특징을 요약하고, 문화를 구분하는 차원으로 지금까지 가장 많은 연구가 이루어진 '개인주의-집단주의' 문화 차원의 핵심 특징을 소개한다. 이어서, 코로나19 팬데믹 발생 이후 현재까지 보고된 사회심리 및 문화심리 연구들 가운데 개인주의-집단주의를 분석의 틀로 삼아 국가 간 및 국가 내 비교를 수행한 연구들을 분석한다. 이 분석은 인류 역사에서 병원체(pathogen) 창궐과 개인주의-집단주의 문화의 관계, 그리고 개인주의-집단주의가 코로나19 확산, 정부의 대응, 정부의 통제정책에 대한 시민 순응, 집단 간 관계 및 친사회적 행동에 미친 영향으로 범주화하여 제시한다. 끝으로, 이러한 분석을 토대로 코로나19 팬데믹을 거치면서 장차 사회 및 문화심리 분야에서 그 중요성이 더욱 커질 것으로 예견되는 핵심 연구주제들을 논의한다.

2. 문화에 관한 심리학 연구: 문화비교 심리학과 문화심리학

인간은 문화적 존재이다. 인류 역사상 인간은 생존을 위해 해결해야 할 여러 가지 문제와 도전에 직면해왔으며, 문화는 그러한 도전에 대한 인간의 응전이 반영된 역사적 결과물이다. 어느 사회든 문화의 영향을 받지 않는 개인은 존재하지 않음에도 불구하고, 인간에게 문화는 공기와 같은 것이어서 사람들은 문화가 자신의 심리와 행동에 근본적인 영향을 미치고 있음을 알아차리지 못한다. 이는 Kluckhohn(1949)이 오래 전에 간파한 것처럼, 물고기가 물 밖으로 나와야만 자신이 물속에 살고 있었음을 알아차리는 것과 같은 이치이다.

현대심리학의 창시자로 불리는 Wilhelm Wundt가 문화심리(volkerpsychologie)라는 개념을 통해 강조했듯이, 인간은 사회적 맥락에 구현된 존재이므로 과학으로서의 심리학은 이러한 인간 행동의 사회적 구현성을 이해하는 것을 핵심 과업으로 삼아야 한다.

심리학에서 문화란 사람들이 공유하고 있는 가치와 신념들로 구성된 의미체계로서, 사람들이 세상을 이해하고 해석하는 방식을 인도한다(Heine, (2010) 문화는 인간 행동이 발현되는 맥락을 모두 포괄하며 개인, 대인관계, 집단, 조직, 지역사회, 국가 등 다양한 수준에서 그 역할과 기능을 정의하고 분석할 수 있다).

1970년대부터 문화에 관한 심리학 연구의 핵심으로 자리 잡은 문화비교 심리학(cross-cultural psychology)은 국가나 사회, 지역 등을 단위로 하여 문화를 다양한 차원으로 구분하고, 특정 차원에서 여러 국가를 구별하는 핵심 특징들을 확인하는 데 초점을 둔다.[1] 이 접근법은 심리학이 문화보편성을 담보한 일반이론을 발굴하고 발전시켜야 한다는 전제하에 문화에 따른 차이나 유사성을 연구한다. 이처럼 문화비교 심리학은 인간 심리의 보편성 가정에서 출발하므로, 심리와 행동에서 관찰되는 문화 간 변산은 특정 심리 현상의 '정도 차이'로 이해하며, 이 차이는 각기 서로 다른 문화사회화 과정을 반영하는 것으로 해석한다. 따라서 환경맥락으로서의 문화는 선행조건으로, 그리고 사람들의 신념과 태도, 행동 등은 그에 따른 결과변수로 취급한다(Berry et al., 2011).

문화를 맥락변수로 취급하고 문화비교를 통해 범문화적 보편 심리학의 구성을 목적으로 하는 문화비교 심리학과 달리, 문화심리학(cultural psychology)은 인간의 학습에서 사회문화적 맥락의 중요성을 강조한 Vygotsky(1934/1962)의 문화특수성 관점과 '문화와

1) 문화의 다양한 차원 구분에 관해서는 Cohen(2014), Gelfand et al.(2006) 참조.

심리는 서로를 구성한다'는 Shweder(1990)의 상호결정론에 토대를 둔다. 문화심리학에서는 문화를 외부 환경변수가 아니라 지각, 인지, 동기와 정서 등 기본적인 내부 심리기능에서의 차이에 반영된 심리 현상으로 간주한다(Kashima, 2019). 즉, 문화와 인간의 심리 및 행동이 불가분의 관계에 있다고 가정하기 때문에, 사람들의 심리와 행동에서 관찰되는 문화 간 차이는 보편심리의 정도 차이가 아니라 내부 심리기능에서의 본원적인 차이로 해석된다. 이러한 전제를 토대로 문화심리학 연구에서는 주로 동아시아와 미국을 비교하여 대인지각, 사고처리 양상, 동기 체계와 정서 경험 등 내부 심리기능에서의 동서양 차이를 분석한다(예: 실패 경험의 심리적 기능에서 동양과 서양의 차이).[2)]

2) 이에 대한 최신 개관은 Cohen & Kitayama(2019) 참조.

3. Hofstede의 문화가치이론

문화에 관한 심리학 연구를 주도한 문화비교 심리학은 외부 환경변수로서의 문화에 초점을 두고 다양한 차원으로 문화를 구분하여(예: 개인주의-집단주의, 남성성-여성성) 해당 차원에서 여러 국가를 변별하는 핵심 특징을 기술하는 접근법을 취한다.[3] 이처럼 환경맥락으로서의 문화에 초점을 두고 문화를 국가 수준에서 차원화하여 연구하는 대표적인 접근법 가운데 하나가 Hofstede(1980, 2001)가 주창한 문화가치이론이다.

Hofstede는 문화란 사람들이 생존을 도모하면서 마주하는 본원적 문제들에 대한 해결책을 찾는 과정에서 형성된 것이라고 전제한다. 즉, 문화는 사회 구성원들이 생존을 도모하면서 마주하는 원초적인 문제들에 대한 답을 찾아내는 과정에서 형성된 것으로

---

3) 문화의 차원 구분에 관해서는 Cohen(2014), Gelfand et al.(2006) 참조.

이해한다. 그리고 어떤 사회든 이러한 문제들에 대한 답은 그 사회에서 지배적으로 수용되고 실현되는 가치체계에 내포되어 있으므로, 사회문화적 선행조건으로서 한 사회에서 지배적인 가치가 어떤 특징을 지니는지를 분석하는 것이 문화에 관한 심리학 연구의 주요 과제라고 주장한다.

Hofstede(1980)는 1960년대 말부터 1970년대 중반까지 세계 60여 개국 IBM 종업원 11만여 명을 대상으로 실시된 일련의 조사를 분석하여 이 국가들을 변별하는 네 가지 가치 차원을 확인하였다. 첫째, 개인주의 대 집단주의는 개인이 가족과 친지, 친구, 동료 등 1차 집단(primary group)에 통합된 정도를 말하며, 삶에서 개인과 집단 중 어느 쪽에 우선순위를 둘 것인가의 문제를 반영한다. 둘째, 권력거리는 위계 관계에 있는 사람들 간에 어느 정도의 거리를 자연스럽고 바람직하다고 받아들일 것인가의 문제를 반영한다. 셋째, 남성성 대 여성성은 사회에서 남성과 여성의 역할을 어떻게 설정하는지, 그리고 넷째, 불확실성 회피는 예측불가능하고 모호한 사건들에 어떻게 대처하는지를 반영한다.

Hofstede의 문화가치이론은 이후 중국인 가치관 조사(Chinese Culture Connection, 1987; Hofstede & Bond, 1988)와 세계가치관조사(Minkov, 2007)에서 각각 확인된 '단기적 대 장기적 시간지향'과 '쾌락추구 대 절제' 차원을 추가하여 총 6가지 차원에서 국가 수준 문화를 규정한다. 이처럼 국가 수준의 문화를 다양한 차원에서 규정하고 국가 간 차이점과 유사점을 분석하는 문화비교 접근법은 인간의 심리와 행동에서 문화의 영향을 이해하는 데 크게 기여했다(Gelfand et al., 2017). 특히, Hofstede가 제안한 6가지 가치 차원들 가운데 개인주의-집단주의는 지금까지 문화에 관한 심리학 연구에서 가장 많은 실증자료가 축적된 문화 차원이기도 하다(Oyserman et al., 2002).

Hofstede의 이론에서 개인주의 사회와 집단주의 사회는 몇 가지 핵심 특징에서 분명한 대조를 이룬다. 개인주의 사회는 전반적으로 개인이 집단에 통합된 정도가 약하고 개인의 자율성과 개체성이 강조된다. 즉, 스스로 자신과 직계가족을 책임질 것을 강조하고 자기개념에서 '나'에 대한 인식이 우세하며, 개인적 삶을 중요시하고 타인 역시 자기와 마찬가지로 한 사람의 개인이라는 인식이 강하다. 또한, 자신의 의견을 솔직하게 표현하는 것을 바람직하게 여기고 관계보다는 과업을 중시하며, 교육의 궁극적 목표는 어떻게 배울 것인가를 가르치는 데 있다. 그리고 사회규범이나 규칙을 위반하는 것은 개인에게 죄책감을 유발하고 자존감을 실추시킨다.

이와 대조적으로, 집단주의 사회에서는 대가족이나 집단에 개인이 충성하는 것이 중요하고, 자기개념에서 '우리'에 대한 인식이 우세하며, 삶의 개체성보다는 집단 및 중요 관계에의 소속을 강조하고 조화를 중시한다. 그리고 타인들을 하나의 또 다른 개체로 보기보다는 내집단 또는 외집단으로 구별하여 인식하는 경향이 강하며, 개인의 의견보다는 내집단의 결정이 중시되고 과업보다는 관계를 중시하며, 교육의 궁극적 목표는 무엇을 어떻게 할지를 가르치는 데 있다. 그리고 사회규범이나 규칙을 위반하는 것은 자기 자신 및 자기가 속한 집단의 수치로 여기고 자신과 집단의 체면 손상으로 여긴다(Hofstede, 2011; Hofstede et al., 2010).

<표 1.1> Hofstede 이론에서 개인주의 사회와 집단주의 사회의 비교

개인주의 사회	집단주의 사회
개인의 자율성과 개체성 강조	사람들 간의 연결성과 집단성 강조
스스로 자신과 직계가족을 책임짐	대가족이나 집단에 개인이 충성
'나'에 대한 인식 우세	'우리'에 대한 인식 우세
개인적 삶 중시	소속과 조화를 강조
타인을 나와 같은 한 사람의 개인으로 인식	타인을 내집단 또는 외집단으로 구별
자신의 의견을 솔직하게 표현	개인의 의견보다 내집단의 결정 중시
관계보다 과업중시	과업보다 관계중시
교육은 '어떻게 배울 것인가'에 초점	교육은 '무엇을 배울 것인가'에 초점
규칙위반은 개인에게 죄책감 유발, 자존감 실추	규칙위반은 자신 및 집단에 수치심 유발, 자기와 집단체면 손상

(출처: Hofstede et al., 2010)

Hofstede가 정립한 문화가치이론은 사회의 지배적인 가치를 구성원들의 삶에 영향을 미치는 사회문화 변수로 취급하기 때문에, 국가별로 얻은 자료에서 개인차를 통계적으로 제거하고 6개 가치 차원에서 국가 간 비교를 수행한다(Hofstede, 2001). 이 접근법에서 개인주의-집단주의는 국가 수준에서 표준화된 점수이므로, 국가별로 개인주의(집단주의) 순위를 정해 비교할 수 있다. Hofstede의 개념틀을 적용하여 실시된 일련의 조사에서 전통적으로 극동 3개국(한국, 일본, 중국)과 아시아, 남미 및 아프리카 지역은 집단주의가 강하고, 북미와 서유럽, 오세아니아 국가들은 개인주의가 강하다.

개인주의-집단주의 차원은 권력거리차원과 정상관을 보여서, 전통적으로 대인 간 위계를 강조하는 동아시아 국가들은 북미와 서유럽 국가들에 비해서 집단주의 성향이 강하고 지위 차이가 존재하는 개인 간에 사회적 거리가 크다(Hofstede et al., 2010). 그리고 개인주의-집단주의 차원은 국가의 경제 수준과 유의미한 상관이 있어서, 개인주의는 부유한 국가들에서 그리고 집단주의는 상대적으로 빈곤한 국가들에서 우세하게 관찰된다. 따라서 개인주의-집단주의 차원은 부유한 나라들과 빈곤한 나라들에서 지배적으로 나타나는 가치체계의 차이를 규명하는 데 특히 유용하다(Smith et al., 2013).[4)]

---

4) 국가별 개인주의-집단주의 점수 및 나머지 5개 차원과의 통합비교는 https://geerthofstede.com/country-comparison-graphs/ 참조.

4. Triandis의 개인주의–집단주의 이론

Triandis(1972, 1995)는 한 사회의 구성원들이 세상을 이해하고 해석하는 방식과 사회적 행동을 인도하는 의미체계로서의 문화, 즉 주관적 문화(subjective culture, Triandis, 1972)를 심리학의 문화연구에 정착시켰다. 그는 개인주의–집단주의 다차원 이론을 정립하고, 아래와 같은 네 가지 정의적 속성을 중심으로 개인주의 사회와 집단주의 사회를 특징짓는다.

첫째, 목표 우선성은 한 사회의 구성원들이 개인목표와 공동목표 중 어느 쪽에 우선순위를 두는지를 말한다. 북미와 서유럽을 위시한 개인주의 사회에서는 개인의 목표를 우선시하는 반면, 동아시아를 위시한 집단주의 사회에서는 집단의 공동목표를 우선시한다. 그리고 이러한 목표 우선성에서의 차이는 개인 목표와 집단 목표가 상충할 때 더욱 분명히 드러난다.

둘째, 자기관은 개인이 자신을 타인으로부터 분리된 하나의 독립된 개체로 인식하는지 아니면 중요 타인과 상호연결된 연결체로서의 인식이 우세한지를 말한다. 개인주의 사회에서는 자기의 독특성과 독립성을 강조하며 타인이나 상황으로부터 분리된 개체로 보는 독립적 자기관이 우세하다. 반면에, 집단주의 사회에서는 자기와 타인의 유사성에 초점을 두고 중요 관계에서 자기와 타인의 연결 및 상호의존성을 강조하는 상호의존적 자기관이 우세하다(참조: Markus & Kitayama, 1991).

세 번째 속성은 사람들의 내적 태도와 사회규범을 비교했을 때 어느 쪽이 개인의 행동 결정에 더 큰 영향을 발휘하는지를 말한다. 개인주의 사회에서는 행위의 결정과 실행에서 개인의 가치관이나 내적 태도가 중요한 반면, 집단주의 사회에서는 사회의 지배적인 규범이나 내집단 규범, 다수의 의견이 개인의 내적 신념이나 태도보다 큰 영향을 발휘한다.

네 번째 속성은 관계성으로, 한 사회에서 대인관계나 집단소속이 개인의 편익에 따라 결정되는 교환(exchange) 관계가 우세한지, 아니면 관계 유지 및 신장을 강조하는 공동(communal) 관계가 우세한지를 말한다. 이 속성에서 개인주의 사회는 교환원리를, 그리고 집단주의 사회는 공동관계 원리를 따르는 경향이 강하게 나타난다. 따라서 개인주의 사회에서는 어떤 관계나 집단에 속해 있는 것이 개인에게 편익을 제공하지 못할 때는 그 관계를 종결하고 대안적인 관계를 추구하는 경향이 강하다. 반면에, 집단주의 사회에서는 특정 관계나 집단소속에 따른 편익보다는 조화와 충성, 관계 유지의 의무가 강조된다.

Triandis(1995; Triandis & Gelfand, 2012)는 개인과 집단의 관계를 어떻게 설정하고 삶을 영위하는 것이 바람직한지와 관련하여 사회에서 공유된 신념이 위 네 가지 정의적 속성을 아우르는 핵심 특징이라고 본다. 또한, 국가 수준에서 이 네 가지 정의적 속성들 간에는 체계적인 상관관계가 있어서 네 가지 속성들이 일관된 방향으로 나타나는 일종의 문화적 징후(cultural syndrome)를 형성한다고 주장한다.

예를 들어, 국가 수준에서 문화를 정의할 때 한국을 포함한 동아시아 국가들에서는 개인 목표보다 집단의 공동목표가 중시되고, 분리되고 독립적인 개체로서의 자기관보다는 상호연결체로서의 자기관이 우세하며, 개인의 태도보다는 사회규범이 사람들의 행동에 미치는 영향이 크고, 관계의 형성 및 유지와 집단소속은 이해관계보다는 공동관계의 원리를 따르는 일련의 문화적 현상들이 나타난다. 반면에 북미와 서유럽 국가들로 대표되는 개인주의 사회에서는 집단 목표보다 개인의 목표 달성을 상대적으로 중시하고, 독립적이고 자율적인 개체로서의 자기관이 우세하며, 사회규범이나 규율보다는 개인의 선호와 태도가 행동 결정 및 실행에 큰 영향을 미치고, 대인관계와 집단소속에 있어서 사람들이 자신에게 돌아오는 편익이나 이해관계를 중시하는 경향이 강하다.

Hofstede의 문화가치 이론은 개인주의-집단주의를 가치로 개념화하여 표준화된 점수를 통해 세계 각국을 비교하는 접근법을 취한다. 반면에, Triandis의 이론은 가치관, 자기관, 규범의 행동 결정성, 그리고 사회관계 특징을 포괄하는 다차원 구성개념으로 개인주의-집단주의 문화를 정의한다. 이처럼 접근법에서 다소 차이가 있기는 하지만 두 이론 모두 개인과 집단 중 어느 쪽을 더 우선시하는지가 개인주의 사회와 집단주의 사회를 구별하는 핵심 특징임을 강조한다. Hofstede의 이론과 Triandis의 이론에서 정립된 개인주의-집단주의 문화 구분은 심리학에서 50여 년에 걸친 방대한 실증연구를 통해 서양과 동양을 각각 개인 중심성과 집단 중심성으로 대비시키는 접근법을 정착시켰다.

5. 개인주의-집단주의 문화의 기원

국가 수준에서 문화를 구분하는 차원으로서 개인주의-집단주의의 핵심은 개인과 집단의 관계에서 삶의 개별성과 개인을 강조하는 방향으로 인지와 동기, 감정, 행동이 발현되는지 아니면 공동성과 집단을 강조하는 방향으로 발현되는지의 문제이다. 그렇다면 이러한 삶의 강조점에서의 문화 간 차이의 기원은 어디에서 찾을 수 있는가?

이 질문에 대하여 Triandis(1995; Triandis & Gelfand, 2012)는 개인주의-집단주의 문화의 기원을 추적하는 하나의 일반 원리를 제안한다. 즉, 사람들로 하여금 서로 의존하고 공동운명을 인식하며 신장하도록 하는 요인들은 집단주의 문화의 형성에 기여한 반면, 사람들을 서로에게서 분리시키는 방향으로 작용하는 요인들은 개인주의 문화의 형성에 기여했다는 해석이다. 이 점을 이해하기 위해 몇 가지 예를 들어보자.

개인주의와 집단주의는 생태환경에 인간이 적응하는 과정에서 형성된 각기 다른 삶의 방식에 해당한다(Berry, 1979). 즉, 개인주의는 개인 스스로 삶을 꾸려나가고 자율과 자유가 생존에 필수적인 사냥-채집사회에서 주로 발견되는 반면, 집단주의는 주로 조화와 동조가 생존에 필수적인 농경사회에서 발견된다. 가족제도 역시 개인주의-집단주의 문화의 형성과 중요한 관련성을 지닌다. 즉, 구성원들 간의 연결성이 약하고 개인의 삶을 강조하는 핵가족 구조는 개인주의 사회에서 우세하게 나타나고, 구성원들 간의 연결성과 삶의 사회적 구현성을 강조하는 대가족 구조는 집단주의 문화에서 우세하게 나타난다(Triandis, 1989).

국가의 경제 수준 역시 개인주의-집단주의 문화와 밀접한 관계가 있다. 전반적으로, 부유한 나라에서는 사람들 간의 분리와 개체적 삶을 영위할 수 있는 조건이 마련되기 용이한 반면, 부유하지 못한 나라에서는 사람들 간의 연결성과 상호의존성, 공동운명이 강조된다. 따라서, 부유한 국가일수록 개인주의 문화가 우세하다. 흥미롭게도, 국가의 경제 수준이 높아질수록 개인주의 문화가 나타날 가능성도 커지지만, 개인주의 문화가 우세해진다고 해서 그 국가의 경제 수준이 높아지지는 않는다(Hofstede, 1980). 이와 유사하게, 사회적 지위가 낮은 집단은 높은 집단에 비해서 구성원들이 자원을 공유할 필요성이 크고 안전과 신뢰 등의 가치를 중시하기 때문에 집단주의 문화를 발전시킬 가능성이 크다. 그리고 사람들 간의 연결성과 공동운명이 강조되는 상황요인들(예: 위기, 내집단 위협) 역시 집단주의 문화를 촉진한다.

Triandis의 주장과 유사한 맥락에서 Nisbett(2003)은 서양인과 동아시아인의 심리와 행동에서 관찰되는 차이의 근원을 이해하기 위해 생태환경과 역사적 사건들, 생활방식, 사회구조, 가족제도, 철학, 언어와 종교 등의 차원에서 고대 그리스와 고대 중국을 대비시켜 각각을 원형-개인주의(proto-individualism) 사회와 원형-집단주의(proto-collectivism) 사회로 규정한다. 이 분석에 따르면, 고대 그리스는 비옥한 땅이 많지 않은 지리적 환경에서 소규모 도시국가들이 험준한 산악지대를 경계로 비좁고 긴 해안가에 정착한 형태로 존재하였다. 이 도시국가들은 서로 다른 생활방식을 발전시키고 향유하면서 주로 무역을 통해 생존을 도모하는 삶의 양식을 정착시켰다. 사람들이 여러 곳을 이동하며 다른 도시국가와의 무역을 통해 삶을 영위하면서 자기와 다른 생각과 행동을 하는 이들과 빈번히 접촉하게 되고, 이 과정에서 자신과 타인의 차이점을 파악하고 자기주장을 관철시키며 상대와의 경쟁에서 이기는 일이 일상의 중요 과제로 대두되었다. 이러한 생태환경과 생활양식이 문화사회화 과정에 영향을 미쳐 자립과 경쟁, 자기 독립성 등 개인이 개체적 삶을 추구하는 데 필요한 심리 및 행동 특징들이 우세해졌다고 추론할 수 있다. 이와 같은 맥락에서, 개인의 주체성과 독립성, 자율성을 강조하는 고대 그리스 철학 또한 원시 개인주의 사회의 형성에 큰 영향을 미친 것으로 이해할 수 있다.

반면, 고대 중국은 농경에 적합한 기후 환경과 풍부한 농토 덕분에 농사에 의존하여 생존을 도모하기가 용이했고, 비옥한 농경지를 중심으로 정착하여 대가족과 확대가족을 단위로 하는 대규모 농경사회를 발전시켰다. 농경에 필수적인 치수 관개 사업을 비롯하여 대규모 인구가 삶을 영위하는 데 필요한 일상의 과제들은 경쟁보다는 협동을 요구하는 과제들이었을 가능성이 크다. 그리고 많은 인구를 관리하고 통제하기 위해서는 엄격한 위계질서와 중앙집권화된 권력구조가 필요했을 것이며, 집단 내 질서와 조화 유지가 중요했다고 추론할 수 있다. 또한 대가족 및 확대가족의 연결망 내에서 충분히 생존을 영위할 수 있었기 때문에, 외집단과의 접촉이나 교류의 필요성도 크지 않았을 것이다. 이러한 생태환경과 생활양식이 문화사회화 과정에 영향을 미쳐 조화와 책임, 협동, 순종 등과 같은 공동체적 삶의 기초가 되는 심리 및 행동 특징들이 우세해졌다고 추론할 수 있다. 그리고 이와 같은 맥락에서, 삶의 공동성과 관계성을 강조하고 조화와 협동의 가치를 중시한 고대 중국 철학 역시 원시 집단주의 사회의 형성에 중요한 영향을 미친 것으로 이해할 수 있다.[5]

다른 한편으로 Markus와 Kitayama(1991; Kitayama et al., 2007)는 서양과 동양인들의 자기개념에서 나타나는 특징적 차이에 주목하여 독립적 존재 양식 대 상호의존적 존재 양식(independent vs. interdependent mode of being)을 개념화하여 동서양 문화 차이를 분석한다. 이 분석은 주로 동아시아와 북미를 비교하여 지각, 인지,

---

5) 농경사회와 집단주의 문화의 연결점에 관한 보다 현대적인 증거는 Talhelm, Zhang, Oishi, Shimin, Duan, Lan, & Kitayama(2014)를, 개인주의–집단주의 사회의 정치사상적 기원에 관해서는 김비환(2018)을, 그리고 동아시아 집단주의의 유학사상적 배경에 관해서는 조긍호(2007) 참조.

동기와 정서, 대인행동 등에서 개인의 독립성과 개체성이 강조되는지, 아니면 사람들 간의 상호연결성과 의존성이 강조되는지에 초점을 두고 각각의 심리적 기능과 결과를 분석한다. 이 이론은 앞의 Triandis 및 Nisbett의 분석과 유사한 맥락에서 생태환경 및 정치 · 경제 · 사회 · 역사적 요인 등의 원격변수들의 차이가 동아시아와 서양(특히 미국)의 문화사회화 과정에 반영되어 타인과의 연결과 의존성을 강조하는 상호의존적 자기관(동양) 또는 타인으로부터의 분리와 자기 독립성을 강조하는 독립적 자기관(서양)을 우세하게 만들었다고 전제한다. 그리고 동서양 간에 발견되는 심리와 행동의 차이는 이러한 자기관의 차이에 기인한다고 주장한다.

6. 개인주의-집단주의와 코로나19 팬데믹

문화를 개인주의-집단주의로 구분하여 분석하는 심리학 연구의 핵심 가정은, 개인과 집단의 관계적 본질(즉, 개인과 집단의 관계에서 어느 쪽을 더 중시할 것인가 또는 중시하는 것이 바람직한가)에 관하여 한 사회에서 공유된 신념이 구성원들의 사회적 삶의 토대를 이룬다는 점이다. 개인과 집단의 관계적 본질은 모든 사회가 다루어야 할 문화의 심층구조 원리(Greenfield, 2000)이자, 사회적 존재로서 공동체적 삶을 영위하는 것과 하나의 개체로서 자신의 개인적 욕구를 충족시키는 것 사이에서 고민하고 선택해야 하는 인간의 존재적 특성과도 직결된다.

반세기가 넘는 기간 동안 문화비교심리와 문화심리 연구들이 분명히 보여주듯이, 개인주의(개인 중심) 대 집단주의(집단 중심)의 가치는 인간의 사회적 행동의 모든 단면에 직·간접적인 영향을 미친다. 이 장은 코로나19 팬데믹에 대한 사람들의 대응 역시 개인주의-집단주의 문화와 불가분의 관계에 있다고 전제한다. 왜냐하면 코로나19 팬데믹은 단순히 생물학적 사건으로서가 아니라 이미 전 지구적으로 우리 인간의 사회적 삶에 막대한 영향을 미치고 있기 때문이다.

2020년 3월 세계보건기구가 코로나19 팬데믹을 선포한 이래, 전 세계적으로 코로나19에 감염된 사람들과 사망한 사람들의 숫자가 매일 집계되어 언론과 학계, 유관 기관, 온라인 매체 등에 일상적으로 공개되고 있다. 또한 세계 주요 국가들에서 시민들이 팬데믹에 어떻게 대처하고 있는지, 그리고 자국 정부의 코로나19 방역 정책에 어떻게 반응하고 있는지에 관한 언론보도와 전문가들의 분석도 넘쳐나고 있다. 이러한 각종 자료와 분석에서 확연히 드러나는 특징 하나는 동아시아의 여러 나라가 미국을 위시한 서구 국가들에 비해서 감염병을 잘 통제하고 팬데믹에 성공적으로 대처하고 있다는 점이다.

앞에서 논의한 Hofstede의 개인주의-집단주의 가치와 Triandis의 다차원 이론에서 개인주의 사회와 집단주의 사회의 문화 차이, 그리고 개인주의-집단주의 문화의 기원과 관련된 핵심 주장들은 코로나19 팬데믹에 대한 대처에서 서구 개인주의 사회와 동아시아 집단주의 사회를 비교하여 이해하는 데 중요한 이론적 기초를 제공한다. 결론부터 말하자면, 서구의 상대적 실패와 동아시아의 상대적 성공은 개인주의-집단주의 문화와 밀접한 관련이 있다. 즉, 서구의 개인주의 문화에 비해 동아시아의 집단주의 문화가 코로나19 팬데믹을 통제하고 관리하는 데 효과적인 행동면역체계로 작동했다고 결론 지을 수 있는 다양한 증거들이 축적되고 있다.

지금부터 이 결론이 타당함을 시사하는 일련의 주장들과 주요 연구들을 1)병원체 이론(pathogen theory), 2)코로나19 확산, 3)정부의 대응, 4)정부 통제정책에 대한 시민 순응, 5)집단 간 관계 영역으로 범주화하여 개관한다.

병원체 이론(pathogen theory)과 개인주의-집단주의

다양한 병원체들은 오랜 기간 동안 인간의 생존을 위협하면서 인류에게 지속적으로 적응문제(adaptive problem)를 야기해왔다. 연간 천백만여 명이 병원체 감염으로 사망하고, 전 세계적으로 소멸하는 생명체의 약 51% 정도가 병원균 감염에 의한 것으로 추정된다. 뿐만 아니라 병원체는 인구특성, 인간 행동, 국가의 정치체제, 번식력, 세계 경제 등 광범위한 영역에 걸쳐 영향을 미친다(Dunn et al., 2010).

병원체 이론에 따르면 병원체가 인류에 부과한 적응압력은 생물학적 방어기제뿐만 아니라 병원체 감염을 막는 데 유효한 방어적 행동을 진화시켰다. 병원체 감염을 막는 방어적 행동 체계, 즉 행동면역체계(Behavioral Immune System: BIS, Schaller & Murray, 2010; Schaller & Park, 2011)는 병원체의 확산을 막는 데 도움이 되는 독특한 전통(예: 향신료의 사용)을 포함하여 다양한 대처 행동들을 발전시켰다. 병원체 이론을 검증한 실험실 연구들에 따르면 사람들이 질병에 대한 취약성이 높다고 느낄 때 이민자에 대한 혐오

반응(예: Faulkner et al., 2004) 및 자민족중심 경향이 강하게 발현된다(예: Navarrete & Fessler, 2006). 또한 일련의 상관 자료에 의하면 병원체의 창궐은 외국인혐오 성향, 낮은 수준의 외향성 및 개방성과 유의미한 상관을 보인다(Schaller & Murray, 2008; Thornhill et al., 2010).

병원체가 창궐하거나 특정 사유로 감염 위험이 클 때 자민족 중심주의가 강하게 발현되고 외국인을 기피하는 현상은 행동면역체계의 작동으로 해석할 수 있다. 즉, 사람들은 직계가족이나 친밀관계망에 포함된 사람들에 비해서 평소 접촉 경험이 많지 않은 외국인이나 이방인들로부터의 감염위험을 크게 지각하며, 그에 따라서 그들과의 접촉을 회피하는 것이 병원체 감염을 막는 데 효과적이라고 믿고 그렇게 행동한다. 또한 낮은 수준의 외향성 및 개방성은 개인이 병원체 감염을 막는 데 효과성이 큰 성격 특성이며, 이러한 개인 수준의 성격 특성들은 특정 지역이나 전체 사회 수준에서 하나의 집합적 행동 양상을 띤다.

병원체 이론과 관련하여 이 장의 주제와 직접적인 관련성을 지니는 연구 결과는 감염병을 유발하는 병원체의 지리적 분포가 성격특성, 인지능력, 종교성, 그리고 사회적 가치 등을 포괄하는 여러 영역에서 인간 심리 및 행동의 문화 차이와 관련이 있다는 것이다(Fincher & Thornhill, 2008; Fincher et al., 2008; Schaller & Murray, 2008). 선행연구에 따르면, 인류 역사상 병원체의 위협이 다른 지역에 비해서 상대적으로 컸던 지역들이 있고 이 지역에 사는 사람들에게서 병원체 감염을 막는 행동 경향성이 상대적으로 강하게 나타난다(Thornhill et al., 2009; Thornhill & Fincher, 2011; Thornhill et al., 2010). 즉, 병원체가 창궐한 지역과 병원체 감염을 막는 다양한 심리적 및 문화적 특징 간에 공변 관계가 있으며, 이 가운데 특히 주목할 점은 병원체의 위협이 큰 지역에서 개인주의보다는 집단주의 문화가 우세하게 발현되었다는 점이다(Fincher et al., 2008; Thornhill et al., 2010).

병원체가 창궐했던 지역에 집단주의 문화가 우세하게 관찰되는 현상은 다음 〈그림 1.1a〉와 〈그림 1.1b〉를 비교해보면 뚜렷이 나타난다. 〈그림 1.1a〉에서 진한 색으로 나타나는 지역들은 역사적으로 병원균이 창궐했던 지역을 나타낸다. 이 자료에서 알 수 있듯이 남미와 아프리카, 중동, 서아시아와 동남아시아, 중국 등은 병원체 창궐이 빈번했던 지역에 해당한다. 〈그림 1.1b〉는 Hofstede의 척도를 활용하여 측정한 각국의 개인주의-집단주의 점수를 지도상에 표시한 것으로, 진한 색으로 나타나는 국가들은 집단주의 점수가 높은 국가들이다. 이 두 가지 지도를 결합하면 일부 예외(예: 러시아)를 제외하고 역사적으로 병원체가 창궐했던 지역일수록 집단주의 문화가 강하게 나타남을 알 수 있다. 이 해석과 일관되게, 세계 93개국을 대상으로 한 병원체 역사자료에서 각국의 병원체 창궐 정도와 해당 국가의 개인주의 점수의 상관관계를 계산한 최근 자료에서도 통계적으로 유의미한 역의 상관관계(r = −.66)가 관찰되어, 병원체가 창궐했던 지역일수록 개인주의 점수가 낮게 나타났다(Nikolaeve & Salahodjaev, 2017).

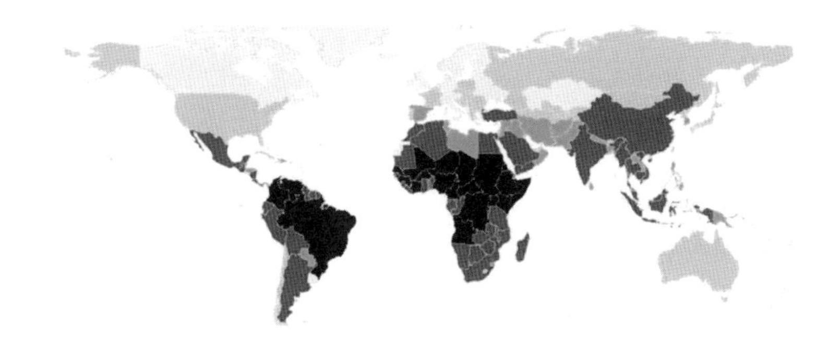

(출처: Dunn et al., 2010)

<그림 1.1a>

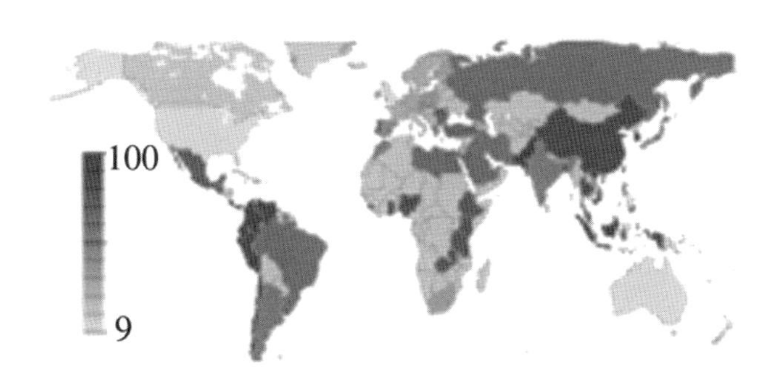

주: 아프리카와 중동에서 연한 색으로 나타난 국가들은 가치조사에 포함되지 않음
(출처: Hofstede, 2001)

<그림 1.1b>

그렇다면 왜 병원체가 창궐한 지역에 집단주의 문화가 우세하게 자리 잡았을까? 이 물음에 대한 답은 집단주의 문화가 개인주의 문화에 비해 감염병 통제에 효과적인 행동면역체계임을 추론할 수 있는 일련의 주장들에서 찾을 수 있다. 병원체 이론의 핵

심 주장을 구성하는 Fincher와 Thornhill(2008; Thornhill & Fincher, 2014)의 '가치의 기생충-스트레스 모형'(parasite-stress model of values)에 따르면, 역사적으로 병원체가 창궐한 정도에서 발견되는 지역 차이가 개인주의 또는 집단주의 문화의 발현에 영향을 미쳤다. 즉, 역사적으로 병원체 위험이 큰 지역에서 자민족 중심주의, 이방인에 대한 혐오, 낮은 개방성 등과 같은 특징들이 우세하게 자리 잡았으며 이러한 특징들은 감염을 차단하는 데 효과적인 대응체계로서 집단주의 문화의 형성을 촉진했다는 것이다. 이 관점에서 보면, 내집단과 외집단을 구별하고 사회규범에 대한 동조를 중시하는 집단주의 문화의 핵심 특성이 병원체의 위협을 통제하는 데 효과적인 행동면역체계였기 때문에, 병원체가 창궐한 지역에서 개인주의가 아니라 집단주의가 우세하게 형성된 것으로 추론할 수 있다(Fincher et al., 2008).

이 주장과 일관되게, 국가나 지역 수준에서 병원체의 위협이 클 때 집단주의의 특징에 해당하는 내집단 편향과 동조 반응이 우세하게 나타나며(예: Cashdan & Steele, 2013; Morand & Walther, 2018; Murray & Schaller, 2010; van Leeuwen et al., 2012), 개인 수준에서 병원체 위협을 조작한 실험실 연구에서도 일관된 결과가 관찰되었다(예: Mortensen et al., 2010; Wu & Chang, 2012). 또한, 집단주의자들은 감염병에 대한 위협을 느꼈을 때 이에 대치히기 위한 면역글로불린 반응을 강하게 보인다는 결과도 보고되었다(Brown et al., 2014).

코로나19 확산에서 개인주의-집단주의의 역할

코로나19 팬데믹이 전 세계 모든 지역에 영향을 미친 것은 사실이지만 세계 각국이 팬데믹에 어떻게 대처하는지에 있어서 지역 간 차이가 크게 나타났고, 이는 특히 팬데믹 발생 초기에 뚜렷이 관찰되었다. 전염병학자들은 이러한 차이를 만든 가능한 원인으로 각 나라의 인구통계 특성, 도시화, 건강관리 체계, 자연환경, 정부의 대응 속도 등에 주목했다. 그러나 병원체 이론의 핵심 주장과 이를 지지하는 실험 및 상관연구 결과, 그리고 개인주의-집단주의 문화의 특징적 차이를 종합하면 코로나19 팬데믹의 관리와 대처 양상에서 나타난 지역 간 차이는 개인주의-집단주의 문화와 불가분의 관계에 있음을 어렵지 않게 추론할 수 있다.

집단주의 사회는 개인주의 사회에 비해서 집단의 성취를 중요시하고 개인보다는 공동목표 달성에 우선순위를 둔다. 이러한 집단주의 가치를 실현하기 위해서는 사회규범에 대한 동조와 조화, 사회적 합의를 도출하는 것이 중요하다. 그리고 바로 이러한 특징들은 정부가 코로나19를 관리하고 통제하는 일련의 정책에 대한 시민들의 순응을 유도해내는 데 필요한 선행조건을 구성한다. 또한 집단주의 사회는 수치심과 체면 손상을 회피하려는 동기가 우세하므로, 코로나19에 감염되어 가족과 사회에 해를 입히면 안 된다는 생각이 우세하고, 그에 따라서 정부의 코로나19 통제정책에 대한 순응이 잘 이루어질 것으로 추론할 수 있다. 반면에 개인주의 사회에서는 개인의 자유와 자율을 강조하고, 사회규범으로부터의 이탈에 대해서 상대적으로 허용적이므로 코로나19 병원체의 확산을 막고 팬데믹을 통제하는 유효한 행동면역체계로 작동하기 어렵다.

개인주의 사회보다 집단주의 사회에서 우세하게 나타나는 상호의존적 자기개념 역시 코로나19 팬데믹의 관리와 통제에 효과적인 행동면역체계를 구성한다. 상호의존적 자기는 중요 관계에 있는 타인과의 연결 및 의존성을 강조하며, 이러한 자기개념이 유발하는 특징적인 현상 가운데 하나는 내집단과 외집단 간에 분명한 경계 구분을 두고 평소 밀접한 관계를 맺고 빈번히 접촉하는 사람들(예: 직계 및 확대가족)로 구성된 친밀관계를 중심으로 사회적 관계망이 형성되고 유지된다는 것이다. 이러한 상호의존적 자기개념은 코로나19 팬데믹 기간 동안 이방인이나 외국인을 포함하여 낯선 사람들과의 접촉을 차단하는 일종의 사회적 보호막으로 작동하여 코로나19의 확산을 억제하는 데 기여할 것으로 추론할 수 있다. 이러한 일련의 관계는 〈그림 1.2〉에 요약하여 제시하였다.

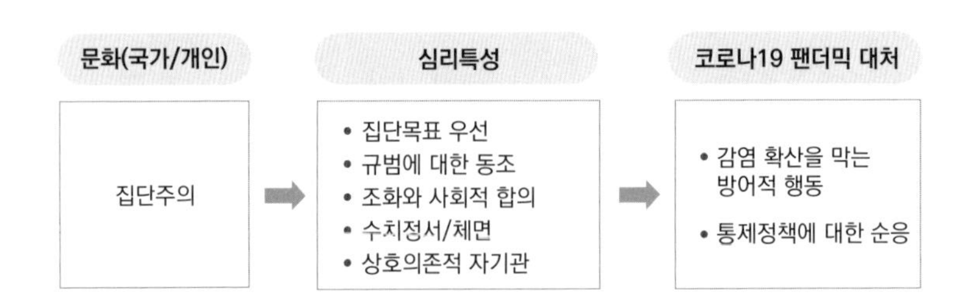

<그림 1.2> 집단주의 행동면역체계와 코로나19 팬데믹

집단주의 문화가 개인주의 문화에 비해서 병원체의 위협에 대처하는 효과적인 행동면역체계이며, 코로나19 팬데믹의 확산에서 집단주의 행동면역체계가 상대적으로 효과성이 클 것이라는 주장은 코로나19 확산 양상에서 관찰된 지역 간 차이에서 그 증거를 확인할 수 있다.

Maaravi 등(2021)은 집단주의 문화가 개인주의 문화에 비해서 코로나19 팬데믹의 진행과 결과에 긍정적 영향을 미쳤다는 가설을 검증하기 위해 Worldometers의 2020년 4월 기준 코로나 확진자 및 사망자 자료와 전 세계 69개국의 개인주의-집단주의 점수(Hofstede, 2015) 간의 관계를 분석하였다. 분석 결과, 국가 수준 개인주의 점수가 높을수록 백만 명당 코로나19 확진자와 사망자가 많았다(확진자 수 r = .49, 사망자 수 r = .48). 이러한 결과는 경제 수준이나 이념적 배경이 유사한 국가들을 비교하기 위해 OECD 36개국의 자료만을 간추려 분석했을 때도 마찬가지였다(그림 1.3). 또한, 전체 69개국 자료에서 코로나19 팬데믹 경과일수, 65세 이상 인구비율, 민주화 지수, Gini계수, 의료예산, 기대수명, 인구밀도, 백만 명당 코로나19 검사율 등 결과에 영향을 미칠 수 있는 공변인들의 효과를 통제했을 때도 국가 수준 개인주의 점수와 코로나19 확진자 및 사망자 수 간에 통계적으로 유의미한 정적 상관이 관찰되었다(확진자 수 r = .34, 사망자 수 r = .33).

국가 수준의 개인주의-집단주의 문화와 코로나19 확진자 및 사망자 수 간에 유의미한 관계가 있음은 Chen과 Biswas(2022)의 연구에서도 관찰되었다. 이 연구자들은 코로나19 팬데믹의 경과와

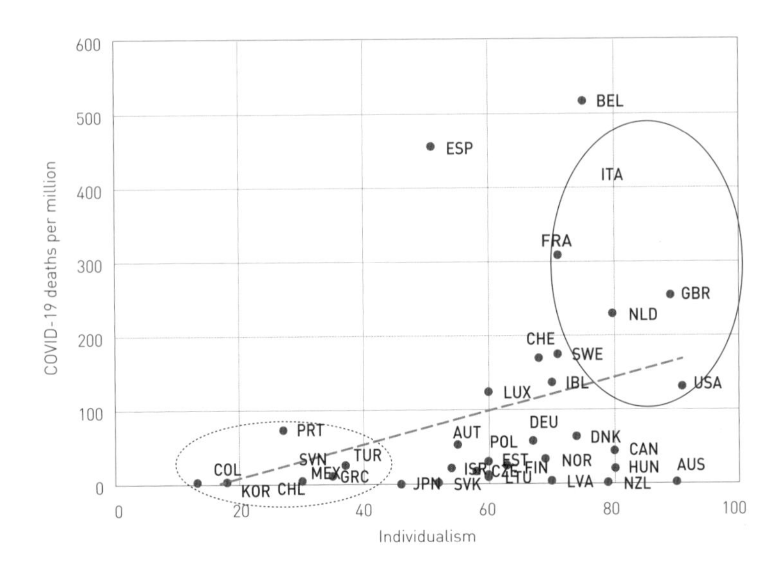

주: 우측 원: 미국(USA), 독일(GBR), 네덜란드(NLD), 프랑스(FRA), 이탈리아(ITA)
좌측 원: 한국(KOR), 일본(JPN), 터키(TUR), 칠레(CHL), 멕시코(MEX), 콜롬비아(COL)
(출처: Maaravi et al., 2021)

<그림 1.3> 국가 수준 개인주의 점수와 백만 명당 코로나19 사망자 수

국가 수준 문화의 관계를 분석할 목적으로, 미국 Johns Hopkins 대학의 자료를 활용하여 코로나19 팬데믹 시작부터 2021년 9월까지 전 세계 92개국의 확진자 수와 Hofstede의 여섯 가지 문화 차원에서의 국가 수준 점수 간 상관을 분석하였다. 이 분석에서도 Maaravi 등(2021)의 결과와 일관되게 개인주의 국가일수록 코로나19 총 확진자 수가 많았고 총 사망자 수도 많은 것으로 나타났다. 이에 더해서, 남성성 및 불확실성 회피 성향 역시 코로나19 확진자 수 및 사망자 수와 정적 상관을 보였다.

Hofstede의 문화가치이론 및 Triandis의 개인주의-집단주의 이론에서 전형적으로 개인주의 사회의 특징을 보이는 것으로 알려진 유럽의 경우만 놓고 보더라도 유사한 결론에 도달할 수 있다. Gokmen 등(2021)은 UN(2018) 기준으로 유럽에서 경제개발지수가 높은 31개국을 선별하고 이 국가들에서 코로나19 확진자가 처음으로 100명에 도달한 날부터 이후 2개월간 인구 백만 명당 코로나19 확진자 수와 Hofstede의 여섯 가지 문화 차원 간의 관계를 분석하였다. 전반적으로 개인주의 성향이 강한 유럽 국가들 가운데서도 상대적으로 개인주의 점수가 높은 국가일수록 코로나19 확진자 수가 많았으며, 이러한 양상은 쾌락추구 차원에서도 마찬가지로 관찰되었다. 또한 국가 수준의 권력거리가 클수록 코로나19 확진자 수가 적은 것으로 나타났는데, 이는 권력거리가 큰 사회일수록 사회적 위계가 명확히 확립되어 있고 권위체(예: 정부, 감염병 통제기관)를 통한 통제가 용이하기 때문으로 해석할 수 있다.

국가 수준의 개인주의-집단주의 비교가 아니라 한 국가 내에서의 지역 간 비교에 초점을 둔 연구들 역시 흥미로운 시사점을 제공한다. 예를 들어, Webster 등(2021)은 지리적 특수성을 지닌 하와이와 알래스카를 제외한 미국 본토 48개 주 각각의 개인주의-집단주의 점수와 코로나19가 급속히 확산 중이던 2020년 7월 미국 질병통제본부의 코로나19 확진자 및 사망자 수의 관계를 분석했다(연구 2). 분석 결과 지금까지 소개한 국가 수준 개인주의-집단주의 비교와는 달리, 미국 내에서 집단주의 점수가 높은 주일수록 10만 명당 코로나19 확진자 수와 사망자 수가 모두 많았다.

이 결과가 국가 수준에서 관찰된 선행연구에 정면으로 배치되는 결과인지에 대해서는 주의를 요한다. 미국의 코로나19 감염 및 사망률에서 나타나는 특징 중 하나는 인종에 따른 차이가 매우 뚜렷하다는 점이며, 특히 흑인과 히스패닉계 사람들의 상대적 빈곤과 감염에 취약한 환경이 중요한 요인으로 지목되었다. 여기에 미국 내에서 집단주의 점수가 높은 주들은 상대적으로 흑인과 히스패닉 인구가 많다는 점을 함께 고려하면, 위 결과는 인종과 집단주의가 혼입된 데 따른 것일 수 있다. 실제로 Webster 등의 자료에서 인종의 효과를 통계적으로 제거하면 개인주의-집단주의와 코로나19 확진 및 사망자 수 간의 관계는 유의미하지 않은 것으로 나타났다.

다른 한편으로, Na 등(2021)은 한국에서 코로나19 감염병이 공식적으로 선포되기 이전(2020년 1월 초)과 이후 14주간 카카오톡 이용자 9,000여 명으로부터 개인주의 성향과 집단주의 점수를 수집하여 코로나19의 전개에 따른 개인의 문화적 지향성에서의 변화를 분석하였다. 분석 결과 응답자들의 개인주의 점수는 1일 코로나19 확진자 수와 유의미한 관계가 없었다. 반면에, 1일 코로나19 확진자 수가 많을수록 응답자들의 집단주의 점수도 높게 나타났다. 이는 한국에서 코로나19가 확산되면서 응답자들의 집단주의적 성향이 증가했음을 시사하는 결과로, 병원체 위협의 증가에 따라 개인의 문화적 지향성이 달라질 수 있음을 보인 점에 의의가 있다.

코로나19 팬데믹과 문화의 관계를 다룬 연구들 가운데 Hofstede의 문화분류가 아닌 대안적 이론을 분석의 틀로 적용한 연구도 보고되었다. Kumar(2021)는 문화분류의 또 다른 이론 틀인 GLOBE(House et al., 2004)에서 제시하는 9개 문화 차원을 적용하였다. 이 연구자는 GLOBE가 제공하는 두 가지 점수, 즉 가치(사회 구성원들이 미래에 희망하는 바)와 관행(사회에서 관행적으로 행해지는 문화적 실제) 가운데 코로나19 팬데믹의 전개를 이해하는 데는 가치보다는 관행을 분석하는 것이 적절하다고 가정한다. 이 가정하에 GLOBE 문화 차원의 2021년 기준 59개국 자료와 WHO의 코로나19 환자 수와 사망자 수의 관계를 분석했다. 분석 결과, 집단주의의 두 가지 유형 중 내집단 집단주의(직계가족 내에서 경험하는 자부심, 충성심, 응집성)는 코로나19 환자 및 사망자 수와 유의미한 관계가 없었다. 반면에 제도적 집단주의(가족에 국한되지 않고 전체 사회공동체에 지향된 집단주의) 점수가 높을수록 환자 수 및 사망자 수가 모두 적었다. 이 연구는 코로나19의 확산에 있어서 편협한 내집단주의보다는 전체 사회공동체의 안위에 대한 사람들의 관심과 염려가 코로나19 확산에 대처하는 데 긍정적으로 기여했음을 보여준다.

개인주의-집단주의와 코로나19 확산에 대한 정부의 대응

코로나19 확산에 있어서 정부의 대응이 매우 중요한 역할을 했음은 주지의 사실이다. 특히 팬데믹 초기 코로나19 확산을 저지하기 위한 제반 정책과 의료 대응 등에서 한국과 대만, 싱가포르, 일본 등 동아시아 지역 국가들이 미국과 유럽을 위시한 서구 사회에 비해 상대적으로 성공을 거두었다. 그리고 이러한 동아시아 국가들의 상대적 성공에는 정부의 신속하고 효과적인 대응이 중요한 역할을 했다. 서구 언론에서는 동아시아 국가들의 성공적인 대처가 권위주의적 정부가 지닌 통제력이 크기 때문이라는 해석을 내놓기도 했다. 그러나 Liu 등(2020)이 동아시아 6개국의 학자들과 공동으로 제시한 사례분석에 따르면, 동아시아의 성공은 권위주의 정부 때문이라기보다는 집단주의 사회규범의 영향으로 보는 것이 적절하다.

이러한 분석의 타당성을 시사하는 연구 결과들도 축적되고 있다. 예를 들어, Diqiang Chen과 동료들(Chen et al., 2021)은 코로나19 팬데믹 초기(2020년 1월부터 4월) 전 세계 180개 국가의 코로나19 관련 정부 정책이 얼마나 엄격했는지를 보여주는 자료(Oxford COVID-19 stringency index)와 Hofstede(2001) 자료에서 각국의 개인주의-집단주의 점수를 분석하였다. 정부 정책의 엄격성은 학교폐쇄, 직장폐쇄, 대중 행사 취소, 사적 모임 제한, 대중교통 운행 중단, 여행금지 등 총 23개 지표를 포함하며, 이러한 정부 정책이 얼마나 신속하게 도입되었는지를 계산하여 '엄격한 정부 정책 도입의 신속성' 지수를 산출하였다.

분석 결과, 집단주의 점수가 높은 국가들일수록 정부가 코로나19를 통제하기 위한 엄격한 정책들을 신속하게 실행한 것으로 나타났다. 또한, 이러한 관계는 세계가치관조사(2014)에서 추출한 국민의 정부신뢰 점수에 따라서 달리 나타났다. 즉, 집단주의 문화가 우세한 국가들에서 정부가 엄격한 통제정책을 신속하게 실행하였고 이러한 관계는 국민이 정부를 신뢰할수록 더 뚜렷하게 나타났다. 그리고 앞의 Liu 등(2020)의 사례분석과 일관되게, 국가의 민주화 정도, 언론의 자유, 권력거리는 엄격한 정부 정책의 신속한 도입과는 유의미한 관련성을 보이지 않았다.

코로나19 억제를 위한 엄격한 정책을 신속하게 도입한 국가들에서 상대적으로 코로나19 확진자 수를 잘 통제했다는 점은 통상 집단주의 문화로 분류되는 동아시아 국가들만을 비교했을 때도 마찬가지로 나타난다. Sylvia Chen과 동료들(Chen et al., 2021)은 Liu 등(2020)의 사례분석에 포함된 중국, 한국, 일본, 싱가포르, 대만 등 5개 국가와 홍콩 지역 각각에서 첫 번째 확진자가 발생한 시점부터 이후 100일에 걸쳐 일일 총 확진자 수와 각국 정부가 얼마나 엄격한 코로나19 통제정책을 실행했는지를 시계열 분석했다. 분석 결과, 6개국 모두 코로나19 확진자 수가 늘어날수록 더 엄격한 정책을 실행했고 정부가 더 엄격한 정책을 실행할수록 시간에 걸쳐 확진자 수가 줄어드는 추세가 관찰되었다. 한국의 경우 확진자 수가 늘어남에 따라 정부가 더 엄격한 정책을 시행하는 데는 2일이 걸렸고, 정부가 엄격한 정책을 시행한 이후 확진자 수가 줄어들기까지는 29일의 시간이 걸린 것으로 관찰되었다. 반면에 일본의 경우, 확진자 수 증가가 더 엄격한 정부 정책으로 이어지기까지는 11일이 소요되었다. 이 자료는 코로나19 팬데믹 초기 한국이 일본에 비해 확진자 수가 훨씬 적었던 이유 중 하나이며, 집단주의 문화권이라고 하더라도 정부의 코로나19 대응에 영향을 미치는 여러 가지 요인(예: 정부효율성, 교육체계, 정치적 환경, 의료체계)이 있음을 시사한다.

정부의 코로나19 통제정책에 대한 국민 순응

각국 정부의 코로나19 통제정책에 국민이 얼마나 순응하고 동참하는지의 문제는 코로나19 팬데믹 초기부터 현재까지 지속적으로 주목받고 있는 현상이다. 이는 정부가 아무리 효과적인 정책을 설계하여 실행한다고 하더라도 정부 정책에 대한 국민 순응 없이는 팬데믹을 통제하기가 거의 불가능하기 때문이다. 예를 들어 마스크 착용이나 백신접종 문제를 생각해보자. 마스크 착용이 감염을 차단하는 데 효과적이라는 과학적 근거가 있음에도 불구하고, 개인주의 문화가 우세한 서구의 여러 국가에서 사람들이 마스크 착용을 개인의 자유를 침해하는 것으로 여겨 마스크 착용이 정착되기까지 많은 진통을 겪어야 했다. 또한 영국과 미국 등 서구 선진국이 코로나19 예방백신을 최초로 개발했지만, 개인의 자유에 반하여 백신접종을 강제하는 정책에 대한 사람들의 저항과 터무니없는 음모론 등으로 인해 서구에서 백신접종이 광범위하게 이루어지기까지는 상당한 시간이 걸리기도 했다. 반면에, 집단주의 문화가 우세한 동아시아에서는 사람들이 팬데믹 초기부터 현재까지 정부의 마스크 착용 정책을 준수해왔으며, 서구에 비해 빠른 속도로 높은 수준의 백신 접종률에 도달했다.

굳이 길게 설명할 필요도 없이, 하나의 물건에 불과한 마스크나 예방백신이 그 자체로 할 수 있는 것은 아무것도 없다. 결국 사람들이 정부와 전문가들의 권고에 따라 마스크를 착용하고 백신접종에 참여해야만 그 효과가 나타나는 것이다. 이는 사회적 거리두기, 개인위생 준수 등 팬데믹 통제에 필수적인 일련의 행동에서도 마찬가지이다. 코로나19 통제정책에 대한 국민 순응을 다룬 다수 연구에서도 문화와 관련하여 지금까지 논의한 바와 일관되게 개인주의가 우세한 서구에 비해 집단주의가 우세한 동아시아 국가들에서 정부의 방역 정책에 대한 높은 수준의 국민 순응이 관찰되었다. 그리고 이는 코로나19 팬데믹을 통제하는 데에도 중요한 역할을 한 것으로 나타났다. 이 연구들 가운데 대규모 표본을 대상으로 이루어졌거나 한국이 조사에 포함된 다국가 비교연구를 선별하여 소개하면 아래와 같다.

Lu와 동료들(Lu et al., 2021)은 대규모 표집을 대상으로 수행된 4편의 연구를 통해서 집단주의 문화가 코로나19 팬데믹 기간 동안 사람들의 마스크 착용에 촉진적 영향을 미쳤다는 증거를 보고했다. 코로나19 감염이 전 세계적으로 급속히 확산되던 기간인 2020년 7월 미국 내 50개 주 3천여 명을 대상으로 수행된 연구 1에서는 Vandello와 Cohen(1999)의 지수 기준으로 개인주의보다 집단주의 문화가 우세한 주들에서 정부의 마스크 착용 지침을 잘 따른 것으로 나타났으며, 이 결과는 만 육천여 명을 대상으로 수집된 또 다른 자료에서 반복 확인되었다. 연구 2에서는 29개국 36만여 명의 자료를 YouGov 조사에서 추출하여 Hofstede(2021)의 국가 수준 집단주의 점수가 높을수록 국민의 마스크 착용률이 높음을 발견하였으며(그림 1.4), 국가 수준 집단주의 점수와 마스크 착용 간에 .80에 이르는 강한 상관이 관찰되었다. 그리고 이 결과는 2020년 7월부터 9월까지 전 세계 67개국의 Facebook 이용자 27만여 명을 대상으로 수집된 자료에서 반복해서 확인되었다. 또한 집단주의와 마스크 착용 간의 관계는 정치성향, 인구통계변수, 인구밀도, 국가의 경제 수준, 의료보장 수준, 코로나19 관련 정부정책의 엄격성 및 시간 경과 등의 변수를 통계적으로 제거했을 때도 일관되게 관찰되었다. 이 연구는 개인주의-집단주의 문화가 코로나19 팬데믹과 같은 위기에 사람들이 어떻게 대처하는지에 중요한 영향을 미침을 분명하게 보여준다.

집단주의 문화의 전형으로 여겨지는 중국의 경우, 밀농사가 주를 이루는 북부 지역에 비해서 쌀농사가 주를 이루는 남부 지역에서 마스크 착용 정책이 성공적이었다는 흥미로운 결과도 보고되었다. 개인주의-집단주의 문화의 쌀이론(Rice Theory, Talhelm et al., 2014)에 따르면 벼농사는 밀농사에 비해서 대규모 협업과 구

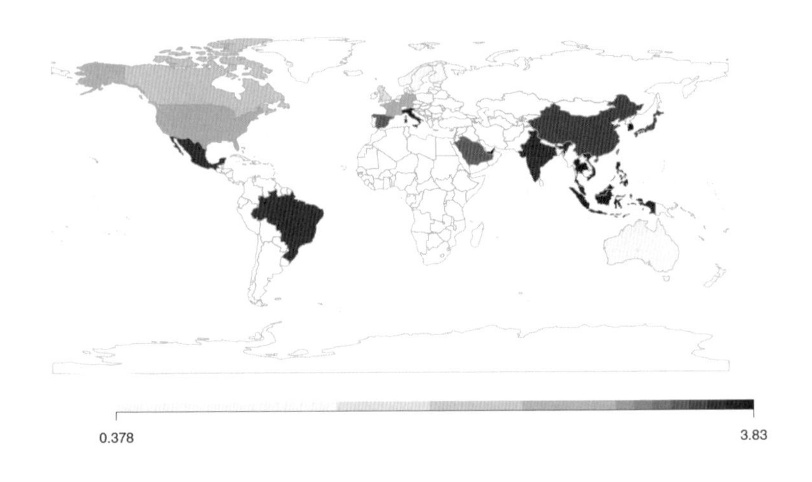

(출처: Lu et al., 2021)

<그림 1.4> 코로나19 팬데믹 기간 동안 29개국의 마스크 착용지수(0~4)

성원들 간 상호의존성을 필요로 하며, 이러한 생태환경적 요구가 집단주의 문화의 형성에 기여했다. 이 관점과 일관되게, English와 동료들(2022)이 코로나19 팬데믹 초기인 2020년 1월 2주간에 걸쳐 중국 길거리와 대중교통 이용자들을 관찰하여 마스크 착용 정도를 지수화했을 때, 집단주의가 강한 남부에서 북부보다 마스크 착용률이 높게 나타났다.

개인주의에 비해서 집단주의 문화가 코로나19 통제정책에 대한 국민 순응에 긍정적 영향을 미친다는 결과는 마스크 착용뿐만 아니라 사회적 거리두기 참여 정도를 분석한 여러 연구들에서 관찰되었다. Dang과 Xio(2022)는 코로나19 팬데믹 기간 동안 사회적 거리두기를 분석한 선행연구들이 주로 자기보고 측정치에 의존했다는 한계를 극복하기 위해, 팬데믹 초기인 2020년 1월 3일부터 5주간 전 세계 Google 이용자들의 이동자료를 기저선으로 활용하고, 이후 2021년 3월부터 12월까지 그들의 이동자료를 준거변수로 분석하였다. 연구 결과, 미국 내 50개 주 자료 및 전 세계 135개국 자료 모두에서 집단주의 점수가 높은 지역/국가일수록 사람들이 정부의 사회적 거리두기 지침에 높은 수준의 순응을 보인 것으로 확인되었다.

집단주의와 사회적 거리두기 정책 순응 간의 관계는 미국인들을 대상으로 수행된 종단분석에서도 관찰되었다. Feng과 동료들(Feng et al., 2022)은 2020년 1월부터 12월까지 1년에 걸쳐 미국 내 스마트폰 이용자 1,800만여 명의 위치자료를 종단분석하여 개인주의 점수가 높은 주일수록 정부의 봉쇄정책에 순응하는 정도가 낮음을 관찰하였다(연구 1, 그림 5). 또한 전 세계 79개국의 주거이동자료(residential mobility)에서도 Hofstede 등(2010)의 자료 기준으로 개인주의가 우세한 국가일수록 사회적 거리두기가 덜 이루어진 것으로 나타났다. 연구 3에서는 Triandis와 Gelfand(1998)의 척도로 측정한 개인주의 성향이 강한 사람들일수록 사회적 거리두기 규정을 준수하지 않은 것으로 나타나서, 개인 수준에서도 개인주의 문화적 지향성이 정부 정책에 대한 순응에 부정적 영향을 미쳤음을 확인하였다.

한지민과 최훈석(2021)은 한국에서 사회적 거리두기 수도권 2.5단계, 전국 2단계 지침이 발효 중이던 2020년 9월 초 전국 성인 4백여 명을 대상으로 개인의 집단주의 성향과 사회적 거리두기 참여 정도를 조사하여 그 관계를 분석하였다. 이 연구에서 집단주의 성향이 강한 사람들은 사회적 거리두기에 관한 사회적 규범을 강하게 지각했고(주관적 규범지각), 그에 따라 사회적 거리두기에 참여하는 매개 경로가 관찰되었다. 그리고 이 결과는 코로나19와 관련하여 지각하는 개인적 취약성에 관계없이 관찰되었다. 문화비교심리 및 문화심리 분야에서 자주 등장하는 주장 가운데 하나는, 집단주의 사회에서 특징적으로 나타나는 사회적 규범에 대한 민감성이 개인과 집단에 부정적인 결과를 초래할 수 있다는 점이다(참조: Chiu & Hong, 2007). 이러한 주장이 과단순화의 우를 범하는 것은 아닌지에 관한 논의(Lee & Choi, 2022; Smith et al., 2011)와는 별개로, 최소한 본 연구는 코로나19 대유행 시기에 사회적 규범에 관한 민감성은 억제나 탈피의 대상이라기보다는 권장할 심리 상태임을 보여준다.

개인주의-집단주의가 코로나19 감염과 관련된 사람들의 정서경험과 어떤 관계를 보이는지에 관해서도 흥미로운 시사점을 제공하는 연구들이 보고되었다. 코로나19 팬데믹 상황에서 감염 확산을 막기 위해 정부나 언론이 흔히 사용하는 전략 중 하나는 감염과 관련된 공포 정서를 유발하는 것이다. 그러나 이러한 전략은 문화의 영향을 간과하고 있다는 점에서 한계를 지닌다. Huang과 동료들(Huang et al., 2020)은 소셜미디어에서 수집한 거대자료(big data)를 분석하여 코로나19 팬데믹과 관련하여 사람들이 느끼는 공포와 문화의 상호작용을 분석했다. 이 연구자들은 팬데믹 초기인 2020년 1월 중순부터 2주 동안 중국 본토 31개 지역에서 10만여 명의 SNS 자료(Sinha microblog)를 수집하고 공포, 집단주의, 감염예방 행동이라는 세 가지 주제어를 추출하였다. 이 자료로부터 공포와 집단주의가 사람들의 감염예방 행동의도에 미치는 영향을 분석한 결과, 감염 공포를 많이 언급할수록 그리고 집단주의와 관련된 언급을 많이 할수록 감염을 예방하기 위한 행동을 취할 의도(예: 마스크 착용, 손소독, 사회적 거리두기)를 많이 언급했다. 보다 중요하게, 두 변수 간의 상호작용 효과가 관찰되어 공포의 효과를 집단주의가 조절하는 것으로 나타났다. 즉, 집단주의 관련 언급이 적을 때는 공포를 많이 언급할수록 예방행동의도가 높았지만, 집단주의 관련 언급이 많을 때는 공포의 효과가 나타나지 않았다. 이 결과는 코로나19 팬데믹을 통제하는 데 있어서 공포에 의존하는 전략은 개인의 문화적 지향성에 따라서 달리 나타남을 보여준다.

한국과 미국, 이탈리아 3개국을 비교한 Travaglino와 Moon(2021)에서도 개인이 경험하는 정서와 관련하여 흥미로운 결과가 관찰되었다. 이 연구자들은 코로나19 팬데믹 초기인 2020년 4월 초에 3개국 총 1800여 명으로부터 질문지 자료를 수집하여 개인 수준에서 개인주의–집단주의를 측정하고, 감염과 관련된 수치 정서와 죄책감, 그리고 정부에 대한 신뢰를 모형에 포함시켜 변수들 간의 관계를 분석하였다. 연구 결과, 3개국 모두에서 수직적 집단주의(위계관계를 강조하는 집단주의)가 강한 사람들은 코로나19 감염에 대해서 수치 정서를 강하게 느꼈고, 수평적 집단주의(평등관계를 강조하는 집단주의)가 강한 사람들은 정부에 대한 신뢰 수준이 높았다. 이에 더해서 코로나19에 감염되는 것을 수치스러운 일로 느끼면 정부의 통제정책에 순응할 의도가 낮고, 만약 감염되었을 때 이를 관계기관에 보고하려는 의도도 낮았다. 반면에, 감염에 대한 죄책감이 높을수록 감염이 되었을 때 관계기관에 보고하려는 의도가 강했다. 이는 위계관계를 강조하는 집단주의는 코로나19 팬데믹 시기에 잠재적 해악을 초래할 수 있음을 시사한다. 이 연구를 앞에서 소개한 Kumar(2021)의 연구 결과와 함께 고려하면, 전반적으로 집단주의가 개인주의에 비해서 코로나19 시기에 긍정적 효과를 유발하기는 하지만, 지위 차이에 따른 엄격한 서열관계를 강조하는 집단주의나 내집단에 국한된 편협한 집단주의를 추구하는 것은 오히려 부정적 영향을 유발할 수 있음을 추론할 수 있다.

집단 간 관계와 이방인에 대한 태도 및 행동의도

앞에서 소개한 병원체 이론의 핵심은 내외집단을 명확히 구분하는 자기관 및 그에 따른 배타적 사회관계, 그리고 사회규범에 대한 동조 등의 측면에서 집단주의 문화가 개인주의 문화에 비해서 코로나19와 같은 팬데믹에 효과적으로 대처하는 행동면역체계라는 점이다. 그러나 병원체 이론으로부터 추론할 수 있는 또 다른 중요한 통찰은 코로나19 팬데믹 시기에 집단주의 문화는 이방인이나 외집단에 대한 배척과 혐오를 동반할 수 있다는 점이다(Esses & Hamilton, 2021). 이는 Yamagata와 동료들(Yamagata et al., 2021)이 수행한 연구에서 분명히 드러난다. 이 연구자들은 2020년 2월 중순부터 3월 초까지 일본에서 1200여 명의 성인을 대상으로 수집된 종단자료를 분석하여 일본에서 코로나19가 확산일로에 접어들면서 조사참여자들의 감염예방 행동의도는 높아졌지만, 동시에 이방인에 대한 배타적 태도 역시 증가했음을 관찰하였다. 또한 병원체 이론의 주장과 일관되게, 다양한 병원체에 대한 혐오반응이 강한 사람들은 출발지가 불분명한 외국인이나 코로나19 상황이 심각한 국가에서 오는 이민자들과의 접촉을 회피하는 경향성이 나타났다.

Yamagata 등(2021)의 연구 결과는 한국에서 코로나19 팬데믹이 급격히 확산되고 사회에 심각한 위협으로 인식되기 시작하던 시기에 특정 국가(예: 중국)나 소수집단(예: 성소수자), 종교집단 등을 낙인화하고 그들에 대해서 배타적이고 적대적인 태도와 행동이 나타난 것과도 일관된다. 한국인들을 대상으로 코로나19 팬데믹 기간에 북한에 대한 한국인들의 태도를 조사한 연구에서도 유사한 결과를 관찰할 수 있다. Nir와 동료들(Nir et al., 2022)은 코로나19 팬데믹 이전인 2019년과 팬데믹 초기인 2020년 4월 1300여 명의 한국인들을 대상으로 북한에 대한 태도를 조사한 종단자료를 분석했다. 분석 결과, 코로나19 팬데믹 이전에 비해서 팬데믹 기간 동안 한국인들이 북한에 대해 느끼는 공포 정서가 증가했으며, 북한에 대한 공포 정서가 높을수록 북한에 대한 적대적 정책을 지지함으로써 공포의 매개효과가 관찰되었다. 반면에, 팬데믹 기간 동안 북한에 대해 경험한 연민 정서가 강할수록 북한에 대한 협력의도도 높았다. 코로나19 팬데믹 상황에서 외집단(북한)에 대한 집합적 정서의 내용이 무엇인지에 따라서 한국인들의 행동의도가 달리 나타남을 시사하며 한반도 상황에서 병원체 이론과 코로나19 팬데믹, 그리고 집합적 정서의 관계가 일방향적이지는 않음을 시사한다.

Yamagata 등(2021) 및 Nir 등(2022)의 연구는 전통적으로 집단주의가 우세한 한국과 일본을 대상으로 코로나19 팬데믹과 이방인에 대한 혐오의 관계를 관찰한 것이다. 그러나 특히 코로나19 팬데믹 초기에 미국을 위시한 서구 사회에서 동양인에 대한 혐오가 증가하고 일부 국가에서는 심지어 신체적 테러까지 다수 발생했음을 감안하면, 집단주의가 코로나19 팬데믹 상황에서 외집단에 대한 배척과 이방인 혐오를 유발하는지에 대해서는 보다 면밀한 관찰이 필요하다. 병원체 이론의 관점에서 보면 코로나19 위협이 증가할수록 어느 사회에서나 자민족 중심주의 및 이방인에 대한 혐오적 태도가 나타날 수 있으며, 개인주의 사회나 집단주의 사회 모두 이러한 부정적 효과에 취약할 가능성도 있다(예: Esses & Hamilton, 2021). 따라서 개인주의–집단주의 이외에 문화의 다른 차원들에 대한 연구가 필요하다.

이와 관련하여 주목할 점은 문화의 촘촘함 차원(cultural tightness, Gelfand, 2018)이 전 세계적으로 코로나19 팬데믹 기간 동안 이민자에 대한 부정적 태도를 예측한다는 것이다. 촘촘한 문화에서는 사회적으로 규범이 명확히 정의되어 있고 규범에 대한 동조가 우세하며, 규범이탈자에 대한 처벌이 강한 특징을 보인다. 반면에 느슨한 문화에서는 사회 규범에 대한 동조 수준이 상대적으로 낮고 규범 이탈에 대해서도 수용적이다. 촘촘한 문화와 집단주의 간에는 정적 상관이 있기는 하지만, 문화적 촘촘함은 개인주의–집단주의와 구별되는 독립적인 문화차원이다. 또한, 전 세계적으로 수집된 국가 수준 자료에서도 문화적 촘촘함은 코로나19 확산에 촉진적 영향을 미쳤다는 연구 결과도 보고되었다(예: Gelfand et al., 2021). 실제로 Mula 등(2022)이 전 세계적인 코로나19 프로젝트인 PsyCorona Project를 통해 2020년 3월에 수집한 115개국의 자료 가운데 41개국 5500여 명의 자료를 분석한 결과, 코로나19 위협과 이민자에 대한 태도의 관계를 문화적 촘촘함에 대한 요구가 매개하는 것으로 나타났다. 즉, 사람들은 코로나19 위협을 크게 지각할수록 촘촘한 문화의 필요성을 강하게 느꼈으며, 문화적 촘촘함에 대한 요구가 강할수록 이민자에 대한 태도도 부정적이었다.

또한 2천여 명을 선별하여 실시한 종단분석 결과, 코로나19 위협은 시간의 경과에 따라 문화적 촘촘함에 대한 요구를 증가시키고, 문화적 촘촘함이 이민자에 대한 부정적 태도를 증가시키는 종단적 증거도 관찰되었다.

7. 논의 및 장래연구 방향

국가 수준 및 개인 수준에서 개인주의와 집단주의를 정의하여 코로나19 팬데믹에 대한 정부와 시민들의 대처를 분석한 연구들을 종합하면, 일부 예외를 제외하고 전반적으로 집단주의가 개인주의에 비해서 코로나19 팬데믹에 대한 효과적인 행동면역체계임을 시사하는 횡단 및 종단적 증거가 주를 이룬다고 결론지을 수 있다. 이 장을 마치기 전에 이러한 결론과 관련하여 몇 가지 점에서 독자들의 주의를 환기시킬 필요를 느낀다.

첫째, 개인주의-집단주의를 국가 수준에서 정의하여 코로나19 팬데믹과 관련된 다양한 결과변수들을 분석하는 접근법이 지니는 한계에 대해서 주의가 필요하다. 개인주의-집단주의에 관한 심리학 분야의 최근 연구들은 기존 방식대로 국가들을 개인주의 또는 집단주의 사회로 이분화하는 것이 과일반화 오류를 범할 수 있음을 경고한다. 실제로 '서양=개인주의, 동양=집단주의'라는 구분에 부합하지 않는 실증연구 결과들이 다수 존재하며, 동양과 서양 모두에서 개인주의와 집단주의 각각의 정의적 속성에 해당하는 특징들이 혼재한다(Oyserman et al., 2002; Vignoles et al., 2016).

둘째, 국가와 개인주의-집단주의를 동치시키는 국가 수준의 문화비교는 거의 대부분 상관연구를 통해 이루어졌기 때문에 인과관계를 명확히 규명하기 어렵다는 한계도 지닌다. 예를 들어, 코로나19 팬데믹에 대한 시민 순응이나 이민자에 대한 태도 등에서 개인주의-집단주의가 '원인'이라는 인과적 해석은 인과관계 정립을 위한 조건이 충족되지 못하기 때문에 부적절하다. 따라서 개인주의-집단주의 문화와 코로나19 팬데믹의 관계를 연구함에 있어 국가 수준의 문화 이외에 해당 현상에 영향을 미칠 수 있는 다양한 변수들을 통제하고 종단적 증거를 확보하는 작업이 병행되어야 한다. 또한, 국가 수준의 개인주의-집단주의가 해당 준거변수에 영향을 미치는 심리적 기제에 관한 추가적인 증거도 필요하며, 문화의 무엇이 팬데믹에 대한 사람들의 태도와 행동에 영향을 미치는지를 밝히는 실험실 연구도 필요하다.

셋째, 위와 유사한 맥락에서, 코로나19 팬데믹에 관한 사회 및 문화심리 연구들은 문화에 관한 기계적 관점의 위험성을 경고하는 것이기도 하다. 전통적으로 개인주의 사회는 삶의 개별성을, 그리고 집단주의는 삶의 공동성을 강조하는 것으로 이해되어왔고, 이 접근법은 기존 문화비교심리 및 문화심리 연구의 핵심 가정이다. 그러나 삶의 공동성과 집단성을 강조하는 집단주의 사회에서 왜 사회적 거리두기가 잘 지켜지고, 삶의 개인성을 강조하는 개인주의 사회에서 사회적 거리두기가 잘 지켜지지 않는지를 생각해보면, 개인주의–집단주의에 관한 기계적 이해와 해석은 부적절함을 어렵지 않게 추론할 수도 있다.

넷째, 코로나19 팬데믹에 관한 사회 및 문화심리 연구 전반에 걸쳐 개인주의의 역할은 상대적으로 미미한 반면, 집단주의의 역할이 크게 부각된 점도 주목할 만하다. 이 결과를 피상적으로 이해하면, 최소한 코로나19와 같은 팬데믹 상황에서는 집단주의가 개인주의보다 우월한 문화라고 섣불리 결론지을 가능성이 있다. 그러나 문화는 인간에게 공기와 같은 것이며, 개인주의와 집단주의는 각각 특정 생태환경과 역사, 정치 · 사회 · 경제적 배경에서 태동하고 발전한 것으로 해당 사회에서 그 나름대로 '적절한' 삶의 방식을 구성한다는 점에 주목해야 한다. 또한, 개인주의든 집단주의든 각각 장점과 단점을 모두 지니고 있어서, 인간의 삶을 구성하는 문화적 환경으로 둘 중 어느 한쪽을 배타적으로 추구하는 것이 옳다는 주장은 위험한 결론에 도달할 가능성이 크다(최훈석, 2021). 코로나19 팬데믹이 우리에게 안겨준 교훈은, 인간과 자연은 분리불가의 관계라는 점, 그리고 전체 공동체의 번영을 희생시키는 이기적 개인주의나 편협한 집단주의는 모두 경계해야 할 삶의 방식이라는 점이다.

위와 같은 논의점에 더해, 사회 및 문화심리 분야에서 코로나19 팬데믹과 관련된 연구를 통해 새로운 기여를 할 가능성이 큰 몇 가지 주제 영역들을 개괄하면 다음과 같다.

먼저, 지금까지 보고된 대다수 연구가 코로나19 팬데믹 초기 반응에 집중되어 있다는 점에 주목해야 한다. 이는 행동면역체계로서의 문화에 관한 연구가 코로나19 예방백신이 보급되기 이전에 특히 중요한 의미를 지닌다는 점에서 그 배경을 이해할 수 있다. 그러나 개인주의–집단주의 문화가 코로나19 팬데믹에 어떤 영향을 미쳤는지에 대한 종합적 이해를 위해서는 팬데믹 초기에 국한된 연구를 넘어서 그 이후부터 현재까지, 그리고 가까운 장래에 나타나는 제반 현상들(예: 백신접종, 음모론, 방역정책 완화에 대한 태도, 코로나19 위험지각 및 피로도, 코로나19 폐해의 극복과 관련된 사회적 태도, 정부신뢰 등)에 대한 사회 및 문화심리 연구가 지속되어야 한다.

이러한 맥락에서, 코로나19 팬데믹과 관련된 핵심 변수들을 체계적이고 종합적으로 고려하는 이론모형을 발굴하는 작업이 요망된다. 그리고 이러한 이론모형에 기반하여 개인, 대인관계, 집단, 조직, 사회공동체, 그리고 전 세계 국가와 지역을 포괄하는 다수준, 다방법 연구를 수행함으로써 사회 및 문화심리 이론의 확장과 발전을 꾀할 수 있다. 이와 관련하여 Van Bavel과 동료들(Van Bavel et al., 2020)은 한 가지 유용한 출발점을 제시한다. 이 연구자들은 코로나19 팬데믹과 관련된 인지, 지각 및 정서(예: 감염 위협, 공포, 편견), 팬데믹과 관련된 사회의 정보소통 구조와 과정(예: 음모론, 가짜뉴스, 설득프로그램), 사회적 맥락(예: 규범, 사회적 불평등, 문화, 정치적 양극화), 리더십(예: 정부신뢰, 국가찬양) 등의 변수들이 사람들의 태도와 행동에 미치는 상호작용적 영향을 조명할 필요성을 강조한다. 또한, 기존 연구들에 더해서 팬데믹의 경과 및 결과와 관련하여 도덕적 의사결정, 제로섬 사고(zero-sum thinking), 경쟁과 협동 등을 분석하는 것도 중요한 기여를 할 수 있다고 주장한다.

이러한 주장에 더해, 앞의 문화적 촘촘함에 관한 논의에서 언급했듯이 문화와 코로나19 팬데믹 간의 관계를 다루는 장래 연구는 개인주의-집단주의에 국한된 연구에서 벗어나 팬데믹에 대한 시민과 정부의 대처에 영향을 미치는 다양한 문화차원을 확인하고 그 기제를 규명하는 방향으로 확장되어야 한다. 이 과정에서 다양한 문화차원들과 개인주의-집단주의가 어떤 면에서 서로 중첩되는 효과를 지니고 어떤 면에서 그 효과가 차별화되는지를 알아내는 작업이 중요한 과제가 된다.

한국 사회가 코로나19 팬데믹에 어떻게 대처해왔으며, 장차 이와 유사한 상황이 다시 발생했을 때 어떻게 대처하는 것이 효과적인지에 관한 심리학의 논의는 개인주의-집단주의라는 일종의 우산개념(umbrella concept)에 일방적으로 의존하기보다는 한국 문화의 특수성, 한국인 심리와 행동의 고유성에 대한 토착심리적 분석을 반드시 포함해야 한다는 점도 상기해야 한다. 기실 개인주의-집단주의는 서양의 문화적 이해방식에서 출발된 문화구분법이며, 이러한 우산개념은 한 사회에서 고유하게 발현되는 매우 복잡하고 다양한 토착심리 현상들을 포착하기 어렵다는 근본적인 한계를 지닌다. 따라서 문화에 관한 양적 연구 일변도의 기존 접근법에서 벗어나 다양한 질적 자료 및 현상학적 연구 등을 접목하여 '코로나19의 한국인 심리'를 구성하는 노력은 발견적 가치가 큰 새로운 심리학의 출발점으로 손색이 없다.

참고문헌

김비환 (2018). 개인적 자유에서 사회적 자유로: 어떤 자유, 누구를 위한 자유인가. 성균관대학교출판부.

조긍호 (2007). 동아시아 집단주의와 유학 사상: 그 관련성의 심리학적 탐색. 한국심리학회지: 사회 및 성격, 21(4), 21−54.

최훈석 (2021). 집단주의 가치와 독립적 자기의 결합을 통한 한국사회 문화변동의 방향성 모색. 전환과 변동의 시대 사회과학, 271−323. 성균관대학교 출판부.

한지민, 최훈석 (2021). 코로나 19 대유행 시기에 집단주의 성향과 사회적 거리두기 행동 간의 관계: 사회적 거리두기에 관한 주관적 규범의 매개효과. 한국심리학회지: 문화 및 사회문제, 27(3), 217−236.

Berry, J. W. (1979). A cultural ecology of social behavior. *Advances in Experimental Social Psychology, 12*, 177−206.

Berry, J. W. (2011). The ecocultural framework: A stocktaking. In F. J. R. Van de Vijver, A. Chasiotis & S. M. Breugelmans (Eds.), *Fundamental questions in cross-cultural psychology* (pp. 95−114). Cambridge University Press.

Brown, S. G., Ikeuchi, R. K., & Lucas III, D. R. (2014). Collectivism/individualism and its relationship to behavioral and physiological immunity. *Health Psychology and Behavioral Medicine: An Open Access Journal, 2*(1), 653−664.

Cashdan, E., & Steele, M. (2013). Pathogen prevalence, group bias, and collectivism in the standard cross−cultural sample. *Human Nature, 24*, 59−75.

Chen, D., Peng, D., Rieger, M. O., & Wang, M. (2021). Institutional and cultural determinants of speed of government responses during COVID−19 pandemic. *Humanities and Social Sciences Communications, 8*(1), 1−9.

Chen, Y., & Biswas, M. I. (2022). Impact of national culture on the severity of the COVID−19 pandemic. *Current Psychology*. Online publication.

Chen, S. X., Lam, B. C., Liu, J. H., Choi, H. S., Kashima, E., & Bernardo, A. B. (2021). Effects of containment and closure policies on controlling the COVID 19 pandemic in East Asia. *Asian Journal of Social Psychology, 24*(1), 42−47.

Chinese Culture Connection. (1987). Chinese values and the search for culture free dimensions of culture. *Journal of Cross-Cultural Psychology, 18*(2), 143−164.

Chiu, C−y., & Hong, Y−y. (2007). Cultural processes: Basic principles. In A. W. Kruglanski & E. T. Higgins (Eds.), *Social psychology: Handbook of basic principles* (pp. 785-804). Guilford Press.

Choi, H−S (2021, September). Dealing with Covid19: *The role of individualism-*

collectivism in people's responses to Covid19 pandemic. Keynote speech at the Annual Convention of the Japanese Group Dynamics Association. Tokyo.

Cohen, D. (2014). *Culture reexamined: Broadening our understanding of social and evolutionary influences*. American Psychological Association.

Cohen, D., & Kitayama, S. (2019). *Handbook of cultural psychology* (2nd ed.). Guilford Press.

Dang, J., & Xiao, S. (2022). Collectivism reduces objective mobility trends to public areas during the COVID-19 pandemic. *Frontiers in Public Health, 10*, 1-7.

Dunn, R. R., Davis, T. J., Harris, N. C., & Gavin, M. C. (2010). Global drivers of human pathogen richness and prevalence. *Proceedings of the Royal Society B 277*, 2587-2595.

English, A. S., Talhelm, T., Tong, R., Li, X., & Su, Y. (2022). Historical rice farming explains faster mask use during early days of China's COVID-19 outbreak. *Current Research in Ecological and Social Psychology, 3*, 100034.

Esses, V. M., & Hamilton, L. K. (2021). Xenophobia and anti-immigrant attitudes in the time of COVID-19. *Group Processes & Intergroup Relations, 24*(2), 253-259.

Faulkner, J., Schaller, M., Park, J. H., & Duncan, L. A. (2004). Evolved disease-avoidance mechanisms and contemporary xenophobic attitudes. *Group Processes & Intergroup Relations, 7*(4), 333-353.

Feng, Z., Zou, K., & Savani, K. (2022). Cultural antecedents of virus transmission: Individualism is associated with lower compliance with social distancing rules during the COVID-19 pandemic. *Journal of Personality and Social Psychology*. Online publication.

Fincher, C. L., & Thornhill, R. (2008). Assortative sociality, limited dispersal, infectious disease and the genesis of the global pattern of religion diversity. *Proceedings of the Royal Society B: Biological Sciences, 275*(1651), 2587-2594.

Fincher, C. L., Thornhill, R., Murray, D. R., & Schaller, M. (2008). Pathogen prevalence predicts human cross-cultural variability in individualism/collectivism. *Proceedings of the Royal Society B: Biological Sciences, 275*(1640), 1279-1285.

Gelfand, M. J. (2018). *Rule Makers, Rule Breakers: How Tight and Loose Cultures Wire Our World.* Scribner.

Gelfand, M. J., Aycan, Z., Erez, M. & Leung, K. (2017). Cross-cultural industrial psychology and organizaiotnal behavior: A hundred-year journey. *Journal of Applied Psychology, 102*, 514-529.

Gelfand, M. J., Jackson, J. C., Pan, X., Nau, D., Pieper, D., Denison, E., … & Wang, M. (2021). The relationship between cultural tightness-looseness and COVID-19 cases and deaths: a global analysis. *The Lancet Planetary Health, 5*(3), e135-e144.

Gelfand, M. J., Nishii, L. H., & Raver, J. L. (2006). On the nature and importance of cultural tightness–looseness. *Journal of Applied Psychology, 91*, 1125-1244.

Gokmen, Y., Baskici, C., & Ercil, Y. (2021). The impact of national culture on the increase of COVID–19: A cross–country analysis of European countries. *International Journal of Intercultural Relations, 81*, 1–8.

Greenfield, P. M. (2000). Three approaches to the psychology of culture: Where do they come from? Where can they go? *Asian Journal of Social Psychology, 3*(3), 223–240.

Heine, S. J. (2010). Cultural psychology. In S. T. Fiske, D. T. Gilbert, & G. Lindzey (Eds.), *Handbook of social psychology* (pp. 1423-1464). John Wiley & Sons, Inc..

Hofstede, G. (1980). *Culture's consequences: International differences in work-related values.* Sage.

Hofstede, G. (2001). *Culture's consequences: Comparing values, behaviors, institutions, and organizations across nations* (2nd ed.). Sage.

Hofstede, G. (2011). Dimensionalizing Cultures: The Hofstede Model in Context. *Online Readings in Psychology and Culture, 2*(1).

Hofstede, G. (2015). *6 dimensions for website* [Data set]. https://geerthofstede.com/research-and-vsm/dimension-data-matrix/

Hofstede, G., & Bond, M. H. (1988). The Confucius connection: From cultural roots to economic growth. *Organizational Dynamics, 16*(4), 5–21.

Hofstede, G., Hofstede, G. J. & Minkov, M. (2010). *Cultures and Organizations: Software of the Mind* (3rd ed.). McGraw–Hill.

Hofstede Insights. (2021, May 11). *Country Comparison.* https://www.hofstede-insights.com/country-comparison/

House, R. J., Hanges, P. J., Javidan, M., Dorfman, P. W., & Gupta, V. (Eds.). (2004). *Culture, leadership, and organizations: The GLOBE study of 62 societies*. Sage publications.

Huang, F., Ding, H., Liu, Z., Wu, P., Zhu, M., Li, A., & Zhu, T. (2020). How fear and collectivism influence public's preventive intention towards COVID–19 infection: a study based on big data from the social media. *BMC Public Health, 20*(1), 1–9.

Kashima, Y. (2019). What is culture for? In Matsumoto, D., & Hwang, H. C. (Eds.), *Handbook of culture and psychology* (2nd ed., pp. 123–160). Oxford University Press.

Kitayama, S., Duffy, S., & Uchida, Y. (2007). Self as cultural mode of being. In S. Kitayama & D. Cohen (Eds.), *Handbook of cultural psychology* (pp. 136–174). Guilford Press.

Kluckhohn, C. (1949). *Mirror for man: The relation of anthropology to modern life.*

McGraw-Hill.

Kumar, R. (2021). Impact of societal culture on Covid-19 morbidity and mortality across countries. *Journal of Cross-Cultural Psychology, 52*(7), 643-662.

Lee, H., & Choi, H. S. (2022). Independent self-concept promotes group creativity in a collectivistic cultural context only when the group norm supports collectivism. *Group Dynamics: Theory, Research, and Practice, 26*(1), 71-84.

Liu, J. H., Leong, C-H., Huang S-Y., Chen, S. X, Choi, H-S., Yamaguchi, S., Lee I. C. & Knoue Y. (2020). How East Asian's collective orientations mitigated the spread of Covid-19. *East Asian Forum.*

Lu, J. G., Jin, P., & English, A. S. (2021). Collectivism predicts mask use during COVID-19. *Proceedings of the National Academy of Sciences, 118*(23), e2021793118.

Maaravi, Y., Levy, A., Gur, T., Confino, D., & Segal, S. (2021). "The tragedy of the commons": How individualism and collectivism affected the spread of the COVID-19 pandemic. *Frontiers in Public Health, 9*, 627-559.

Markus, H. R., & Kitayama, S. (1991). Culture and the self: Implications for cognition, emotion, and motivation. *Psychological Review, 98*, 224-253.

Minkov, M. (2007). *What makes us different and similar: A new interpretation of the World Values Survey and other cross-cultural data.* Klasika i Stil.

Morand, S., & Walther, B. A. (2018). Individualistic values are related to an increase in the outbreaks of infectious diseases and zoonotic diseases. *Scientific Reports, 8*(1), 3866.

Mortensen, C. R., Becker, D. V., Ackerman, J. M., Neuberg, S. L., & Kenrick, D. T. (2010). Infection breeds reticence: The effects of disease salience on self-perceptions of personality and behavioral avoidance tendencies. *Psychological Science, 21*(3), 440-447.

Mula, S., Di Santo, D., Resta, E., Bakhtiari, F., Baldner, C., Molinario, E., & Leander, N. P. (2022). Concern with COVID-19 pandemic threat and attitudes towards immigrants: The mediating effect of the desire for tightness. *Current Research in Ecological and Social Psychology, 3*, 100028.

Murray, D. R., & Schaller, M. (2010). Historical prevalence of infectious diseases within 230 geopolitical regions: A tool for investigating origins of culture. *Journal of Cross-Cultural Psychology, 41*(1), 99-108.

Na, J., Kim, N., Suk, H. W., Choi, E., Choi, J. A., Kim, J. H., ··· & Choi, I. (2021). Individualism-collectivism during the COVID-19 pandemic: A field study testing the pathogen stress hypothesis of individualism-collectivism in Korea. *Personality and Individual Differences, 183*, 111-127.

Navarrete, C. D., & Fessler, D. M. (2006). Disease avoidance and ethnocentrism: The effects of disease vulnerability and disgust sensitivity on intergroup attitudes. *Evolution and Human Behavior, 27*(4), 270–282.

Nikolaev, B., & Salahodjaev, R. (2017). Historical prevalence of infectious diseases, cultural values, and the origins of economic institutions. *Kyklos, 70*(1), 97–128.

Nir, N., Halperin, E., & Park, J. (2022). The Dual Effect of COVID–19 on Intergroup Conflict in the Korean Peninsula. *Journal of Conflict Resolution, 66*(10), 1908–1930.

Nisbett, R. E. (2003). *The geography of thought: How Asians and Westerners think differently … and why.* Free Press.

Oyserman, D., Coon, H. M., & Kemmelmeier, M. (2002). Rethinking individualism and collectivism: Evaluation of theoretical assumptions and meta–analyses. *Psychological Bulletin, 128*, 3-72.

Schaller, M., & Murray, D. R. (2008). Pathogens, personality, and culture: disease prevalence predicts worldwide variability in sociosexuality, extraversion, and openness to experience. *Journal of Personality and Social Psychology, 95*(1), 212–221.

Schaller, M., & Murray, D. R. (2010). Infectious diseases and the evolution of cross–cultural differences. In M. Schaller, A. Norenzayan, S. J. Heine, T. Yamagishi, & T. Kameda (Eds.), *Evolution, culture, and the human mind* (pp. 243-256). Psychology Press.

Schaller, M., & Park, J. H. (2011). The behavioral immune system (and why it matters). *Current Directions in Psychological Science, 20*(2), 99–103.

Shweder, R. A. (1990). Cultural psychology–What is it? In Stigler J.W., Shweder R.A., & Herdt, G. (Eds.), *Cultural psychology: Essays on human cognitive development*. Cambridge University Press.

Smith, P. B., Fischer, R., Vignoles, V. L., & Bond, M. H. (2013). *Understanding social psychology across cultures: Engaging with others in a changing world*. Sage.

Smith, P. B., Peterson, M. F., & Thomason, S. J. (2011). National culture as a moderator of the relationship between managers' use of guidance sources and how well work events are handled. *Journal of Cross-Cultural Psychology, 42*(6), 1101–1121.

Smith, P. B., Torres, C. V., Hecker, J., Chua, C. H., Chudzikova, A., Degirmencioglu, S., … & Yanchuk, V. (2011). Individualismcollectivism and business context as predictors of behaviors in cross–national work settings: Incidence and outcomes. *International Journal of Intercultural Relations, 35*(4), 440–451.

Talhelm, T., Zhang, X., Oishi, S., Shimin, C., Duan, D., Lan, X., & Kitayama, S.

(2014). Large-scale psychological differences within China explained by rice versus wheat agriculture. *Science, 344*(6184), 603-608.

Thornhill, R., & Fincher, C. L. (2011). Parasite stress promotes homicide and child maltreatment. *Philosophical Transactions of the Royal Society B: Biological Sciences, 366*(1583), 3466-3477.

Thornhill, R., & Fincher, C. L. (2014). The parasite-stress theory of sociality, the behavioral immune system, and human social and cognitive uniqueness. *Evolutionary Behavioral Sciences, 8*(4), 257-264.

Thornhill, R., Fincher, C. L., & Aran, D. (2009). Parasites, democratization, and the liberalization of values across contemporary countries. *Biological Reviews, 84*(1), 113-131.

Thornhill, R., Fincher, C. L., Murray, D. R., & Schaller, M. (2010). Zoonotic and non-zoonotic diseases in relation to human personality and societal values: Support for the parasite-stress model. *Evolutionary Psychology, 8*(2), 151-169.

Travaglino, G. A., & Moon, C. (2021). Compliance and self-reporting during the COVID-19 pandemic: a cross-cultural study of trust and self-conscious emotions in the United States, Italy, and South Korea. *Frontiers in Psychology, 12*, 565845.

Triandis, H. C. (1972). *The analysis of subjective culture*. Wiley.

Triandis, H. C. (1989). The self and social behavior in differing cultural contexts. *Psychological Review, 96*(3), 506-520.

Triandis, H. C. (1995). *Individualism and collectivism*. Westview Press.

Triandis, H. C., & Gelfand, M. J. (1998). Converging measurement of horizontal and vertical individualism and collectivism. *Journal of Personality and Social Psychology, 74*(1), 118-128.

Triandis, H. C., & Gelfand, M. J. (2012). A theory of individualism and collectivism. In P. M. van Lange, A. W. Kruglanski & E. T. Higgins (Eds.), *Handbook of theories of social psychology* (Vol. 2, pp. 498-520). Sage.

Van Bavel, J. J., Baicker, K., Boggio, P. S., Capraro, V., Cichocka, A., Cikara, M., … & Willer, R. (2020). Using social and behavioural science to support COVID-19 pandemic response. *Nature Human Behaviour, 4*(5), 460-471.

van Leeuwen, F., Park, J. H., Koenig, B. L., & Graham, J. (2012). Regional variation in pathogen prevalence predicts endorsement of group-focused moral concerns. *Evolution and Human Behavior, 33*(5), 429-437.

Vandello, J. A., & Cohen, D. (1999). Patterns of individualism and collectivism across the United States. *Journal of Personality and Social Psychology, 77*(2), 279-292.

Vignoles, V. L., Owe, E., Becker, M., Smith, P. B., Easterbrook, M. J., Brown, R.,

Gonz lez, R., Didier, N., Carrasco, D., Cadena, M. P., Lay, S., Schwartz, S. J., Des Rosiers, S. E., Villamar, J. A., Gavreliuc, A., Zinkeng, M., Kreuzbauer, R., Baguma, P., Martin, M., … Bond, M. H. (2016). Beyond the 'eastwest' dichotomy: Global variation in cultural models of selfhood. *Journal of Experimental Psychology: General, 145*(8), 966-1000.

Vygotsky, L. S. (1962). *Thought and language*. MIT Press.

Webster, G. D., Howell, J. L., Losee, J. E., Mahar, E. A., & Wongsomboon, V. (2021). Culture, COVID-19, and collectivism: A paradox of American exceptionalism? *Personality and Individual Differences, 178*, 110853.

Wu, B.-P., & Chang, L. (2012). The social impact of pathogen threat: How disease salience influences conformity. *Personality and Individual Differences, 53*(1), 50-54.

Yamagata, M., Teraguchi, T., & Miura, A. (2021). Effects of Pathogen-Avoidance Tendency on Infection-Prevention Behaviors and Exclusionary Attitudes toward Foreigners: A Longitudinal Study of the COVID-19 Outbreak in Japan. *The Japanese Psychological Research*. Online publication.

제2장

코로나19 시대 정서조절의 뇌신경과학

김민우

1. 코로나19 시대를 맞이하며 정서조절 능력의 증진 필요

코로나바이러스감염증-19(Coronavirus Disease 2019; 이하 코로나19)의 감염사례가 보고된 지 얼마 지나지 않아 전 세계적인 팬데믹으로 격상되면서, 현대 사회를 살아가는 사람들은 그동안 전혀 경험하지 못했던 새로운 사회적 상황을 맞이하게 되었다. 나라별 정도의 차이는 다소 있었으나, 가장 큰 삶의 변화는 1) 사회적 거리두기, 2) 마스크 착용, 3) 전례 없는 속도로 개발된 백신 접종으로, 타인과의 접촉을 통한 감염을 막기 위해 정부 차원에서 행한 제도의 적용이다. 이외에도 몇몇 국가 및 도시에서는 락다운(lockdown)과 같은 극단적인 사회적 단절이 실시되면서, 사람들은 코로나19 시대 이전보다 사회적 연결이 줄어들었고(Banerjee & Rai, 2020), 스트레스와 부정적 정서에 시달리게 되었다(Shanahan et al., 2020). 팬데믹으로 인한 일상생활의 변화에 적응하지 못한 일부 사람들은 마스크를 제대로 쓰라는 타인의 지적에 폭력적으로 반응하거나(Tiesman et al., 2022), 매우 강한 수준의 외로움에 수반하는 우울 증상 등을 보였는데(Killgore et al., 2020), 이러한 행동들은 공통적으로 적절한 정서조절 능력의 부재로 인한 것이라고 설명할 수 있다. 사람들은 누구나 감정에 휘말릴 수 있고 때로는 그로 인해 부적절한 행동을 보일 수 있지만, 보통의 경우 감정이 격렬해지기 전에 스스로 조절하고 통제할 수 있는 능력을 지니고 있다. 하지만 상기 언급한 상황처럼 스트레스가 극대화되는 시기에는 정서조절 능력이 약해질 수 있다(Raio et al., 2013).

코로나19 팬데믹과 같이 사람들의 사회생활 양상을 뿌리부터 흔드는 사태가 발생하고 2년이 넘는 시간이 지난 현시점에서, 정서조절 능력의 약화 및 이를 극복하기 위한 제언을 위해 관련 연구들을 살펴보고 개관할 필요가 있다. 정서조절은 인지심리학, 임상심리학, 생물심리학 등 심리학의 여러 세부분야에 걸쳐 연구가 이루어지는 주제인데, 본 장에서는 특히 인지신경과학적인 측면에서 정서조절의 메커니즘을 분석하고 이를 통해 정서조절 능력의 함양을 이룰 수 있는 방법에 대해 고찰하고자 한다. 이러한 본 장의 목적을 달성하기 위해 정서과학, 동물생리학, 신경과학, 정신의학 등 심리학과 연관되어 있는 다양한 학문 분야의 연구들을 종합적으로 검토하고 분석할 것이다. 본 장의 구조는 다음과 같이 요약할 수 있다. 우선 정서조절의 이론과 관련된 대표적인 심리학 연구들을 소개할 것이다. 이후 정서조절의 신경회로에 대한 연구들을 검토함으로써 감정을 통제할 때 이루어지는 신경과학적인 메커니즘을 제안할 것이다. 더불어, 주로 인간을 대상으로 하는 뇌영상기법을 사용한 정서조절 연구들을 살펴보면서, 특히 불안과 어떠한 관계가 있는지 분석할 것이다. 마지막으로, 정서조절의 뇌신경과학적 기전에 대한 지식을 통해 어떻게 정서조절 능력을 함양할 수 있는지에 대한 함의를 도출하고자 한다.

2. 정서조절

스스로의 감정을 통제하고 조절할 수 있는 능력은 일상생활을 영위하는 데 필수적이며, 다양한 방식으로 타인과 교류하는 사회적인 상황에서 특히 유용하다. 정서조절(emotion regulation)은 하향식 처리와 상향식 처리 과정이 경쟁하고 상호작용함으로써 바람직한 행동적인 결과로 이어지는 심리과정의 대표적인 사례 중 하나이다. 예컨대, 극도로 무서운 장면을 목격했을 때 사람들이 보일 수 있는 본능적인 반응은 그 상황으로부터 벗어나기 위해 도망치는 행위일 것이다. 통상 이러한 상향식 반응은 하향식 중재로 인해 조절되는데, 예를 들자면 "이건 연출된 공포영화의 한 장면일 뿐"이라며 스스로에게 되뇌는 것이다. 커다란 뱀이 눈앞에 나타난다면 누구나 공포 반응을 보이겠지만 곧바로 주변 환경에 대한 맥락 정보를 인지하게 되면 금세 진정되는 것과 마찬가지 이치라고 볼 수 있다.

정서조절의 이론 중 가장 널리 알려져 있고 폭넓게 받아들여지고 있는 정서조절의 과정 모형(process model of emotion regulation)에 의하면, 위와 같이 하향식 처리 과정이 개입하여 감정을 통제하는 방식은 인지적 재평가(cognitive reappraisal)에 해당한다고 볼 수 있다(Gross, 1998). 인지적 재평가는 주변 상황이나 맥락 정보를 사용해서 인지적으로 감정 반응을 바꾸는 정서조절 방략으로, 하향식 처리 과정이 상향식 처리 과정에 영향을 줌으로써 변화를 야기하는 대표적인 심리과정이다. 위에서 언급한 공포영화의 사례가 인지적 재평가의 한 예가 될 수 있으며, 많은 경우 인지적 재평가는 부정적인 사건을 덜 부정적으로 생각하게끔 하여 부정적인 감정을 진정시키는 용도로 사용된다(Giuliani & Gross, 2009). 인지적 재평가는 정서의 억제(suppression)와 같은 정서조절 방략과 비교해서 정서 경험과 표현, 생리적인 지표를 조절하는 데 더욱 성공적이며 바람직하다고 알려져 있다(Gross, 2002). 더 나아가, 최근 20년 동안 정서조절 방략, 특히 인지적 재평가와 억제의 효능을 비교하는 뇌영상 연구가 다수 수행되었으며, 그 결과 정서조절의 뇌신경과학적 메커니즘에 대한 이해가 이루어질 수 있는 기반이 다져져 있다(Buhle et al., 2014). 인지적 재평가가 하향식 처리와 상향식 처리 과정의 상호작용으로 이루어진다는 심리학적 이론을 뒷받침하는 뇌신경회로에 대해서는 아래 상세히 다루도록 할 예정이다.

코로나19 팬데믹으로 인해 정서조절 능력이 정신 건강을 보호하고 회복하는 데 그 어느 때보다 중요한 역할을 하게 된 시점임을 감안하면, 인지적 재평가 방략이 순기능적이라는 선행 연구들을 기반으로 정서조절의 뇌신경학적 매커니즘을 이해하는 것 역시 필요한 시기가 되었다고 볼 수 있다. 그렇기 때문에 이제부터는 정서조절 및 정신 건강에 큰 영향을 미치는 부정적 감정인 불안과 관련된 신경과학 연구들을 살펴보면서 정서조절을 가능케하는 뇌신경회로는 어떤 뇌영역들로 이루어져 있는지, 어떤 기전으로 작동하는지 자세하게 다룰 것이다.

3. 정서조절의 뇌신경회로

정서조절의 뇌신경회로에 대해 논의하려면 우선 편도체라는 작은 뇌영역의 구조와 기능에 대한 이야기를 하지 않을 수 없다. 편도체(amygdala)는 뇌의 측두엽 안쪽에 자리잡고 있는 아몬드 모양의 부위로, 흔히 언급되는 것과는 다르게 수많은 하위 영역들이 모여 이루어진 집합체이다(Aggleton, 1992). 각 하위 영역들은 서로 다른 뇌의 부위들과 연결을 가지고 있으며, 이에 상응하는 상이한 기능을 담당하는 것으로 알려져 있다. 대표적으로 측기저핵(BLA, basolateral amygdala)과 중심내부핵(Ce, centromedial nucleus)이 있으며, 동물 연구에 따르면 외부에서 들어오는 감각 정보는 BLA에서 먼저 받아들인 뒤, BLA로부터 흥분 신호를 받는 Ce이 활성화된다고 한다(Davis & Shi, 2000). Ce이 활성화되면 일종의 경보장치 역할을 하게 되면서 피질 신경세포의 활성화 역치를 낮추게 되고, 이에 뇌가 위협이 될 수 있는 자극에 대해 쉽게 반응하고 활동할 수 있는 상태가 된다(Kapp et al., 1994). 이것이 바로 고전적 조건형성(classical conditioning) 과정에서 편도체가 공포/위협반응[1]을 학습하는 것을 가능케 하는 신경 메커니즘이라고 알려져 있다(LeDoux, 2000; Davis & Whalen, 2001). 전형적인 고전적 조건형성 실험 상황 하에 동물들은 무조건 자극(US, unconditioned stimulus)을 예측하는 조건 자극(CS, conditioned stimulus)에 대한 학습을 하게 된다. 예를 들어, 청각 자극을 사용하는 공포/위협조건형성 실험에서 쥐들은 스피커에서 나는 소리(CS)가 전기충격(US)을 예고한다는 관계를 학습하게 되면서 동결반응 혹은 프리징(freezing)으로 불리는 특유의 반응을 보이게 된다(Kim & Fanselow, 1992; Kim et al., 1992; Quirk et al., 1995). 이러한 CS-US 연합과, 이에 수반하는 프리징과 같은 행동적 반응은 편도체가 담당하는 주요 기능이라고 알려져 있다(Rogan et al., 1997; Fanselow & LeDoux, 1999).

공포/위협조건형성의 대칭점에 있는 학습과정은 조건형성을 통해 형성된 CS-US 연합을 억제하는 것을 학습하는 것이며, 이는 학습된 공포/위협반응의 소거(extinction)라고 한다(Rescorla, 2001; Quirk, 2002). 소거는 단순히 기존의 학습된 CS-US 연합을 제거하는 것이 아니라, 이 연합을 억제하는 것을 새롭게 배우는 맥락의존적 학습과정으로 보는 것이 옳다(Bouton & Woods, 2008). 소거

1) 기존에는 공포조건형성(fear conditioning)이라고 불리며 널리 사용되어왔으나, 이러한 용어는 주관적인 공포의 경험이 학습과정의 기저에 있다는 잘못된 인식을 줄 수 있다는 LeDoux(2016)의 지적을 고려해서 '공포/위협조건형성'으로 칭한다.

는 위에서 언급한 정서조절과 밀접한 관계를 가지고 있으며, 정서조절의 동물모델 연구에서 흔히 사용되기도 한다. 특정 상황이나 대상이 부정적인 감정을 야기한다면, 이를 조절하는 방법은 그 상황 또는 대상과 부정적인 감정적 반응 간의 연합을 억제하는 것을 학습하는 것, 즉 소거하는 것이다. 공포/위협조건형성 연구에서는 편도체, 특히 Ce의 역할과 기능을 집중적으로 연구했다면, 소거 연구에서는 편도체와 더불어 전전두피질, 특히 내측전전두피질(mPFC, medial prefrontal cortex)이 형성하는 신경회로의 중요성이 부각되었다. 쥐를 비롯한 동물연구로부터 Ce이 BLA로부터 받는 흥분신호를 mPFC 신경세포가 조절함으로써 CS-US 연합을 억제한다는 사실이 밝혀졌다(Milad & Quirk, 2002). 이 연구를 시발점으로 편도체-전전두피질 신경회로 연구가 본격적인 궤도에 오르게 되었는데, 이 두 뇌 영역 간의 신호전달을 가능케 하는 직접적인 연결성을 확인하는 연구결과들이 등장하면서 이 신경회로에 대한 연구가 가속화되게 된다(Amaral et al., 1992; Milad & Quirk, 2002; Ghashghaei et al., 2007). 해부학적으로는 영장류의 편도체와 mPFC 간 직접적인 연결이 확인되었으며(Ghashghaei et al., 2007), 기능적으로는 CS에 의해 증가한 BLA 신경세포의 활성화 정도가 mPFC 신경세포의 활동을 억제한다는 점이 연구를 통해 밝혀졌다(Garcia et al., 1999). 이와 대조적으로, 쥐의 mPFC 신경세포를 자극하면 마치 소거와 같은 양상으로 CS에 대한 반응(조건반응)이 억제된다는 사실을 관찰했는데, 이 연구 결과 역시 편도체와 mPFC 간의 상호연결성을 지지한다(Milad & Quirk, 2002). 종합해 봤을 때, 편도체와 mPFC 간의 상호작용과 신호전달을 가능케 하는 해부학적, 기능적 연결통로의 존재가 확인되었으며, 각종 뇌신경과학 기술과 도구를 사용해서 연구 대상으로 삼을 수 있게 되었다(그림 2.1).

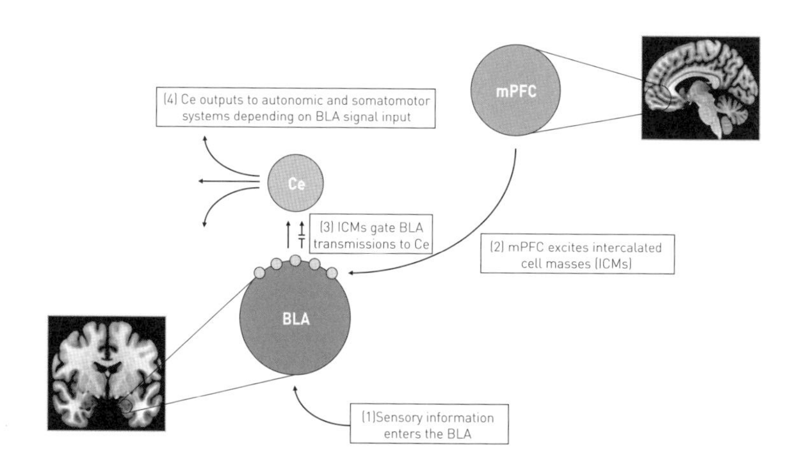

감각정보신호가 BLA에 입력이 되면 Ce에 흥분신호를 전달하고, Ce는 자율신경계 및 체신경계에 광범위한 영향을 주게 됨. 예를 들어, 산행 중 뱀을 발견하게 되면 '뱀'에 해당하는 감각정보신호를 전달받은 BLA는 Ce에 흥분신호를 보내며, Ce는 우리에게 위협이 될 수도 있는 뱀에 대해 적절한 행동적 반응을 할 수 있도록 뇌의 여러 영역에 영향을 줌. 이 과정에 mPFC가 관여하게 되는데, 정리하자면 (1) 감각정보신호가 BLA에 입력된 후, (2) 필요에 따라 mPFC에서 BLA-Ce 간 신호전달을 억제하는 ICMs 세포군집체를 활성화하여 (3) BLA에서 Ce로 가는 흥분신호를 차단하고, 그 결과 (4) Ce의 자율신경계 및 체신경계에 대한 출력 여부가 결정됨. 예를 들어, 동물원에서 우리 안에 가두어져 있는 뱀을 보게 되면 BLA는 여전히 위협으로 처리하나, mPFC에서 개입하여 "동물원" 또는 "우리 안"이라는 맥락 정보를 주게 되어 Ce가 활성화되지 않도록 방지함.

<그림 2.1> 편도체-전전두피질 신경회로의 메커니즘

요컨대, mPFC는 편도체의 활동을 조절하는 신호를 보내는 주요 뇌영역으로, 피질 수준에 표상되어 있는 정서 신호를 편도체와 소통하게 하는 역할을 담당한다(Morgan et al., 1993). 위에서 언급했듯이, mPFC는 소거를 통해 새롭게 학습한 내용을 유지하는 데 필수적인데, 예컨대 실험 중인 쥐의 입장에서 "소리는 이제 전기충격의 부재를 예측한다"는 새로운 사실을 배우는 데 핵심적인 역할을 하는 것이다. 그렇기 때문에, 편도체로 입력되는 mPFC의 신호는 한때 부정적인 결과를 예측했던 대상에 대한 정보를 갱신하여 긍정적인 결과를 예측하는 것으로 바꾸는 데 결정적이다(McDonald et al., 1996; Stefanacci & Amaral, 2002). 정서조절이 현재 느끼는 감정을 바꾸는 것이라는 점을 감안하면, 편도체와 mPFC로 이루어진 신경회로가 정서조절을 가능케 하는 주요 신경 메커니즘이라고 예측할 수 있을 것이다.

4. 뇌영상연구가 밝혀낸 정서조절의 뇌신경과학적 기전

Milad & Quirk (2002)의 연구가 공포/위협반응의 소거에 있어서 편도체-전전두피질 신경회로의 핵심적인 역할을 한다는 사실을 밝혀낸 이후, 20년 동안 정서조절과 정서조절이 실패했을 때 나타나는 불안에 대한 수많은 연구가 이루어졌다. 이 연구들은 일관적으로 편도체와 mPFC가 주 뇌영역이라는 사실을 밝혀냈는데(Fox & Shackman, 2019; Bishop, 2007; Likhtik & Paz, 2015), 특히 초기에는 각 뇌영역들을 따로 살펴보는 데 초점을 맞췄다가 점차 하나의 신경회로로서 종합적으로 분석을 하는 방향으로 발전하게 되었다(Hartley & Phelps, 2010; Kim et al., 2011; Quirk & Beer, 2006). 이렇듯 최근 신경회로 및 신경 네트워크 단위로 수행한 다수의 인간 및 동물 연구로부터 정서조절과 불안의 뇌신경학적 기전에 대한 심도 있는 이해가 가능한 수준까지 오게 되었다(Calhoon & Tye, 2015; Grupe & Nitschke, 2013). 지금부터는 자기공명영상(MRI, magnetic resonance imaging) 기법을 사용하여 비침습적인 방법으로 뇌영상을 촬영하고, 이를 통해 정서조절과 불안과 관련된 편도체-전전두피질 신경회로의 특성들을 밝혀낸 인간 뇌영상 연구들을 소개하고 논의하기로 한다.

정서조절과 편도체-전전두피질 신경회로

정서조절의 뇌영상연구는 주로 인지신경과학적 접근법을 활용하여 이루어졌다. 가장 흔하게 사용되는 실험 패러다임을 소개하면, 실험참가자들에게 올라오는 감정을 증폭하거나, 감소시키거나, 또는 그대로 유지하라는 지시를 한 뒤, 정서적인 반응을 유발하는 사진자극들을 보여준다. 매 시행의 마지막에는 리커트 척도가 화면에 나타나고, 실험참가자는 현재 자신의 감정 상태를 보고한다(그림 2.2). 보통의 경우 부정적인 감정을 유발하는 사진 자극을 사용하는데, 이는 공포/위협학습을 하는 동물 연구와 일맥상통하는 부분이다.

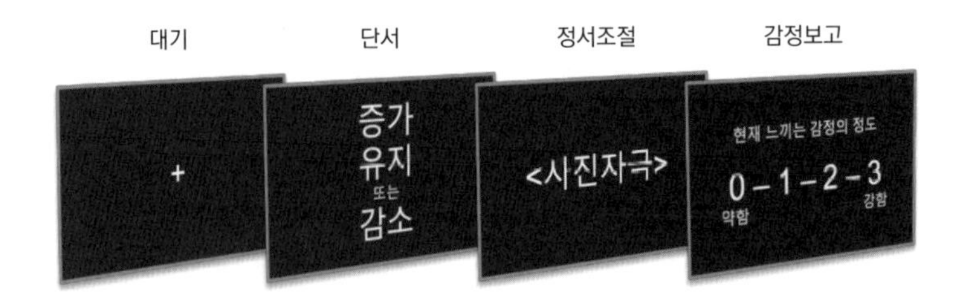

〈사진자극〉에 해당하는 화면에서는 정서적인 반응을 유발하는 사진들이 제시됨.

<그림 2.2> 정서조절 fMRI 실험 패러다임 예시

다양한 뇌영상 연구들이 기능적 자기공명영상(fMRI, functional magnetic resonance imaging) 기법과 위와 같은 정서조절 실험 패러다임을 사용해서 정서조절에 따른 뇌신호의 변화를 탐색하고자 했다. 동물 신경생리 연구 결과들을 토대로, 연구자들은 편도체의 변화가 곧 정서조절을 반영할 것으로 예상했으며 실제로 많은 fMRI 연구들이 편도체 뇌신호의 변화를 보고하였다(Ochsner et al., 2002; Urry et al., 2006; Etkin et al., 2011). 마찬가지로, 하향식 처리로 이루어지는 정서 조절, 특히 인지적 재평가와 같은 방략은 전전두피질로부터 신호가 발생하여 편도체의 활성화를 억제할 것으로 예측되었으며, fMRI 연구 결과들이 이를 지지하였다(Ochsner et al., 2012). 특히 48개의 인지적 재평가 방략 fMRI 연구에 대한 메타 분석 결과, 전전두피질의 하위 영역들이 일관적으로 활성화된다는 점이 발견되었으며, 이 영역들은 공통적으로 편도체의 뇌신호를 억제하는 기능을 한다는 결과를 발견하였다(Buhle et al., 2014). 좀 더 구체적으로, 인지적 재평가는 전통적으로 인지통제 기능을 담당한다고 알려져 있는 전전두피질 영역들의 뇌신호를 유발하였으며, 동시에 뇌 전체를 통틀어 편도체의 뇌신호만 억제한다는 결론을 도출하였다. 이러한 결과는 Neurosynth라는 온라인 분석 도구를 사용해서 더 많은 수의 뇌영상 연구들을 포함시키는 메타 분석을 한 결과와도 유사하다(그림 2.3).

요컨대, 뇌에 존재하는 수많은 영역들 중 편도체와 전전두피질만이 인지적 재평가라는 정서조절 방략에 관여한다고 보는 것이 타당하며, 이는 공포/위협조건형성 패러다임을 사용한 동물 연구

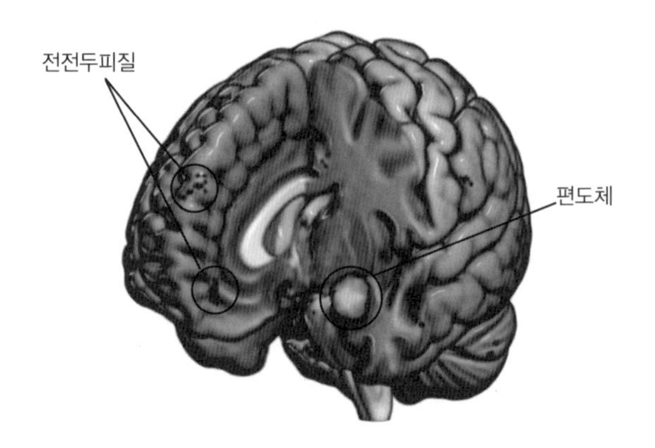

Neurosynth(https://neurosynth.org)를 사용하여 247개의 개별 뇌영상 연구들의 메타 분석을 실시한 결과, "정서조절(emotion regulation)"과 가장 관련이 있는 뇌영역들은 편도체와 전전두피질이라는 사실이 확인됨. 결과는 association test로 false discovery rate-corrected p 〈 .01 수준에서 유의한 뇌 영역들을 표시함.

<그림 2.3> 정서조절의 뇌신경과학적 기반

에서 도출된 결론들과도 일관적이다. 한 가지 더 확실한 것은, 편도체와 전전두피질이 서로 독립적으로 기능하는 것이 아니라 하나의 신경회로를 이루고 긴밀하게 신호를 주고 받으며 상호작용을 한다는 사실이다. 따라서 정서 조절의 뇌신경학적 매커니즘을 연구하기 위해서는 편도체-전전두엽을 신경회로 수준에서 이해하고 접근해야 할 것이다(Kim et al., 2011).

편도체-전전두피질 신경회로의 구조적 연결성

인간 뇌영상 연구분야에서는 영장류 편도체와 전전두피질을 잇는 신경다발을 밝혀낸 동물 연구(Ghashghaei et al., 2007)로부터 영감을 받아 확산 자기공명영상(dMRI, diffusion magnetic resonance imaging) 기법을 사용해서 백질로 이루어진 편도체-전전두피질 신경다발을 측정하는 시도가 있었다(Johansen-Berg et al., 2008). 이 연구의 본 목적은 치료 저항성 우울증(treatment-resistant depression) 환자를 위해 개발된 뇌심부자극술(deep brain stimulation)의 주요 뇌 영역인 대상회(cingulate)의 신경해부학적 연결성을 탐색하기 위한 뇌영상 연구로, 뇌심부자극술로 성공적인 치료 효과를 보인 9명의 환자들의 뇌의 신경다발을 dMRI 기법을 활용해서 확인하며 뇌심부자극술의 신경학적 메커니즘을 밝히는 데 기여하였다. Johansen-Berg et al. (2008) 연구는 순수과학적인 측면에서도 큰 의미를 지니는데, 그동안 동물연구 또는 침습적인 방법을 사용한 신경생리학적 연구의 굴레에서 벗어나 비침습적이면서 기존 병원이나 뇌영상연구센터에서 흔히 있는 MRI 스캐너만 있으면 어렵지 않게 인간의 편도체-전전두피질 신경다발을 측정하고 분석할 수 있는 가능성을 제시했기 때문이다. 비록 간접적인 방식으로 뇌 영역을 연결하는 신경다발을 측정하는 방식이지만, 개인별로 편도체-전전두피질 신경다발이 얼마나 튼튼하게 연결되어 있는지를 계량화할 수 있게 되어 수많은 뇌영상 연구가 dMRI를 활용하여 정서조절 및 불안의 개인차와의 관계를 탐색하게 되었다.

구체적으로, 뇌의 백질로 이루어진 신경다발의 구조적인 연결성을 계량화하는 방법은 크게 두 가지로 나누어 볼 수 있다. 첫 번째 방법은 비등방성(anisotropy)을 계산하는 것으로, 물 분자가 신경다발을 따라 특정 방향으로만 이동하는 경향을 보이는 특성에 기반한 접근법이다. 비등방성을 계량화하는 방식 또한 여러 가지가 있지만 가장 보편적으로 사용되는 방식은 분획 비등방성(FA, fractional anisotropy)으로, 수초(myelin)의 정도, 축색(axon)의 두께와 지름, 축색이 평행하게 모여 있는 정도를 반영한다고 알려져 있다(Basser & Pierpaoli, 1996; Beaulieu, 2002). FA는 0에서 1의 값을 취하며 0에 근접할수록 해당 뇌 영역에서 물 분자의 등방성을 의미하며 백질이 아닌 회백질 또는 뇌척수액의 특성을 반영하고, 1에 가까워질수록 비등방성이 강해지며 백질 또는 신경다발의 특성을 나타내는 것으로 해석된다. dMRI를 사용하는 연구에서는 특정 신경다발의 평균 FA를 계산하여 구조적인 연결성의 정도를 추정하고, 연구 가설에 부합하는 행동지표 또는 증상과의 관련성을 분석하는 방식을 취한다. 두 번째 방법은 방위(orientation) 정보를 활용하는 것으로, 3차원 공간에서 물 분자가 움직이는 방위를 계산한 뒤, 근접하고 있는 영역들과 연결을 함으로써 신경다발을 시각화하여 그 연결성을 추정하는 것이다. 이른바 tractography라고 불리는 분석법이 여기에 포함되며, 뇌영상 데이터를 기반으로 개개인의 뇌구조적인 특성을 담은 신경회로를 정의하고 분석할 수 있다는 장점을 지닌다. dMRI에 대한 이러한 기술의 발전을 기반으로 편도체-전전두피질 신경회로의 구조적 연결성이 정서조절 및 불안과 어떠한 관련이 있는지 살펴보고자 한다.

정서조절, 불안, 그리고 편도체-전전두피질 신경회로의 구조적 연결성

Johansen-Berg et al. (2008)의 연구가 공개되고 얼마 지나지 않은 시점에 동일한 기법을 활용하여 편도체-전전두피질 신경다발의 구조적 연결성의 정도가 특질 불안(trait anxiety)과 부적인 상관관계를 가지고 있다는 연구 결과가 발표되었다(Kim & Whalen, 2009). 특질 불안이란 다양한 상황에서 불안을 쉽게 느끼는 성향을 의미하며, 불안 장애를 예측하는 주 요인 중 하나로 알려져 있다(Spielberger et al., 1970). 즉, 이 연구에 의하면 불안을 쉽게 느끼는 사람일수록 구조적 연결성이 약한 편도체-전전두피질 신경다발을 가지고 있다. 이러한 연구 결과는 기존에 동물 연구를 통해 알려져 있는 공포/위협조건형성에서의 편도체와 전전두피질 간의 상호작용과도 일관성이 있었으며(Milad & Quirk, 2002), 전전두피질의 통제력 약화로 인한 편도체의 과잉활성화가 불안 장애의 주요 신경기전이라고 보는 임상신경과학 이론과도 일치하였다. 후자의 경우 비슷한 시기에 dMRI를 사용하여 범불안장애 환자들과 사회불안장애 환자들의 편도체-전전두피질 신경다발의 구조적 연결성이 약해졌다는 연구 결과들이 발표되었다(Baur et al., 2011; Phan et al., 2009; Tromp et al., 2012). 범불안장애 환자들의 경우, 정신장애 진단을 받지 않은 사람들의 뇌와 비교했을 때 편도체-전전두피질 신경다발의 연결성 약화가 좌뇌, 우뇌 모두에서 발견되었으며, 이 효과는 다른 정신장애와 공병이 없는 환자들에게서 더욱 강하게 나타났다(Tromp et al., 2012). 사회불안장애 환자들은 한 연구에서는 오른쪽(Phan et al., 2009), 다른 연구에서는 왼쪽 편도체-전전두피질 신경다발의 구조적 연결성이 약해졌다고 보고되었으나(Baur et al., 2011), 좌, 우뇌 한쪽에서만 불안의 조절과 관련이 있다는 뚜렷한 근거는 없어 보인다. 종합해보자면, 초기 dMRI 연구에서는 정신과적 질환으로 진단을 받지 않은 준임상 수준에서의 불안과 범불안장애, 사회불안장애와 같은 병리적인 불안이 모두 편도체-전전두피질 신경다발의 구조적인 연결성의 감소와 관련이 있었다는 결과가 공통적으로 보고되었다.

Kim & Whalen (2009) 연구 결과로부터 편도체-전전두피질 신경회로의 구조적인 연결성은 필요한 상황에서 정서 및 불안을 보다 효과적으로 조절할 수 있는 기반을 반영한다는 결론이 도출되었다(Kim et al., 2011). 비유하자면, 편도체-전전두피질 신경다발은 고속도로이며, 구조적인 연결성이 강하다는 것은 이 고속도로가 잘 닦여 있고 유지 및 보수가 되어 있다는 의미이다. 이 고속도로를 다니는 차량들은 편도체와 전전두피질 간 신경신호들인데, 편도체-전전두피질 신경다발이 약해져 있다면 차량 통행이 원활하지 않게 되고, 따라서 전전두피질이 편도체를 효과적으로 조절하고 통제할 수 없게 되며, 이는 정서조절의 실패 및 불안의 증가로 이어진다고 예측할 수 있다. 즉, 〈그림 2.1〉에 설명되어 있는 편도체-전전두피질 신경회로의 메커니즘이 제대로 작동하지 못하게 된다는 의미이다. 이러한 가설을 지지하는 다수의 뇌영상 연구들이 속속 등장하며, Kim & Whalen (2009)의 연구 결과를 여러 방향으로 확장하였다. 성인뿐만 아니라 청소년들에게도 편도체-전전두피질 신경회로의 구조적인 연결성이 약할수록 불안이나 불안과 관련된 기질이 증가하는 양상을 보였으며(Cullen et al., 2010; Taddei et al., 2012; LeWinn et al., 2014; Liao et al., 2014), 중년의 뇌에서도 신경증적 성격기질이 편도체-전전두피질의 신경다발의 약화와 관련이 있었다(Bjørnebekk et al., 2013). 종합해보면, 여러 연구들이 편도체-전전두피질 신경회로의 구조적 연결성과 불안 간의 관계를 지지하는 결과를 보고하였다(Mincic, 2015).

그러나 일부 dMRI 연구들은 이를 지지하지 않거나, 반대로 불안 수준이 높을수록 편도체-전전두피질 신경다발이 더 강하다는 결과를 관찰하였다(Clewett et al., 2014; McIntosh et al., 2013; Montag et al., 2012). 이 연구 결과들은 편도체가 전전두피질에 역으로 상향식 영향력을 행사하면서 전전두피질의 기능을 약화한다고 해석이 되는데, 기존 연구들과의 가장 눈에 띄는 차이점은 연구 대상자의 연령대가 중장년, 노년으로 대체로 높다는 사실이다. 뇌의 발달 과정 중 백질, 특히 편도체-전전두피질 신경회로가 발달을 마치는 시기를 30대라고 추정한다는 연구 결과를 고려했을 때(Lebel et al., 2008), 연구 대상자의 연령이 큰 영향을 미칠 가능성이 적지 않다. 그럼에도 불구하고, 비슷한 시기에 제기된 심리학 연구들의 재현성 문제(Open Science Collaboration, 2015)와 맞물려 Kim & Whalen (2009) 연구에서 보고한 편도체-전전두피질 신경다발과 특질 불안 간의 관계를 재검증할 필요가 있었다.

정서조절, 불안, 그리고 편도체-전전두피질 신경회로의 구조적 연결성 재검증

재검증을 위해 우선적으로 필요한 요소는 분석에 포함된 뇌영상 데이터의 총량이다. 특히 뇌영상 연구에서 개인차를 보기 위해서는 충분한 실험 참가자들의 수가 필요하다는 주장이 제기되면서(Dubois & Adolphs, 2016), 통계적 검정력 확보를 위해 해당 연구에 참여한 연구 대상자들의 수가 많아야 했다. 대다수의 초기 뇌영상 연구에서 실험 참가자들의 수가 100명에 근접하지도 못했다는 사실을 감안했을 때, 충분히 많은 수의 데이터를 확보하는 것이 가장 중요한 목표 중 하나였다. 이런 조건을 충족한 연구가 등장하게 되었는데, 소규모의 데이터셋 3개를 합쳐 총 245명의 dMRI 데이터를 분석한 결과 Kim & Whalen (2009) 결과와 동일하게 불안을 쉽게 느끼는 사람일수록 편도체-전전두피질 신경다발이 약했다는 결과를 보고하였다(Kim et al., 2016). 특히, 이 결과는 3개의 데이터셋에서 각각 발견이 되었으며, 이들의 메타분석 결과도 일관적으로 확인되었다. 더불어, 예상치 못한 성별의 차이가 보고되었는데, 남성보다는 여성에게서 편도체-전전두피질 신경회로의 구조적 연결성과 특질 불안 간의 관계가 훨씬 명확하였다. 위와 같은 결과는 한 번 더 재검증이 되었는데, 이번에는 669명의 데이터를 기반으로 도출된 결과였다(Kim et al., 2017). 한 가지 제한점은 이렇게 초기 결과를 재현한 후속 연구들도 모두 대학생 위주의 젊은 성인들이 연구 대상자였다는 사실이다. 그럼에도 불구하고 다른 연구팀에서 진행한 연구들에서도 일관적인 결과들이 확인되면서, 불안에 취약한 사람들일수록 편도체-전전두피질 신경다발이 약하다는 관계가 정립이 되었다(De Witt & Mueller, 2017; Eden et al., 2015; Greening & Mitchell, 2015; Motzkin et al., 2011; Westlye et al., 2011). 더불어, 정서조절 방략 중 인지적 재평가를 자주 사용하는 사람들일수록 편도체-전전두피질 신경다발이 더 강하게 이어져 있다는 연구들이 발표되면서 이 신경회로가 정서 및 불안 조절에 중요한 역할을 수행할 수 있다는 결론으로 이어지게 되었다(Eden et al., 2015; Zuurbier et al., 2013).

최근에는 편도체와 전전두피질을 잇는 신경다발만 분석하는 것을 넘어, 뇌 전체를 아우르는 연결성 지도인 커넥톰(connectome)을 총체적으로 고려하는 다변량분석법이 각광을 받고 있다. 한 예로, 커넥톰과 기계학습 알고리즘을 활용하여 예측력을 지닌 신경네트워크 모델을 생성해내는 커넥톰 기반 예측 모델링(CPM, connectome-based predictive modeling)이 널리 사용되고 있다(Shen et al., 2017). 최근 한 연구에서는 젊은 성인들의 dMRI 데이터와 tractography 기법을 사용해서 모든 뇌 영역 사이를 연결하는 신경다발의 연결성을 커넥톰으로 계량화한 뒤 CPM 분석을 통해 특질불안을 예측하는 신경네트워크 모델을 확인하였는데, 편도체와 전전두피질을 잇는 신경다발을 포함하였으며 이는 선행 연구들과 일관적인 결과였다(Yoo et al., 2022). 더 나아가, 같은 방법으로 젊은 성인들과 함께 노인들의 데이터까지 함께 분석하면 신경네트워크 모델의 성질이 크게 바뀌게 되어 뇌 전체를 아우르는 구조적 연결성이 강해질수록 특질 불안 수준도 함께 높아지는 결과가 보고되었다(Yoo et al., 2022). 이는 위에서 언급했듯이 연령대에 따라 신경다발의 구조적 연결성과 불안 간의 관계가 크게 바뀔 수 있음을 시사하며, 따라서 불안과 뇌에 대한 결론을 도출하는 데 연령 및 노화가 가지는 중요성을 강조한다(Yoo et al., 2022).

정서조절, 불안, 그리고 편도체-전전두피질 신경회로의 구조적 연결성 연구의 미래

지금까지 정리한 연구들을 토대로, 정서 및 불안의 조절을 가능케 하는 신경회로인 편도체-전전두피질 신경회로의 구조적 연결성 분석에 어떠한 방식으로 접근해야 보다 유용한 정보를 얻어낼 수 있을지에 대한 논의가 필요하다. 상기 언급했듯이, 뇌의 백질은 발달 및 노화 과정에 따라 급격하게 변하기 때문에 다양한 연령대의 뇌영상 데이터를 충분히 수집해서 분석해야 한다. 이와 관련해서, 기존 연구들이 다소 지나치게 미국이나 서유럽에서 수집된 데이터에 의존하는 경향이 있어서, 추후에는 인종과 문화적인 다양성이 확보된 데이터를 활용해야 할 것이다. 또한, 편도체-전전두피질을 잇는 백질은 하나가 아니라, 여러 하위 뇌영역들을 연결하는 신경다발의 집합체임을 잊어서는 안 된다. 그렇기 때문에 뇌해부학적인 근거를 토대로 dMRI를 사용하여 보다 세부적으로 편도체-전전두피질 신경회로를 나누어서 그 기능적 함의를 연구해야 할 것이다. 예를 들어, 편도체-전전두피질 신경회로는 전전두피질의 어느 하위 영역을 상정하는지에 따라 크게 두 가지 신경다발로 나눌 수 있다는 신경외과 연구가 있다(Rigoard et al., 2011). 이를 토대로 한 연구에서는 편도체-전전두피질 신경다발을 내측과 외측으로 구분하여 특질 불안과의 관계를 분석하였으나, 두 신경다발 모두 불안과 부적 상관관계를 보여 기능적인 차이는 찾지 못하였다(Kim et al., 2016). 그럼에도 불구하고, 후속 연구에서는 고해상도 dMRI 데이터를 활용하여 보다 정밀하게 신경다발을 나누어 정서 및 불안 조절 능력과의 관계를 분석할 필요가 있다. 이와 관련하여, 현재는 MRI 기술에 의존하여 뇌영상 연구의 대다수가 수행되고 있으나 미래에는 뇌영상 기술의 획기적인 발전과 맞물려 편도체-전전두피질 신경회로를 현재보다 정확하게 들여다보고 실시간으로 변화하는 것을 관찰하는 것은 물론, 변화를 유도할 수도 있을 것이다.

마지막으로, 정서조절, 불안, 그리고 편도체-전전두피질 신경회로의 구조적 연결성 연구가 갈 수 있는 방향 중 하나는 기존에 제시된 구조적 연결성 지표에 얽매이지 않고 새로운 방식으로 분석을 해보는 것이다. FA 등의 수치를 사용한 대다수의 기존 연구들은 사람마다 조금씩 다른 신경다발의 형태와 크기는 고려하지 않았다는 제한점이 있다. 즉, 편도체-전전두피질 신경다발의 다양한 특징을 제대로 잡아내지 못하고, FA 등 한 가지 특성만 단일 차원으로 축약해서 사용하는 한계를 보였다. 이를 극복하기 위해 최근 연구에서는 캔버스 공간이라는 공통된 공간에서 각각의 사람들이 지닌 특유의 신경다발의 형태적인 특성을 직접 비교하였는데, 여기에 표상유사도 분석법(IS-RSA, inter-subject representational similarity analysis)을 적용하여 레프 톨스토이의 소설 《안나 카레니나》의 유명한 첫 문장 "행복한 가정은 모두 비슷하지만, 불행한 가정은 서로 제각각의 이유로 불행하다"에서 영감을 받은 수리적 모델을 사용하였다(Kim & Kim, 2022). 그 결과 불안을 쉽게 느끼지 않는 사람들의 신경다발은 모두 비슷한 모습을 지녔지만, 불안을 쉽게 느끼는 사람들의 신경다발은 서로 제각각 다른 형태를 지니고 있다는 결과가 확인되었다. 이러한 결과는 젊은 성인층과 노년층 연구 대상자들에게서 동일하게 관찰되었으며, 해당 결과는 연령과 노화에 영향을 받지 않는 불안한 뇌의 특성이라는 결론을 도출했다(Kim & Kim, 2022). 이렇듯 새로운 측정법과 분석법을 끊임없이 활용해서 정서 및 불안의 조절을 담당하는 편도체-전전두피질 신경회로의 특성을 탐색하고 파악한다면, 궁극적으로는 우리의 정신 건강을 이롭게 하는 목표에 한 걸음 가까워질 수 있을 것이다.

5. 포스트 코로나19 시대를 위한 제언

지난 20여 년 동안 동물 신경생리학 연구부터 인간 뇌영상 연구를 통해 정서조절과 불안의 신경회로의 존재 및 작동 메커니즘에 대한 지식이 기하급수적으로 축적되었으며, 각종 불안 장애 환자들에 대한 임상 연구 결과를 토대로 이 편도체-전전두피질 신경회로의 중요성에 대해서는 이견이 없게 되었다. 그러나 이러한 기초과학적인 지식을 실생활에 직접 응용하는 단계까지는 아직 도달하지 못한 것이 사실이다. 코로나19 팬데믹으로 인해 일상생활의 양상이 송두리째 바뀌면서 개인의 정신건강에 해로운 영향을 미치게 되면서(Gruber et al., 2021), 특히 정서와 불안을 효과적으로 조절하고 통제할 수 있는 능력이 그 어느 때보다 소중하고 중요한 시대가 되었다. 편도체-전전두피질 신경회로를 보다 강하고 건강하게 훈련시킬 수 있는 효과적이고 과학적인 방법은 아직 알려져 있지 않기 때문에, 현재로선 차분하게 관련 연구 및 기술 개발이 이루어지기를 기다릴 수밖에 없다. 현재 가장 시급하게 필요한 연구는 정서조절 훈련 또는 인지행동치료와 같은 행동적 수준에서의 지속적인 훈련이 편도체-전전두피질의 신경회로의 연결성을 더욱 튼튼하게 변화시킬 수 있는지 여부를 확인하는 실험이다. 이를 위해서는 짧게는 몇 주, 길게는 몇 년 동안 훈련을 받으면서 변화하는 신경다발의 연결성을 진단해보는 것인데, 시간과 노력 모두 소요가 많이 되는 어려운 작업일 수밖에 없다. 다행스러운 점은 학계에서 개개인의 뇌구조적, 뇌기능적 특징에 초점을 맞추는 정밀 뇌영상(precision neuroimaging) 기법이 점점 각광을 받고 있으며, 이와 맞물려 개인의 기능 증진 및 정신 건강 향상에 실질적으로 도움을 주고 예측할 수 있는 방향으로 연구의 흐름이 옮겨가고 있다. 이럴 때일수록 인간 행동과 뇌의 전문가인 심리학자들의 역할은 그 어느 때보다 중요하며, 이렇게 축적된 연구 결과들을 효과적이면서도 안전하게 활용하는 방안을 지속적으로 고찰해야 할 것이다.

참고문헌

Aggleton, J. P. (1992). *The amygdala: neurobiological aspects of emotion, memory, and mental dysfunction*. New York: Wiley–Liss, Inc.

Amaral, D. G., Price, J. L., Pitkanen, A., & Carmichael, S. T. (1992). Anatomical organization of the primate amygdaloid complex. In J. P. Aggleton (Ed.), *The amygdala: neurobiological aspects of emotion, memory, and mental dysfunction* (pp. 1–66). New York, NY: Wiley–Liss, Inc.

Banerjee, D., & Rai, M. (2020). Social isolation in Covid–19: The impact of loneliness. *International Journal of Social Psychiatry, 66*, 525–527.

Basser, P. J., & Pierpaoli, C. (1996). Microstructural and physiological features of tissues elucidated by quantitative–diffusion–tensor MRI. *Journal of Magnetic Resonance, Series B, 111*, 209–219.

Baur, V., Hänggi, J., Rufer, M., Delsignore, A., Jäncke, L., Herwig, U.,… Brühl, A. B. (2011). White matter alterations in social anxiety disorder. *Journal of Psychiatric Research, 45*, 1366 – 1372.

Beaulieu, C. (2002). The basis of anisotropic water diffusion in the nervous system—a technical review. *NMR in Biomedicine, 15*, 435 – 455.

Bishop, S. J. (2007). Neurocognitive mechanisms of anxiety: An integrative account. *Trends in Cognitive Sciences, 11*, 307 – 316.

Bjørnebekk, A., Fjell, A. M., Walhovd, K. B., Grydeland, H., Torgersen, S., & Westlye, L. T. (2013). Neuronal correlates of the five factor model (FFM) of human personality: multimodal imaging in a large healthy sample. *NeuroImage, 65*, 194–208.

Bouton, M. E., & Woods, A. M. (2008). Extinction: Behavioral mechanisms and their implications. In J. H. Byrne (Ed.), *Learning and memory: A comprehensive reference* (pp. 151–171). Academic Press.

Buhle, J. T., Silvers, J. A., Wager, T. D., Lopez, R., Onyemekwu, C., Kober, H.,… Ochsner, K. N. (2014). Cognitive reappraisal of emotion: A meta–analysis of human neuroimaging studies. *Cerebral Cortex, 24*, 2981 – 2990.

Calhoon, G. G., & Tye, K. M. (2015). Resolving the neural circuits of anxiety. *Nature Neuroscience, 18*, 1394 – 1404.

Clewett, D., Bachman, S., & Mather, M. (2014). Age–related reduced prefrontal–amygdala structural connectivity is associated with lower trait anxiety. *Neuropsychology, 28*, 631 – 642.

Cullen, K. R., Klimes–Dougan, B., Muetzel, R., Mueller, B. A., Camchong, J., Houri, A.,··· Lim, K. O. (2010). Altered white matter microstructure in adolescents with major depression: a preliminary study. *Journal of the American Academy of Child & Adolescent Psychiatry, 49*, 173–183.

Davis, M., & Shi, C. (2000). The amygdala. *Current Biology, 10*, PR131.

De Witte, N. A. J., & Mueller, S. C. (2017). White matter integrity in brain networks relevant to anxiety and depression: evidence from the human connectome project dataset. *Brain Imaging and Behavior, 11*, 1604–1615.

Dubois, J., & Adolphs, R. (2016). Building a science of individual differences from fMRI. *Trends in Cognitive Sciences, 20*, 425–443.

Eden, A. S., Schreiber, J., Anwander, A., Keuper, K., Laeger, I., Zwan– zger, P. ...Dobel, C. (2015). Emotion regulation and trait anxiety are predicted by the microstructure of fibers between amygdala and prefrontal cortex. *Journal of Neuroscience, 35*, 6020–6027.

Etkin, A., Egner, T., & Kalisch, R. (2011). Emotional processing in anterior cingulate and medial prefrontal cortex. *Trends in Cognitive Sciences. 15*, 85–93.

Fanselow, M. S., & LeDoux, J. E. (1999). Why we think plasticity underlying Pavlovian fear conditioning occurs in the basolateral amygdala. *Neuron, 23*, 229–232.

Fox, A. S., & Shackman, A. J. (2019). The central extended amygdala in fear and anxiety: Closing the gap between mechanistic and neuroimaging research. *Neuroscience Letters, 693*, 58–67.

Garcia, R., Vouimba, R. M., Baudry, M., & Thompson, R. F. (1999). The amygdala modulates prefrontal cortex activity relative to conditioned fear. *Nature, 402*, 294–296.

Ghashghaei, H. T., Hilgetag, C. C., Barbas, H. (2007). Sequence of information processing for emotions based on the anatomic dialogue between prefrontal cortex and amygdala. *Neuroimage 34*, 905–923.

Giuliani, N. R., & Gross, J. J. (2009). Reappraisal. In D. Sander & K. Scherer (Eds.), *Oxford Companion to the Affective Sciences* (pp. 329–330). New York: Oxford University Press.

Greening, S. G., & Mitchell, D. G. (2015). A network of amygdala connections predict individual differences in trait anxiety. *Human Brain Mapping, 36*, 4819–4830.

Gross, J. J. (2002). Emotion regulation: Affective, cognitive, and social consecuqences. *Psychophysiology, 39*, 281–291.

Gross, J. J. (1998). Antecedent– and response–focused emotion regulation: Divergent consequences for experience, expression, and physiology. *Journal of Personality and Social Psychology, 74*, 224.

Gruber, J., Prinstein, M. J., Clark, L. A., Rottenberg, J., Abramowitz, J. S., Albano, A. M.,··· Weinstock, L. M. (2021). Mental health and clinical psychological science in the time of COVID−19: Challenges, opportunities, and a call to action. *American Psychologist, 76*, 409－426.

Grupe, D. W., & Nitschke, J. B. (2013). Uncertainty and anticipation in anxiety: An integrated neurobiological and psychological perspective. *Nature Reviews Neuroscience, 14*, 488－501.

Hartley, C. A., & Phelps, E. A. (2010). Changing fear: The neurocircuitry of emotion regulation. *Neuropsychopharmacology, 35*, 136－146.

Johansen−Berg, H., Gutman, D. A., Behrens, T. E., Matthews, P. M., Rushworth, M. F., Katz, E., Lozano, A. M., & Mayberg, H. S. (2008). Anatomical connectivity of the subgenual cingulate region targeted with deep brain stimulation for treatment−resistant depression. *Cerebral Cortex, 18*, 1374－1383.

Killgore, W. D., Cloonan, S. A., Taylor, E. C., & Dailey, N. S. (2020). Loneliness: A signature mental health concern in the era of COVID−19. *Psychiatry Research, 290*, 113−117.

Kim, J. J., & Fanselow, M. S. (1992). Modality−specific retrograde amnesia of fear. *Science, 256*, 675−677.

Kim, J. J., Fanselow, M. S., DeCola, J. P., & Landeira−Fernandez, J. (1992). Selective impairment of long−term but not short−term conditional fear by the N−methyl−D−aspartate antagonist APV. *Behavoral Neuroscience, 106*, 591−596.

Kim, M. J., Avinun, R., Knodt, A. R., Radtke, S. R., & Hariri A, R. (2017). Neurogenetic plasticity and sex influence the link between corticolimbic structural connectivity and trait anxiety. *Scientific Reports, 7*, 10959.

Kim, M. J., Brown, A. C., Mattek, A. M., Chavez, S. J., Taylor, J. M., Palmer, A. L.,··· Whalen P. J. (2016). The inverse relationship between the microstructural variability of amygdala−prefrontal pathways and trait anxiety is moderated by sex. *Frontiers in Systems Neuroscience, 10*, 93.

Kim, M. J., Loucks, R. A., Palmer, A. L., Brown, A. C., Solomon, K. M., Marchante, A. N., & Whalen, P. J. (2011). The structural and functional connectivity of the amygdala: From normal emotion to pathological anxiety. *Behavioural Brain Research, 223*, 403－410.

Kim, M. J., & Whalen, P. J. (2009). The structural integrity of an amygdala−prefrontal pathway predicts trait anxiety. *Journal of Neuroscience, 29*, 11614−11618.

Kim, W., & Kim, M. J. (2022). Morphological similarity of amygdala−ventral prefrontal pathways represents trait anxiety in younger and older adults. *Proceedings of the National Academy of Sciences, 119*, e2205162119.

Lebel, C., Walker, L., Leemans, A., Phillips, L., & Beaulieu, C. (2008). Microstructural maturation of the human brain from childhood to adulthood. *NeuroImage 40*, 1044 - 1055.

LeDoux, J. E. (2016). *Anxious: Using the Brain to Understand and Treat Fear and Anxiety*. London: Penguin Books.

LeWinn, K. Z., Connolly, C. G., Wu, J., Drahos, M., Hoeft, F., Ho, T. C.,··· Yang, T. T. (2014). White matter correlates of adolescent depression: structural evidence for frontolimbic disconnectivity. *Journal of the American Academy of Child & Adolescent Psychiatry, 53*, 899 - 909.

Liao, M., Yang, F., Zhang, Y., He, Z., Su, L., & Li, L. (2014). White matter abnormalities in adolescents with generalized anxiety disorder: a diffusion tensor imaging study. *BMC Psychiatry, 14*, 41.

Likhtik, E., & Paz, R. (2015). Amygdala-prefrontal interactions in (mal)adaptive learning. *Trends in Neurosciences, 38*, 158 - 166.

McDonald, A. J., Mascagni, F., & Guo, L. (1996). Projections of the medial and lateral prefrontal cortices to the amygdala: a Phaseolus vulgaris leucoagglutinin study in the rat. *Neuroscience 71*, 55-75.

McIntosh, A. M., Bastin, M. E., Luciano, M., Maniega, S. M., Hernández, M. d. C. V., Royle, N. A.,··· Deary, I. J. (2013). Neuroticism, depressive symptoms and white-matter integrity in the Lothian Birth Cohort 1936. *Psychological Medicine, 43*, 1197 - 1206.

Milad, M. R., & Quirk, G. J. (2002). Neurons in medial prefrontal cortex signal memory for fear extinction. *Nature, 420*, 70-74.

Mincic, A. M. (2015). Neuroanatomical correlates of negative emotionality-related traits: a systematic review and meta-analysis. *Neuropsychologia, 77*, 97 - 118.

Montag, C., Reuter, M., Weber, B., Markett, S., & Schoene-Bake, J.-C. (2012). Individual differences in trait anxiety are associated with white matter tract integrity in the left temporal lobe in healthy males but not females. *Neuroscience, 217*, 77 - 83.

Morgan, M. A., Romanski, L. M., & LeDoux, J .E. (1993). Extinction of emotional learning: contribution of medial prefrontal cortex. *Neuroscience Letters 163*, 109-113.

Motzkin, J. C., Newman, J. P., Kiehl, K. A., & Koenigs, M. (2011). Reduced prefrontal connectivity in psychopathy. *Journal of Neuroscience, 31*, 17348 - 17357.

Ochsner, K. N., Bunge, S. A., Gross, J. J., & Gabrieli, J. D. (2002). Rethinking feelings: an FMRI study of the cognitive regulation of emotion. *Journal of Cognitive Neuroscience, 14*, 1215 - 1229.

Ochsner, K. N., Silvers, J. A., & Buhle, J. T. (2012). Functional imaging studies of emotion regulation: a synthetic review and evolving model of the cognitive control of emotion. *Annals of the New York Academy of Sciences, 1251*, E1 - E24.

Open Science Collaboration (2015). Estimating the reproducibility of psychological science. *Science, 349*, aac4716.

Phan, K. L., Orlichenko, A., Boyd, E., Angstadt, M., Coccaro, E. F., Liberzon, I.,⋯ Arfanakis, K. (2009). Preliminary evidence of white matter abnormality in the uncinate fasciculus in generalized social anxiety disorder. *Biological Psychiatry, 66*, 619 - 694.

Quirk, G. J. (2002). Memory for extinction of conditioned fear is long–lasting and persists following spontaneous recovery. *Learning and Memory, 9*, 402–407.

Quirk, G. J., & Beer, J. S. (2006). Prefrontal involvement in the regulation of emotion: Convergence of rat and human studies. *Current Opinions in Neurobiology, 16*, 723 - 727.

Quirk, G. J., Repa, C., LeDoux, J. E. (1995). Fear conditioning enhances short–latency auditory responses of lateral amygdala neurons: parallel recordings in the freely behaving rat. *Neuron, 15*, 1029–1039.

Raio, C. M., Orederu, T. A., Palazzolo, L., Shurick, A. A., & Phelps, E. A. (2013). Cognitive emotion regulation fails the stress test. *Proceedings of the National Academy of Sciences, 110*, 15139–15144.

Rescorla, R. A. (2001). Retraining of extinguished Pavlovian stimuli. *Journal of Experimental Psychology: Animal Behavior Process 27*, 115–124.

Rigoard, P., Buffenoir, K., Jaafari, N., Giot, J. P., Houeto, J. L., Mertens, P.,⋯ Bataille, B. (2011). The accumbofrontal fasciculus in the human brain: A microsurgical anatomical study. *Neurosurgery, 68*, 1102 - 1011.

Rogan, M. T., Staubli, U. V., & LeDoux, J. E. (1997). Fear conditioning induces associative long–term potentiation in the amygdala. *Nature, 390*, 604–607.

Shanahan, L., Steinhoff, A., Bechtiger, L., Murray, A. L., Nivette, A., Hepp, U.,⋯ Eisner, M. (2020). Emotional distress in young adults during the COVID–19 pandemic: evidence of risk and resilience from a longitudinal cohort study. *Psychological Medicine, 52*, 824–833.

Shen, X., Finn, E. S., Scheinost, D., Rosenberg, M., Chun, M. M., Papademetris, X. ⋯ Constable, R. T. (2017). Using connectome– based predictive modeling to predict individual behavior from brain connectivity. *Nature Protocols, 12*, 506 - 518.

Spielberger, C. D., Gorsuch, R. L., Lushene, R. E. (1970). *STAI: Manual for the State-Trait Anxiety Inventory*. Palo Alto: Consulting Psychologists Press.

Stefanacci, L., & Amaral, D. G. (2002). Some observations on cortical inputs to the macaque monkey amygdala: an anterograde tracing study. *Journal of Comparative Neurology, 451*, 301–323.

Taddei, M., Tettamanti, M., Zanoni, A., Cappa, S., & Battaglia, M. (2012). Brain white matter organization in adolescence is related to childhood cerebral responses to facial expressions and harm avoidance. *NeuroImage, 61*, 1394 – 1401.

Tiesman, H., Marsh, S., Konda, S., Tomasi, S., Wiegand, D., Hales, T.,… Webb, S. (2022). Workplace violence during the COVID–19 pandemic: March–October, 2020, United States. *Journal of Safety Research, 82*, 376–384.

Tromp, D. P. M., Grupe, D. W., Oathes, D. J., McFarlin, D. R., Hernandez, P. J., Kral, T. R. A.,… Nitschke, J. B. (2012). Reduced structural connectivity of a major frontolimbic pathway in generalized anxiety disorder. *Archives of General Psychiatry, 69*, 925 – 934.

Urry, H. L., van Reekum, C. M., Johnstone, T., Kalin, N. H., Thurow, M. E., Schaefer, H. S.,… Davidson, R. J. (2006). Amygdala and ventromedial prefrontal cortex are inversely coupled during regulation of negative affect and predict the diurnal pattern of cortisol secretion among older adults. *Journal of Neuroscience 26*, 4415 – 4425.

Westlye, L. T., Bjørnebekk, A., Grydeland, H., Fjell, A. M., & Walhovd, K. B. (2011). Linking an anxiety–related personality trait to brain white matter microstructure. *Archives of General Psychiatry, 68*, 369 – 377.

Yoo, C., Park, S., & Kim, M. J. (2022). Structural connectome–based prediction of trait anxiety. *Brain Imaging and Behavior*.

Zuurbier, L. A., Nikolova, Y. S., Åhs, F., & Hariri, A. R. (2013). Uncinate fasciculus fractional anisotropy correlates with typical use of reappraisal in women but not men. *Emotion, 13*, 385 – 390.

제3장

코로나19 팬데믹으로 인한 심리적 고통과 성격적 취약 요인

장승민

1. 들어가며

전 세계에 커다란 충격과 공포를 주었던 코로나19 팬데믹은 일상생활의 다양한 측면에서 사람들에게 큰 영향을 미쳤다. 한국에서는 2020년 1월 20일 최초로 코로나19 바이러스의 감염자가 확인된 후 짧은 기간 동안 확진자의 수가 빠르게 증가했는데, 이후 대량 검사, 접촉자 추적, 엄격한 격리 조치 등 바이러스의 확산을 통제하기 위한 정부의 다양한 조치가 신속하게 시행되었다. 많은 기업과 학교가 일정 기간 문을 닫았고, 적극적인 사회적 거리두기가 실시되었으며, 사람들은 일상생활에서 상당한 불편과 희생을 감수했다. 감염병의 확산과 이를 막기 위한 사회적 조치의 단행, 이 과정에서 사회와 개인이 감당해야 했던 어려움과 도전은 비단 한국뿐 아니라 전 세계가 집단으로 함께 겪어야 했던 고통스러운 경험이었다.

팬데믹은 일차적으로 사람들의 건강과 생명, 국가 의료 체계의 정상적 작동을 위협하였으며 이에 대처하기 위해서는 사람들 사이의 접촉을 강력하게 차단하는 것이 필요하였다. 따라서 많은 국가에서 전례 없는 수준의 사회적 거리두기가 실시되었고, 이는 경제적 충격과 교육 시스템의 변화를 포함하여 사회경제적으로 다양한 측면에 큰 영향을 미쳤다. 팬데믹이 초래한 광범위한 실직과 경제적 불안은 다수의 개인에게는 소득의 감소를, 대부분 국가에는 마이너스 성장을 가져왔으며 전 세계적으로는 경기 침체를 발생시켰다(IMF, 2021). 팬데믹은 교육 환경에도 큰 변화를 가져왔는데 각급 학교의 휴교로 인해 전 세계 수백만 명의 학생들의 교육이 차질을 빚었다(UNESCO, 2022). 사회적 거리두기를 위해 교실 학습을 온라인 학습으로 전환하는 것은 학생과 교사 모두에게 큰 도전이 되었고, 특히 기술이나 인터넷 연결에 대한 접근성이 부족한 학생들은 더 큰 어려움을 겪었다. 교육의 중단과 지체로 인한 여러 가지 부정적 영향은 경제적으로 어렵거나 취약한 배경을 가진 학생들에게 아마도 더 오랜 기간 지속될 것으로 우려된다.

이뿐만이 아니다. 세계적인 보건 위기가 개인과 공동체에 가져온 위험과 고통은 신체적 건강과 경제적 활동, 사회 시스템 등에만 국한되지 않고 심리적 안녕과 정신 건강의 영역까지 확대되었다. 사람들은 자신과 가족의 건강이 위험에 빠질까 두려워하면서도, 사회적 거리두기와 고립으로 인한 외로움과 사회적 단절감을 이겨내야 했다. 더욱이 팬데믹으로 인한 경제적 스트레스와 불확실성이 개인의 정신 건강에 부정적인 영향을 미치고 이것이 다시 경제적 곤란과 불확실성을 증폭시키는 악순환을 만들 수도 있다.

저소득층이나 기존에 질환을 앓고 있던 사람과 같이 의료 접근성이 낮고 취약한 일부 집단에게는 팬데믹으로 인한 직접적인 신체적 건강의 문제뿐 아니라 이로 인한 정신 건강의 문제가 보통의 사람들보다 더 심각한 위협이 될 수도 있다.

이처럼 팬데믹으로 인한 물질적, 실체적 곤란과 이로 인한 심리적 어려움은 인류에게 주어진 보편적인 도전이지만 이 과정이 한 사람 한 사람에게 가져다준 고통의 크기, 특히 심리적인 고통의 크기는 사람마다 차이가 있다. 다시 말해 팬데믹이 심리적으로 미친 부정적인 영향에 어떤 사람은 더 취약하고 어떤 사람은 덜 취약하며, 이는 각자가 처한 환경과 조건, 개인의 특성 등에 따라 달라진다. 예를 들어 팬데믹에 대한 개인의 대응 방식과 반응을 결정하는 데 사회경제적 지위가 중요한 역할을 하기도 한다. 소득과 교육 수준이 상대적으로 낮은 개인이 그렇지 않은 사람보다 팬데믹 동안 심리적 고통을 더 크게 경험한다거나, 재정적 어려움에 놓인 개인이 그렇지 않은 개인보다 팬데믹 동안 우울을 경험할 가능성이 더 클 것으로 예측하는 것은 자연스러운 일이다.

팬데믹 기간 이전부터 유지하고 있던 정신 건강의 상태도 팬데믹 동안 경험한 심리적 고통의 정도에 영향을 줄 수 있다. 예를 들어 우울증이나 불안과 같이 기존에 정신건강 질환을 앓고 있던 개인은 이러한 질환이 없던 사람보다 팬데믹 동안 더 높은 수준의 스트레스를 경험할 가능성이 크며, 이전에 외상성 사건을 경험한 적이 있는지 역시 팬데믹 동안 심리적 괴로움을 경험할 가능성과 연관이 있다(Pierce et al., 2020).

특히 개인을 구분짓는 특징으로서 그 사람의 성격적 특성은 팬데믹에 대한 개인의 대응 방식을 결정하는 데 중요한 역할을 한다. 예를 들어 팬데믹 동안 정서적, 신체적, 경제적, 관계적 측면에서 어려움을 경험할 가능성은 신경증 점수가 높을수록 더 큰 것으로 보고되었다(Aschwanden et al., 2021). 여기에서 신경증은 정서적 불안정성, 부정적인 생각, 부정적인 감정 경향을 특징으로 하는 성격 특성이다. 반면에 조직화, 책임감, 자기 규율을 특징으로 하는 성격 특성인 성실성이 높을수록 앞서 나열한 측면에서 어려움을 경험할 가능성은 작았다. 한편 사회적 지지와 같은 외부적 요인이 팬데믹의 부정적인 심리적 영향을 완화하는 데 보호 역할을 할 수도 있다. 사회적 지지가 높다고 응답한 사람들은 팬데믹 동안 우울증과 불안을 경험할 가능성이 낮았고 팬데믹과 관련된 스트레스의 부정적인 영향을 완화하는 데 중요한 역할을 하였다(Grey et al., 2020; Tindle, Hemi, & Moustafa, 2022).

이와 같이 코로나19 팬데믹은 보건 의료, 경제, 사회문화를 포함하는 광범위한 측면에서 사람들에게 영향을 미쳤고 심리적으로도 여러 가지 부정적인 영향을 주었다. 또한 사회경제적 지위, 정신건강 상태, 성격 특성, 사회적 지지 등과 같은 환경에서의 차이와 개인차의 요소들은 팬데믹으로 인한 심리적 어려움에 개인이 어떻게 대응하는지를 결정하는 데 중요한 역할을 할 수 있다. 이 장에서는 코로나19 팬데믹으로 인해 사람들이 경험한 심리적 고통의 일반적인 내용을 살펴보고 개인이 경험하는 고통의 정도에 영향을 미치는 성격적 취약 요인에 어떤 것들이 있는지를 논의하였다. 아울러 코로나19가 한창이던 2021년 5월에 한국의 성인들을 대상으로 조사한 자료를 이용하여 팬데믹으로 인한 심리적 고통에 취약한 성격적 요인을 확인한 결과도 함께 살펴보았다.

2. 팬데믹과 심리적 고통

팬데믹은 사람들의 삶을 혼란에 빠뜨려 두려움, 불확실성, 통제력 상실을 야기하고 심리적 고통을 유발할 수 있다. 팬데믹 동안의 심리적 고통은 팬데믹으로 인해 개인이 정서적, 정신적으로 경험하는 부정적인 결과를 의미한다. 여기에는 불안감, 우울감, 스트레스, 공포감 등이 포함된다. 전반적으로 코로나19 팬데믹은 전 세계의 개인들에게 높은 수준의 불안, 우울증, 스트레스를 유발하였다고 보고되었다.

Brooks 등(2020)에 따르면 코로나19 팬데믹이 진행되는 동안 전 세계 사람들은 팬데믹으로 인해 공포, 불안, 우울, 스트레스 등의 심리적 고통을 겪고 있었다. 팬데믹이 불러일으킨 두려움은 개인의 건강과 안전에 대한 우려뿐만 아니라 미래에 대한 불확실성과 걱정으로 이어졌다. 이 연구에 따르면 기존에 정신건강 질환을 앓고 있던 개인이 팬데믹의 심리적 영향에 특히 취약했다. 체계적 문헌고찰과 메타분석을 수행한 연구에 따르면 코로나19 팬데믹의 영향을 받은 집단이 그렇지 않은 집단에 비해 우울증, 불안, 불면증, 외상 후 스트레스 장애(PTSD), 심리적 고통의 유병률이 높았다(Cénat et al., 2021). 중국에서 코로나19 유행 초기 단계의 즉각적인 심리적 반응과 관련 요인을 조사한 연구에 따르면 정신건강 장애 병력이 있는 개인은 팬데믹 동안 심리적 고통을 경험할 가능성이 더 컸다(Wang et al., 2020).

팬데믹 기간에 심리적 고통을 증폭시키는 핵심 요인을 몇 가지로 구분하여 볼 수 있다. 먼저, 바이러스 감염에 대한 두려움은 많은 사람을 고통스럽게 하는 중요한 요인이다. 실제 연구에서도 코로나19에 대한 두려움은 심리적 고통의 정도와 관련이 있는 것으로 나타났다(Wang et al., 2021). 둘째, 사회적 고립과 외로움도 심리적 고통을 심화시켰다. 지역 봉쇄 및 사회적 거리두기 조치는 사회적 상호 작용을 감소시켰고 이로 인해 외로움과 고립감은 깊어졌다. Killgore 등(2020)에 따르면 코로나19 봉쇄 기간 중에 경험한 3개월가량의 외로움이 정신건강에 큰 영향을 미쳐 우울증과 불안 증상을 유발한 것으로 나타났다. 셋째, 팬데믹의 경제적 영향도 심리적 고통을 더 깊게 하였다. 많은 사람이 일자리를 잃거나 수입 감소를 경험하면서 재정적 불안과 스트레스를 받았다. 팬데믹 동안 겪은 재정적 불안은 더 높은 수준의 우울, 불안, 스트레스와 관련이 있었다(Cénat et al., 2021).

팬데믹 기간에 경험하는 심리적 고통에 대처하기 위해 개인이 사용할 수 있는 몇 가지 전략이 있다. 첫째, 가상의 수단을 통해서라도 사회적 관계를 유지하면 외로움과 고립감을 줄이는 데 도움이 될 수 있다. 팬데믹 동안 사회적 관계를 유지하는 것은 심리적 고통의 수준을 낮추는 것과 관련이 있었다(Killgore et al., 2020). 둘째, 신체 활동과 마음챙김 연습에 참여하는 것도 심리적 고통을 줄이는 데 도움이 될 수 있다. 특히 팬데믹 기간에는 신체 활동과 마음챙김에 적극적으로 참여함으로써 불안과 우울의 수준을 낮출 수 있다(Cénat et al., 2021). 셋째, 정신건강 전문가에게 전문적인 도움을 구하는 것도 심각한 심리적 고통을 겪는 개인에게 도움이 될 수 있다. 팬데믹 기간에는 정신건강 서비스를 원격으로 제공하는 것이 효과적인 수단이 되기도 한다(Ho, Chee, & Ho, 2020).

3. 팬데믹과 심리적 고통에 대한 성격적 취약성

코로나19 팬데믹이 시작된 후 많은 사람이 불안, 우울, 스트레스와 같은 심리적 증상을 경험하였다. 팬데믹은 모든 나이와 배경의 개인에게 영향을 미쳤지만, 이 기간에 심리적 고통의 위험을 증가시킨 것으로 의심되는 특정한 취약 성격 요인이 있다(Aschwanden et al., 2021). 이러한 취약 성격 요인 중 하나는 불안, 공포, 슬픔과 같은 부정적인 감정을 경험하는 경향을 특징으로 하는 신경증이다. 신경증 성향이 높은 사람은 팬데믹 동안 심리적 고통을 경험할 가능성이 더 크다. 팬데믹 초기 단계에서 신경증은 불안과 우울 모두와 정적인 상관이 있는 것으로 나타났다(Killgore et al., 2020).

팬데믹 기간에 심리적 고통을 가중할 수 있는 또 다른 성격 요인으로는 특질 불안이 있다. 특질 불안은 특정 상황과 무관한 개인의 일반적인 불안 수준을 의미한다. 특질 불안은 팬데믹 동안 심리적 고통의 위험을 증가시킬 수 있는 것으로 나타났다. 예를 들어, Lee와 Crunk(2022)에 따르면 특질 불안이 높은 사람은 팬데믹 초기 단계에 다른 사람들보다 불안과 우울을 경험할 가능성이 더 크게 나타났다. 특질 불안과 밀접한 성격 특성으로 불확실성에 대한 인내력 부족(Intolerance of Uncertainty: IU) 역시 팬데믹 동안 심리적 고통의 위험을 증가시킬 수 있는 취약 요인으로 볼 수 있다. IU는 불확실성과 모호함에 대한 개인의 불편함을 의미한다. 팬데믹 기간 동안 이 특성은 상황의 예측 불가능성과 예측 가능성 및 통제에 대한 개인의 욕구가 충돌하면서 심리적 고통을 심화시킨다(Carleton, 2012).

이외에도 팬데믹 동안 심리적 고통을 유발할 수 있는 취약 성격 요인으로 위협에 대한 과대평가, 위해 회피 성향, 비현실적인 낙관주의 등이 있다. 위협에 대한 과대평가는 상황을 실제보다 더 위협적인 것으로 인식하는 경향을 말한다. 위해 회피 성향은 잠재적으로 해로운 상황이나 자극을 피하려는 경향을 말한다. 비현실적 낙관주의는 지나치게 낙관적이고 상황의 위험과 부정적인 결과를 과소평가하는 경향을 말한다. 위협에 대한 과대평가나 위해 회피 성향, 비현실적 낙관주의가 높은 개인은 팬데믹 기간에 심리적 고통을 경험할 가능성이 더 클 것으로 예상할 수 있다.

신경증 성향

신경증 성향은 부정적 정서성으로도 불린다. 이것이 높은 사람들은 스트레스 요인에 대한 반응으로 불안, 과민성, 우울증과 같은 피하고 싶은 감정을 자주 경험하고 환경의 스트레스 요인에 더 민감하게 반응하는 특징이 있다(Costa & McCrae, 1992). 부정적 정서성은 다양한 종류의 기분 및 불안 장애의 위험 요인이며 자신의 전반적인 건강에 대한 불안과도 관련이 있다. 부정적 정서성에서 높은 점수를 받은 사람들은 신체 감각을 심각한 질병의 징후로 잘못 해석하는 경향이 있다(Asmundson, Taylor, & Cox, 2001; Ferguson, 2000; Watson & O'Hara, 2017).

부정적 정서성은 팬데믹 동안 개인을 심리적 고통에 더 취약하게 만들 수 있는 성격 특성으로 알려져 있다. 이러한 성격 특성은 불안 및 우울과 같은 정신건강 문제를 포함하여 다양한 건강상의 문제와 관련이 있는 것으로 보고되었다(Lahey, 2009). 여러 연구에서 코로나19 팬데믹 동안 심리적 고통을 예측하는 데 있어 신경증 성향의 역할이 보고되었다. Wang과 동료들(2020)에 따르면 신경증 수준이 높은 개인이 팬데믹에 대한 반응으로 더 큰 불안과 스트레스를 보고했다. Fitzpatrick, Harris와 Drawve (2020)는 코로나19에 대한 두려움이 미국인의 심리적 고통과 관련이 있으며, 신경증 수준이 높은 사람 사이에서 이러한 관계가 더 강하다는 것을 확인하였다. Mazza 등(2020)은 팬데믹 동안 이탈리아 국민을 대상으로 수행한 조사에서 부정적 정서성 수준이 높을수록 불안과 우울 수준이 높았다는 것을 발견하였다. Salari 등(2020)은 여러 국가의 연구에 대한 체계적인 검토와 메타 분석을 통해, 신경증 수준이 높은 사람들이 팬데믹 기간에 더 높은 수준의 스트레스, 불안, 우울을 보인다는 것을 제시하였다.

신경증 성향은 팬데믹 동안의 대처 전략의 부실과도 관련이 있는 것으로 알려졌다. 코로나19 팬데믹 동안 미국 성인 1,000여 명을 대상으로 한 연구에서는 신경증 성향의 수준이 높을수록 회피 및 부정과 같은 부적응적인 대처전략을 더 많이 사용한다고 보고하였다(Asmundson & Taylor, 2020b). 이는 신경증적 성향이 높은 개인은 팬데믹으로 인한 스트레스와 불확실성에 대처할 준비가 덜 되어 있을 수 있음을 시사한다. 또한 부정적 정서성은 다른 요인과 상호작용하여 팬데믹 동안 심리적 고통을 악화시킬 수 있다. 예를 들어 코로나19 팬데믹 동안 미국 대학생을 대상으로 한 연구에 따르면 신경증과 코로나19 위협에 대한 지각이 결합하면 불안과 우울 증상이 더 심해지는 것으로 나타났다(Oosterhoff, Palmer, Wilson, & Shook, 2020). 이는 팬데믹 기간에 심리적 고통에 대한 취약성을 조사할 때 여러 요인을 고려하는 것이 중요하다는 점을 강조한다.

사스나 신종플루와 같은 코로나19 이전의 팬데믹에 대한 연구에서도 부정적 정서성이 심리적 고통의 위험 요인으로 밝혀졌다. 예를 들어 신종 인플루엔자 발생 당시 네덜란드 성인을 대상으로 한 연구에 따르면 신경증 수준이 높은 사람은 불안과 우울증 증상을 보고할 가능성이 더 높았다(Bults et al., 2011). 마찬가지로 사스 발생 당시 중국 의료 종사자를 대상으로 한 연구에 따르면 신경증 수준이 높은 사람은 외상 후 스트레스 증상을 더 많이 경험한 것으로 나타났다(Mak et al., 2009).

이러한 연구 결과를 종합하면 팬데믹 동안의 심리적 고통을 연구할 때 신경증은 중요하게 고려해야 할 성격 요인이라고 할 수 있다. 신경증적 성향이 높은 개인은 부정적 정서성을 경험할 가능성이 높고 코로나19 팬데믹과 같은 스트레스 요인의 심리적 영향에 더 취약할 수 있다. 신경증적 성향이 높은 사람은 팬데믹 동안 불안, 우울, 스트레스를 경험할 위험이 더 클 수 있으며, 스트레스에 대처하는 능력도 떨어질 수 있다.

특질 불안

특질 불안은 불안을 쉽게 경험하고 여러 상황에서 불안을 경험하는 안정적인 경향으로 정의된다. 특질 불안에서 높은 점수를 받은 사람들은 세상을 위험하고 위협적인 것으로 보는 경향이 있다(Spielberger, 1979). 특질 불안은 불안 장애, 기분 장애, 강박 장애와 모두 양의 상관관계가 있으며 신체형 장애 및 건강 불안과도 관련된다.

특질 불안은 팬데믹 동안 심리적 고통을 증가시키는 잠재적 취약 요인으로 확인된다. 여러 연구에서 팬데믹 동안 특질 불안과 심리적 고통 사이에 유의미한 연관성이 보고되었다(Asmundson & Taylor, 2020a; Huang & Zhao, 2020; Wang et al., 2020). 예를 들어, 중국에서 실시된 한 연구에 따르면 팬데믹 동안 특질 불안이 개인의 우울증, 불안, 스트레스와 정적인 상관관계가 있는 것으로 나타났다(Huang & Zhao, 2020). 마찬가지로 캐나다의 한 연구에 따르면 특질 불안은 코로나19 관련 두려움 및 걱정과 유의미한 관련이 있는 것으로 나타났다(Asmundson & Taylor, 2020a). 다른 연구에서도 특질 불안이 높은 사람들이 팬데믹 관련 스트레스 요인에 대한 반응으로 더 높은 수준의 불안과 우울 증상을 보고하였다. 특질 불안은 코로나19에 대한 더 큰 위협 인식 및 전염에 대한 두려움과 관련이 있으며, 이는 다시 더 높은 수준의 불안 및 우울 증상과 관련이 있다(Oosterhoff et al., 2020). 미국 성인을 대상으로 한 연구에서도 특질 불안이 코로나19 관련 걱정과 스트레스를 더 많이 받는 것과의 관련성이 보고 되었다(Bakioğlu, Korkmaz, & Ercan, 2021). 이러한 연구 결과는 특질 불안이 높은 개인이 팬데믹 동안 더 심각한 심리적 고통을 경험하였음을 시사한다.

이러한 연관성에 대한 한 가지 잠정적 설명은 특질 불안이 위협에 대한 지각을 높인다는 것이다. 특질 불안이 높은 개인은 팬데믹을 위협으로 인식하고 팬데믹에 대응하여 두려움과 걱정과 같은 더 강렬한 부정적 감정을 경험할 가능성이 높다(Huang & Zhao, 2020). 또한 특질 불안이 높은 개인은 팬데믹과 관련된 스트레스 요인에 대처하는 데 더 어려움을 겪을 수 있으며, 이는 심리적 고통의 증가에 더욱 기여할 수 있다(Asmundson & Taylor, 2020b).

다른 연구에서는 팬데믹 동안 특질 불안이 특정 유형의 심리적 고통과 관련이 있을 수 있다고 제안하였다. 예를 들어, 중국에서 실시한 연구에 따르면 특질 불안은 코로나19 관련 건강 불안의 증가와 유의미한 관련이 있는 것으로 나타났다(Wang et al., 2020). 이탈리아에서 실시된 또 다른 연구에서는 특질 불안이 팬데믹과 관련된 외상 후 스트레스 증상의 증가와 유의미한 연관성이 있는 것으로 나타났다(Mazza et al., 2020). 이러한 연구 결과는 특질 불안이 팬데믹 동안 특정 유형의 심리적 고통에 취약한 요인이 될 수 있음을 시사한다.

특질 불안은 스트레스에 대한 생리적 반응성과도 관련될 수 있다. 예를 들어, 코로나19 팬데믹 동안 중국에서 600명 이상의 성인을 대상으로 한 연구에 따르면 특질 불안이 높을수록 스트레스 반응에 관여하는 호르몬인 코르티솔 수치가 높아지는 것으로 나타났다(Hou et al., 2020). 이는 특질 불안이 높은 개인이 팬데믹 관련 스트레스 요인에 대해 더 큰 생리적 반응성을 경험할 수 있고 이로 인해 심리적 고통을 증폭시킬 수 있음을 시사한다.

특질 불안은 팬데믹 동안 심리적 고통을 증가시킬 수 있는 잠재적 취약 요인이다. 특질 불안이 높은 사람은 팬데믹을 위협으로 인식할 가능성이 높고, 팬데믹에 대한 반응으로 더 강렬한 부정적 감정을 경험하며, 팬데믹과 관련된 스트레스 요인에 대처하는 데 더 어려움을 겪을 수 있다. 그러나 특질 불안과 심리적 고통 사이의 관계는 양방향적일 가능성이 있다는 점에 유의해야 한다. 즉, 팬데믹 동안 특질 불안이 심리적 고통을 경험할 가능성을 높일 수 있지만, 심리적 고통을 경험하는 것도 특질 불안의 악화에 기여할 수 있다(Asmundson & Taylor, 2020b).

불확실성에 대한 인내력 부족

불확실성에 대한 인내력 부족(IU)은 일상생활에 내재하는 모호함과 불확실성을 견디지 못하는 것이 특징인 인지 스타일이다(Carleton, Norton, & Asmundson, 2007). 불확실성을 잘 견디지 못하는 사람들은 예측 가능성에 대한 욕구가 강하다. 이들은 필요한 모든 정보가 부족할까 봐 걱정하거나 결정의 타당성에 대한 확신이 부족하여서 행동하지 못하거나 결정을 내리지 못한다.

불확실성에 대한 낮은 수준의 인내력은 기분 및 불안 장애, 강박 장애 및 기타 임상 질환을 포함한 다양한 장애와 관련이 있다(Gentes & Ruscio, 2011). IU 수치가 높은 사람은 모호한 상황을 위협적인 것으로 인식하는 경향이 있으며, 불안과 우울증을 경험할 가능성이 더 크다. 불확실성을 위협으로 인식하는 이러한 현상은 정보와 지침이 빠르게 변화하는 팬데믹 상황에서 특히 두드러지게 나타난다.

팬데믹 기간에는 불확실성에 대한 인내력 부족이 팬데믹 관련 불안과 고통에 특히 중요한 원인이 될 가능성이 크다. 팬데믹은 수많은 종류의 불확실성과 관련된다. 예를 들면 감염 여부에 대한 불확실성, 감염의 심각성에 대한 불확실성, 주변 사람들의 감염 여부에 대한 불확실성, 물건이나 표면의 감염 여부에 대한 불확실성, 팬데믹이 진정으로 끝났는지에 대한 불확실성 등이 있다. 코로나19 팬데믹은 전례 없는 수준의 불확실성을 가져왔으며, IU 수준이 높은 개인은 이 기간 동안 심리적 고통에 특히 취약할 수 있다.

IU가 미치는 영향의 또 다른 차원은 대처 전략과 관련된다. 뉴스 미디어는 감염병이 유행하는 동안 '일어날 수 있는' 일에 대한 추측성 기사로 불확실성을 부추길 수 있다. IU가 높은 사람들은 과도한 정보 탐색에 참여할 가능성이 높으며, 팬데믹에 대한 업데이트를 위해 뉴스와 소셜 미디어를 지속적으로 모니터링하는 경우가 많다(Garfin, Silver, & Holman, 2020). 이러한 행동은 불확실성을 줄이기 위한 것이지만, 역설적으로 서로 상충되는 정보나 처리가 불가능한 엄청난 양의 정보에 노출시켜 불안과 고통을 증가시킴으로써 대처 전략이 역기능적으로 작동하게 만든다.

이처럼 취약 성격 요인으로서 불확실성에 대한 인내력 부족은 코로나19 팬데믹의 심리적 영향을 이해하는 데 매우 중요하다. 불확실성을 잘 견디지 못하는 사람들은 특히 감염병 위협에 대한 통제력이 제한적이라고 인식하는 경우 감염병 위협에 대해 크게 불안해하는 경향이 있다. 팬데믹이라는 불확실성의 시기를 헤쳐나가는 동안, 심리적 개입 과정에서 IU를 인정하고 이를 줄이는 것이 정신 건강을 개선하고 심리적 고통을 줄이는 데 중요하다. 팬데믹 시기에는 사람들이 어느 정도의 불확실성을 용인하거나 받아들일 수 있어야 한다.

기타

위협에 대한 과대평가는 개인이 어떤 상황을 실제보다 더 위험하거나 위협적인 것으로 인식하는 경향을 특징으로 하는 인지적 편향이다(Mogg & Bradley, 1998). 팬데믹 시기에는 개인이 느끼는 위협의 수준이 높아지기 때문에 위협에 대한 과대평가가 높은 사람들이 특히 심리적 고통에 취약할 수 있다. 위협에 대한 과대평가가 높은 개인은 팬데믹과 관련된 위협을 인지할 때 불안을 경험할 가능성이 더 높다(Hartley, Vu, & Prior, 2020). 예를 들어, 위협에 대한 과대평가가 높은 사람은 식료품 쇼핑과 같은 일상적인 활동을 실제보다 더 위험하다고 인식하여 회피 행동을 보이거나 불안이 증가할 수 있다. 또한, 팬데믹에 대한 언론 보도는 위협에 대한 과대평가가 높은 개인의 위협감을 더욱 악화시킬 수 있다.

피해 회피 성향은 잠재적으로 해롭거나 혐오스러운 자극을 피하고 이러한 자극에 대한 반응으로 불안과 걱정을 경험하는 경향을 특징으로 한다(Cloninger, 1987). 이러한 특성은 불안 장애, 우울증, 신체 건강 문제 등 다양한 부정적인 결과와 관련이 있다(Ecker, Kupfer, & Gbnner, 2014; Huang et al., 2016; Melli, Chiorri, Carraresi, Stopani, & Bulli, 2015). 코로나19 팬데믹 동안 피해 회피 성향이 높은 개인은 팬데믹을 자신의 건강과 웰빙에 대한 중대한 위협으로 인식할 수 있으므로 심리적 고통에 특히 취약할 수 있다.

부정적인 사건을 경험할 가능성을 과소평가하는 비현실적인 낙관주의도 부적응적일 수 있다. 이러한 특성은 필요한 예방 조치를 소홀히 하여 팬데믹의 실제 영향에 직면했을 때 불안과 스트레스를 증가시킬 수 있다(Shepperd, Carroll, Grace, & Terry, 2002).

4. 코로나19 시기의 심리적 고통과 성격적 취약 요인

코로나19 팬데믹이 진행되는 동안 한국의 성인들이 경험한 심리적 고통의 양상을 확인하고 이들의 성격적 특성이 팬데믹으로 인한 심리적 고통에서의 차이를 어떻게 예측하는지 알아보기 위하여 조사를 시행하였다. 조사는 코로나19 감염의 확산과 소강이 반복되던 2021년 5월에 이루어졌다. 국내 성인 남녀 330명을 대상으로 조사기관을 통해 110여 문항으로 구성된 질문지에 대한 응답을 수집하였다. 조사대상 중 남성과 여성은 각각 165명으로 비율이 같았다. 조사대상의 연령은 20세에서 79세 사이였으며 연령의 평균은 44.4세, 표준편차는 13.9세였다.

팬데믹 기간의 심리적 고통을 측정하기 위하여 응답자에게 최근 경험한 우울, 불안, 스트레스의 정도를 물었다. 해당 기간의 심리적 고통과 관련이 있을 것으로 예측된 응답자의 성격적 특성으로 신경증, 특질 불안, 불확실성에 대한 인내력 부족, 위해 회피 성향의 정도를 측정하였다. 이상의 심리적 특성의 측정을 위해 사용한 도구들은 다음과 같다.

측정 도구

한국판 단축형 CES-D

팬데믹 기간에 경험한 우울의 측정에는 한국판 단축형 CES-D(전겸구, 이민규, 1992)가 사용되었다. 응답자는 지난 1주 동안 우울과 관련된 느낌과 행동을 경험한 정도를 묻는 문항에 4점 척도로 응답하였다. 총 20문항으로 구성되며 본 자료에서 확인된 내적 일관성 신뢰도 계수(크론바하 알파)는 0.93이었다. 문항 평균으로 우울 점수를 산출하였으며 점수가 높을수록 해당 기간 우울을 더 강하게 경험한 것을 의미한다.

단축형 범불안장애 척도

심리적 고통으로서의 불안을 측정하기 위해 범불안장애 7-문항 척도(Spitzer, Kroenke, Williams, & Löwe, 2006)를 사용하였다. 응답자는 최근 2주간 범불안장애와 관련된 증상을 경험한 빈도를 묻는 7개의 문항에 4점 척도로 응답하였다. 본 자료에서 얻은 내적 일관성 신뢰도 계수는 0.93으로 나타났다. 불안 점수는 문항 평균으로 산출하였으며 점수가 높을수록 불안을 더 강하게 경험한 것으로 해석한다.

팬데믹으로 인한 스트레스

팬데믹으로 인한 일반적인 스트레스의 정도를 측정하기 위하여 코로나19가 발생한 이후 경험한 스트레스의 정도를 단일 문항으로 물었다. 응답자들은 자신들이 경험한 스트레스의 정도를 "스트레스가 전혀 없음(1)"에서 "극도의 스트레스를 경험(10)"까지의 10점 척도로 응답하였다.

IPIP-NEO-120의 신경증 척도

신경증의 측정에는 IPIP-NEO-120(Johnson, 2014)이 사용되었다. IPIP-NEO-120은 성격 측정 문항들을 모아놓은 대규모 국제 문항 은행인 International Personality Item Pool(IPIP)을 이용하여 구성한 성격 5 요인 척도의 하나이다. 전체 120문항 중 신경증을 측정하는 문항은 24개로 신경증의 6개 하위요인이 각각 4개씩의 문항으로 측정된다. 응답자들은 각 문항이 본인의 평소 행동 및 생각을 잘 나타내는 정도를 5점 리커트 척도로 응답하였다. 신경증 점수는 문항 평균으로 산출하였고 점수가 높을수록 신경증 또는 부정적 정서성이 높은 것으로 해석한다. 본 자료에서 추정된 내적 일관성 신뢰도 계수는 0.93이었다.

한국판 상태-특질 불안 검사 Y형

성격 특성으로서의 특질 불안을 측정하기 위하여 한국판 상태-특질 불안 검사 Y형(한덕웅, 이장호, 전겸구, 1996)을 사용하였다. 응답자는 높은 불안 경향 또는 낮은 불안 경향을 나타내는 일상적 경험에 대한 진술에 동의하는 정도를 4점 리커트 척도로 나타냈다. 총 20문항으로 구성되며 내적 일관성 신뢰도 계수는 0.91로 나타났다. 특질 불안 점수는 문항 평균으로 산출하였으며 점수가 높을수록 성격적으로 불안이 높은 것을 의미한다.

불확실성에 대한 인내력 부족 척도 단축형

불확실성에 대한 인내력은 불확실성에 대한 인내력 부족 척도(Intolerance of Uncertainty Scale, IUS)의 단축형(IUS-12, Carleton, Norton, & Asmundson, 2007)을 김순희(2010)가 한국어로 번안한 척도를 사용하여 측정하였다. 응답자는 불확실성에 대한 비수용성, 회피, 불확실성과 관련된 좌절을 나타내는 진술문에 동의하는 정도를 4점 리커트 척도로 응답하였다. 전체 12개 문항으로 구성된 이 척도의 내적 일관성 신뢰도 계수는 0.87이었다. 문항 평균으로 산출된 점수가 높을수록 불확실성에 대한 인내력이 낮은 것을 의미한다.

한국판 단축형 TPQ

위해 회피 성향의 측정은 Tridimensional Personality Questionnaire (TPQ)의 한국판 단축형(신행우, 1998)의 세 가지 성격 차원 중 하나인 위해 회피와 관련된 25문항을 사용하여 측정하였다. 위해 회피 성향을 나타내는 태도, 생각, 관심, 감정 등에 관한 진술문이 자신에게 해당하는지에 따라 '그렇다' 또는 '아니다'로 응답한다. 총 25문항에 대한 응답의 총점으로 점수를 산출하며 점수가 높을수록 위해를 회피하는 성향이 강하다고 해석한다. 총점의 내적 일관성 신뢰도 계수는 0.90이었다.

결과

먼저 세 가지 심리적 고통 변수(우울, 범불안, 스트레스)와 네 가지 성격 특성 변수(신경증, 특질 불안, 불확실성에 대한 인내력 부족, 위해 회피)의 평균, 표준편차 및 이들 사이의 상관관계를 살펴보았다(〈표 3.1〉). 우울, 범불안, 스트레스의 평균적 수준에서 남성과 여성 사이에 통계적으로 의미있는 차이는 확인되지 않았다. 반면 나이가 많은 사람들에 비해 젊은 사람들의 우울증상이 더 높은 것으로 나타났다. 연령 집단을 10세 단위로 20대부터 60대 이상까지 다섯 집단으로 구분했을 때 이 다섯 집단 사이에서 통계적으로 의미있는 우울증상 점수의 평균 차이가 확인되었다($F(4, 325) = 3.27$, $p = .012$). 〈그림 3.1〉에서 보는 바와 같이 20대에서 40대까지의 젊은 연령층은 50대 이상의 중년 및 노년층에 비해 더 높은 수준의 평균적인 우울 증상을 보였다($t = 3.44$, $p < .001$). 그러나 범불안과 스트레스에서는 연령 집단 간에 통계적으로 유의한 평균 차이가 발견되지 않았다.

<표 3.1> 팬데믹으로 인한 심리적 고통과 성격 특성의 평균, 표준편차 및 피어슨 상관계수

변수	우울	범불안	스트레스	신경증	특질불안	불확실성 인내력 부족	위해 회피
우울	—						
범불안	0.76***	—					
스트레스	0.60***	0.61***	—				
신경증	0.69***	0.61***	0.51***	—			
특질불안	0.74***	0.64***	0.51***	0.85***	—		
불확실성 인내력 부족	0.54***	0.50***	0.43***	0.61***	0.63***	—	
위해 회피	0.58***	0.50***	0.46***	0.71***	0.73***	0.58***	—
평균	1.99	1.72	5.48	2.83	2.25	2.65	12.75
표준편차	0.54	0.71	2.31	0.61	0.50	0.46	6.61

* p 〈 .05, ** p 〈 .01, *** p 〈 .001

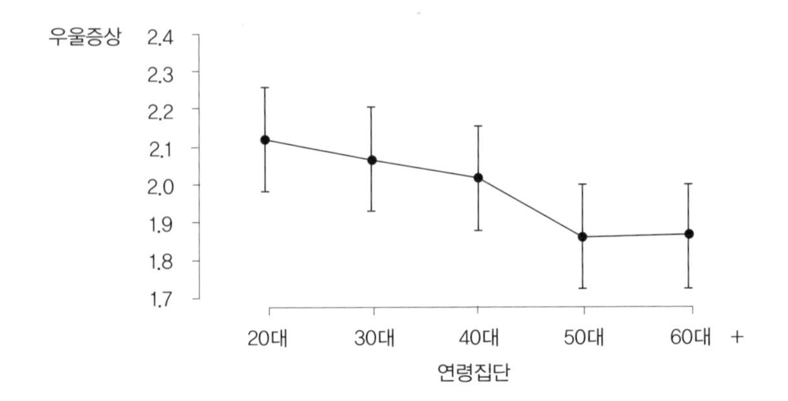

<그림 3.1> 연령집단에 따른 우울증상의 평균(95% 신뢰구간)

〈표 3.1〉에서는 심리적 고통을 나타내는 세 가지 변수 사이에 높은 피어슨 상관계수를 확인할 수 있다. 〈표 3.1〉에 포함된 성격 특성 변수들은 예측대로 팬데믹 기간의 심리적 고통과 높은 수준의 상관관계를 보였다. 신경증, 특질 불안, 불확실성에 대한 인내력 부족, 위해 회피 모두 우울증상, 범불안, 스트레스의 순서로 높은 수준의 정적 상관을 나타냈다. 또한 이들 성격 특성들 사이에도 높은 정적 상관이 확인되었다.

팬데믹으로 인한 심리적 고통을 각각의 성격 특성이 예측하는 효과가 다른 성격 특성의 효과를 통제했을 때에도 여전히 유효한지 확인하기 위하여 네 가지 성격 특성으로 심리적 고통을 동시에 예측하는 다중회귀분석을 수행하였다(표 3.2). 먼저 네 가지 성격 특성은 우울의 변산성의 57%를 설명하였다(R^2 = .57, F = 107.8, p 〈 .001). 이 중 신경증과 특질 불안은 다른 예측변수의 효과를

<표 3.2> 성격 특성이 우울, 범불안, 스트레스를 예측하는 회귀 모형의 계수

	우울				범불안				스트레스			
	계수	표준오차	t/F	유의확률	계수	표준오차	t/F	유의확률	계수	표준오차	t/F	유의확률
신경증	0.18	(0.06)	2.80	0.005	0.26	(0.10)	2.67	0.008	0.72	(0.35)	2.06	0.040
특질불안	0.54	(0.08)	6.63	〈.001	0.52	(0.12)	4.29	〈.001	0.88	(0.44)	1.98	0.048
불확실성 인내력 부족	0.11	(0.06)	1.94	0.053	0.21	(0.09)	2.41	0.017	0.70	(0.31)	2.25	0.025
위해 회피	0.00	(0.01)	0.45	0.656	0.00	(0.01)	−0.01	0.995	0.04	(0.03)	1.44	0.150
R^2	0.57		107.8	〈.001	0.43		62.2	〈.001	0.30		34.6	〈.001

통제하였을 때에도 통계적으로 의미있는 정적 예측효과를 보였다. 반면 불확실성에 대한 인내력 부족과 특히 위해 회피 성향은 다른 예측변수의 효과를 통제하였을 때 통계적으로 의미있는 효과가 확인되지 않았다. 이러한 양상은 범불안과 스트레스에 대한 다중회귀모형에서도 반복적으로 나타났다. 네 가지 성격 특성은 범불안 증상의 변산성의 43%를 설명하였고(R^2 = .43, F = 62.2, p 〈 .001), 스트레스의 변산성의 30%를 설명하였다(R^2 = .30, F = 34.6, p 〈 .001). 위해 회피 성향은 나머지 세 가지 성격 특성의 예측효과를 통제하였을 때 범불안과 스트레스에 대한 고유한 예측효과를 더 이상 보이지 않았다.

다중회귀분석의 결과는 팬데믹으로 인한 심리적 고통을 설명하고 예측하기 위해 회피 성향의 효과를 특별히 추가로 고려하는 것의 이점이 명확하지 않다는 것을 시사한다. 이러한 설명의 타당성을 하나의 모형으로 요약하여 검증하기 위하여 이번에는 심리적 고통을 측정하는 세 가지 변수를 하나의 잠재변수로 나타낸 구조방정식모형을 분석하였다. 〈그림 3.2〉는 이 모형의 경로도를 나타낸 것이다.

이 모형은 자료와 좋은 적합도를 보였다. 제안된 모형이 본 연구의 자료에 완전 적합하다는 가설은 기각되지 않았고($\chi^2(8)$ = 14.3, p = .074), 모형의 근사적합도는 매우 높게 나타났다(CFI = .992, TLI = .984, RMSEA[90% CI] = .49[0.00, 0.09], SRMR = .016). 네 가지 성격 특성 중 위해 회피 성향의 심리적 고통 요인에 대한 회귀 계수는 매우 작았고 통계적으로 유의하지 않았다(b =

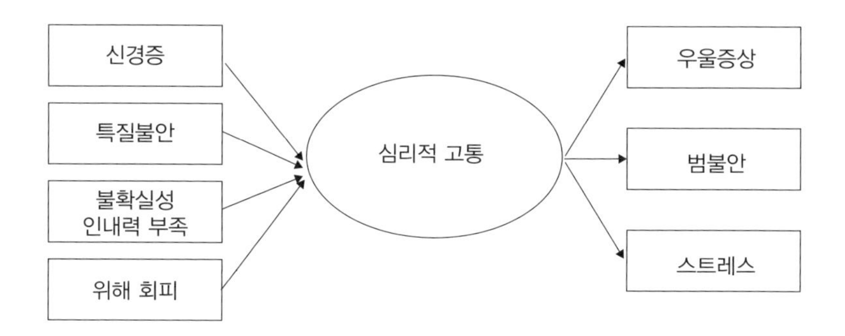

<그림 3.2> 네 가지 성격 특성이 팬데믹으로 인한 심리적 고통을 예측하는 구조방정식모형

0.00, z = 0.56, p = .573). 반면 신경증, 특질 불안, 불확실성에 대한 인내력 부족은 모두 심리적 고통 요인을 통계적으로 유의하게 예측하였다(표 3.3).

<표 3.3> 성격 특성이 심리적 고통 요인을 예측하는 구조방정식모형의 구조계수

예측변수	결과 변수	계수	표준 오차	z	p	95% 신뢰구간	
						하한값	상한값
신경증	심리적 고통	0.19	0.06	3.23	0.001	0.08	0.31
특질불안		0.48	0.08	6.30	〈 .001	0.33	0.63
불확실성 인내력 부족		0.14	0.05	2.60	0.009	0.03	0.24
위해 회피		0.00	0.00	0.56	0.573	−0.01	0.01

5. 맺음말

감염병 전문가들과 일부 현명한 사람들은 코로나19가 발생하기 전부터 변종 바이러스로 인한 감염병의 대유행과 인류에 대한 치명적 위협에 대해 경고해 왔다. 코로나19의 세계적 유행에 대한 전 지구적 대응의 결과, 다행히 이 낯선 감염병의 발생 초기에 인류를 감쌌던 공포심은 다소 잦아들었다. 코로나19가 치명률이 낮아지는 방향으로 변종을 계속하면서 이제는 코로나19와 함께 살아가는 엔데믹이 예견되고 머지않은 미래에 또 다른 변종 바이러스의 출현과 주기적인 팬데믹의 발생을 경고하는 목소리도 크다.

감염병의 확산은 건강과 생명의 위협, 경제적 기반과 사회 시스템의 붕괴, 무엇보다 사회적 활동의 제한과 인간관계의 단절을 불러오고 그 결과 커다란 심리적 고통을 수반한다. 팬데믹이 한 사람의 생에 한 번 정도 경험하는 드문 사건이라기보다는 십 년에 한 번 또는 그보다 더 짧은 주기로 겪어내야 하는 삶의 조건으로 받아들여야 한다면 팬데믹이 초래하는 심리적 고통을 이해하고 대비하고 극복하는 것의 중요성도 그만큼 커진다. 우리의 일상과 생명을 위협하는 보이지 않는 공포를 마주하는 순간, 다른 사람들보다 더 취약할 수 있는 사람들의 조건과 심리행동적 특성을 파악할 수 있을 때, 위험에 노출될 사람들을 미리 확인하고 그들을 대비시키고 적절하게 대응할 수 있을 것이다.

참고문헌

김순희 (2010). 부정적 및 긍정적 평가에 대한 두려움, 불확실성에 대한 인내력 부족과 사회불안의 관계. 석사학위청구논문, 이화여자대학교 대학원.

신행우 (1998). 성격과 음주동기가 음주문제에 미치는 영향. 박사학위청구논문, 고려대학교 대학원.

전겸구, 이민규 (1992). 한국판 CES-D 개발 연구 I. 한국심리학회지: 임상, 11(1), 65-76.

한덕웅, 이장호, 전겸구 (1996). Spielberger의 상태-특성 불안검사 Y형의 개발. 한국심리학회지: 건강, 1(1), 1-14.

Aschwanden, D., Strickhouser, J. E., Sesker, A. A., Lee, J. H., Luchetti, M., Stephan, Y., Sutin, A. R., & Terracciano, A. (2021). Psychological and behavioural responses to Coronavirus disease 2019: The role of personality. *European Journal of Personality, 35*(1), 51-66.

Asmundson, G. J. G., & Taylor, S. (2020a). Coronaphobia: Fear and the 2019-nCoV outbreak. *Journal of Anxiety Disorders, 70*, 102196.

Asmundson, G. J. G., & Taylor, S. (2020b). How health anxiety influences responses to viral outbreaks like COVID-19: What all decision-makers, health authorities, and health care professionals need to know. *Journal of Anxiety Disorders, 71*, 102211.

Asmundson, G. J. G., Taylor, S., & Cox, B. J. (2001). *Health Anxiety*. New York: Wiley.

Bakioğlu, F., Korkmaz, O., & Ercan, H. (2021). Fear of COVID-19 and positivity: Mediating role of intolerance of uncertainty, depression, anxiety, and stress. *International Journal of Mental Health and Addiction, 19*(6), 2369-2382.

Brooks, S. K., Webster, R. K., Smith, L. E., Woodland, L., Wessely, S., Greenberg, N., & Rubin, G. J. (2020). The psychological impact of quarantine and how to reduce it: rapid review of the evidence. *The Lancet, 395*(10227), 912-920.

Bults, M., Beaujean, D. J., de Zwart, O., Kok, G., van Empelen, P., van Steenbergen, J. E., & Richardus, J. H. (2011). Perceived risk, anxiety, and behavioural responses of the general public during the early phase of the Influenza A (H1N1) pandemic in the Netherlands: results of three consecutive online surveys. *BMC Public Health, 11*(1), 1-11.

Carleton, R. N. (2012). The intolerance of uncertainty construct in the context of anxiety disorders: Theoretical and practical perspectives. *Expert Review of Neurotherapeutics, 12*(8), 937–947.

Carleton, R. N., Norton, M. A., & Asmundson, G. J. (2007). Fearing the unknown: A short version of the Intolerance of Uncertainty Scale. *Journal of Anxiety Disorders, 21*(1), 105–117.

Cénat, J. M., Blais–Rochette, C., Kokou–Kpolou, C. K., Noorishad, P. G., Mukunzi, J. N., & McIntee, S. E. (2021). Prevalence of symptoms of depression, anxiety, insomnia, posttraumatic stress disorder, and psychological distress among populations affected by the COVID–19 pandemic: A systematic review and meta–analysis. *Psychiatry Research, 295*, 113599.

Cloninger, C. R. (1987). A systematic method for clinical description and classification of personality variants. *Archives of General Psychiatry, 44*(6), 573–588.

Costa, P. T., Jr., & McCrae, R. R. (1992). *Revised NEO Personality Inventory (NEO-PI-R) and NEO Five-Factor Inventory (NEO-FFI) professional manual.* Psychological Assessment Resources.

Ecker, W., Kupfer, J., & Gbnner, S. (2014). Incompleteness and harm avoidance in OCD, anxiety and depressive disorders, and non–clinical controls. *Journal of Obsessive-Compulsive and Related Disorders, 3*, 46–51.

Ferguson, E. (2000). Hypochondriacal concerns and the five–factor model of personality. *Journal of Personality, 68*, 705–724.

Fitzpatrick, K. M., Harris, C., & Drawve, G. (2020). Fear of COVID–19 and the mental health consequences in America. *Psychological Trauma: Theory, Research, Practice, and Policy, 12*(5), 17–21.

Garfin, D. R., Silver, R. C., & Holman, E. A. (2020). The novel coronavirus (COVID–2019) outbreak: Amplification of public health consequences by media exposure. *Health Psychology, 39*(5), 355–357.

Gentes, E. L., & Ruscio, A. M. (2011). A meta–analysis of the relation of intolerance of uncertainty to symptoms of generalized anxiety disorder, major depressive disorder, and obsessive–compulsive disorder. *Clinical Psychology Review, 31*(6), 923–933.

Grey, I., Arora, T., Thomas, J., Saneh, A., Tohme, P., & Abi–Habib, R. (2020). The role of perceived social support on depression and sleep during the COVID–19 pandemic. *Psychiatry Research, 293*, 113452.

Hartley, T. A., Vu, T., & Prior, R. (2020). Anxiety sensitivity and intolerance of uncertainty as potential risk factors for COVID–19 anxiety. *Journal of Anxiety Disorders, 76*, 102324.

Ho, C. S., Chee, C. Y., & Ho, R. C. (2020). Mental health strategies to combat the psychological impact of COVID–19 beyond paranoia and panic. *Annals of the*

Academy of Medicine, Singapore, 49(3), 155–160.

Hou, T., Zhang, T., Cai, W., Song, X., Chen, A., Deng, G., & Ni, C. (2020). Social support and mental health among health care workers during Coronavirus disease 2019 outbreak: A moderated mediation model. *PLoS One, 15*(5), e0233831.

Huang, W.-L., Chen, T.-T., Chen, I. M., Chang, L.-R, Lin, Y.-H., Liao, S.-C., & Gau, S. S.-F. (2016). Harm avoidance and persistence are associated with somatoform disorder psychopathology: A study in Taiwan. *Journal of Affective Disorders, 196*, 83–86.

Huang, Y., & Zhao, N. (2020). Generalized anxiety disorder, depressive symptoms and sleep quality during COVID-19 outbreak in China: A web-based cross-sectional survey. *Psychiatry Research, 288*, 112954.

International Monetary Fund. (2021). *World Economic Outlook Update, January 2021: Policy Support and Vaccines Expected to Lift Activity*. Retrieved from https://www.imf.org/en/Publications/WEO/Issues/2021/01/26/2021-world-economic-outlook-update

Johnson, J. A. (2014). Measuring thirty facets of the Five Factor Model with a 120-item public domain inventory: Development of the IPIP-NEO-120. *Journal of Research in Personality, 51*, 78–89.

Killgore, W. D., Cloonan, S. A., Taylor, E. C., & Miller, M. A. (2020). Three months of loneliness during the COVID-19 lockdown. *Psychiatry Research, 293*, 113392.

Lahey, B. B. (2009). Public health significance of neuroticism. *American Psychologist, 64*(4), 241–256.

Lee, S. A., & Crunk, E. A. (2022). Fear and Psychopathology During the COVID-19 Crisis: Neuroticism, Hypochondriasis, Reassurance-Seeking, and Coronaphobia as Fear Factors. *OMEGA - Journal of Death and Dying, 85*(2), 483–496.

Mak, I. W., Chu, C. M., Pan, P. C., Yiu, M. G., Ho, S. C., & Chan, V. L. (2009). Risk factors for chronic post-traumatic stress disorder (PTSD) in SARS survivors. *General Hospital Psychiatry, 32*(6), 590–598.

Mazza C, Ricci E, Biondi S, Colasanti M, Ferracuti S, Napoli C, Roma P. A. (2020). A Nationwide Survey of Psychological Distress among Italian People during the COVID-19 Pandemic: Immediate Psychological Responses and Associated Factors. *International Journal of Environmental Research and Public Health, 17*(9), 3165.

Melli, G., Chiorri, C., Carraresi, C., Stopani, E., & Bulli, F. (2015). The two dimensions of contamination fear in obsessive-compulsive disorder: Harm avoidance and disgust avoidance. *Journal of Obsessive-Compulsive and Related Disorders, 6*, 124–131.

Mogg, K., & Bradley, B. P. (1998). A cognitive–motivational analysis of anxiety. *Behaviour Research and Therapy, 36*(9), 809 – 848

Oosterhoff, B., Palmer, C. A., Wilson, J., & Shook, N. (2020). Adolescents' motivations to engage in social distancing during the COVID–19 pandemic: Associations with mental and social health. *Journal of Adolescent Health, 67*(2), 179–185.

Pierce, M., Hope, H., Ford, T., Hatch, S., Hotopf, M., John, A., … & Abel, K. M. (2020). Mental health before and during the COVID–19 pandemic: a longitudinal probability sample survey of the UK population. *The Lancet Psychiatry, 7*(10), 883–892.

Salari, N., Hosseinian–Far, A., Jalali, R., Vaisi–Raygani, A., Rasoulpoor, S., Mohammadi, M., … & Khaledi–Paveh, B. (2020). Prevalence of stress, anxiety, depression among the general population during the COVID–19 pandemic: A systematic review and meta–analysis. *Globalization and Health, 16*(1), 1–11.

Shepperd, J. A., Carroll, P., Grace, J., & Terry, M. (2002). Exploring the causes of comparative optimism. *Psychologica Belgica, 42*(1), 65–98.

Spielberger, C. D. (1979). *Understanding Stress and Anxiety*. New York: Harper & Row.

Spitzer, R. L., Kroenke, K., Williams, J. B. W., Löwe, B. (2006). A Brief Measure for Assessing Generalized Anxiety Disorder: The GAD–7. *Archives of Internal Medicine, 166*(10), 1092 – 1097.

Tindle, R., Hemi, A. & Moustafa, A. A. (2022). Social support, psychological flexibility and coping mediate the association between COVID–19 related stress exposure and psychological distress. *Scientific Reports, 12*, 8688.

United Nations Educational, Scientific and Cultural Organization. (2022). *The Impact of the COVID-19 Pandemic on Education*. Retrieved from https://unesdoc.unesco.org/ark:/48223/pf0000380398

Wang, C., Pan, R., Wan, X., Tan, Y., Xu, L., Ho, C. S., … & Ho, R. C. (2020). Immediate psychological responses and associated factors during the initial stage of the 2019 coronavirus disease (COVID–19) epidemic among the general population in China. *International Journal of Environmental Research and Public Health, 17*(5), 1729.

Wang, Y., Di, Y., Ye, J., & Wei, W. (2021). Study on the public psychological states and its related factors during the outbreak of coronavirus disease 2019 (COVID–19) in some regions of China. *Psychology, Health, & Medicine, 26*(1), 13–22.

Watson, D., & O'Hara, M. W. (2017). *Understanding the Emotional Disorders*. New York: Oxford University Press.

제4장

코로나19 시기 조직구성원의 수행 및 건강

박형인

1. 코로나19가 조직에 가져온 변화

코로나바이러스감염증-19(코로나19)는 우리의 삶에 많은 변화를 가져왔으며, 조직생활도 예외가 아니다. 사회적 거리두기의 일환으로 출퇴근에 제약을 받으면서 재택근무(telework)와 화상회의가 일상화되었다(예, 노은경, 이기학, 2022; 이종현, 황재상, 2022; Chong et al., 2020). 외부 기관의 도움으로 육아를 해오던 맞벌이 부부는 어린이집, 유치원, 혹은 학교로의 통학이 불가능해지면서 업무와 육아를 병행하는 데 있어 어려움을 겪게 되었다(Shockley et al., 2021). 의료종사자들의 경우에는 주요 업무 활동이 크게 증가하였으며, 중환자실 근무자들은 특히 과중한 업무량에 시달렸다(Chen et al., 2021; Liu et al., 2021; Zhu et al., 2021).

이러한 변화로 인하여 사회적 위기에 대처하기 위한 행동전략이 필요하게 되었으며, 리더십의 중요성 또한 훨씬 더 강조되었다(정예슬, 박지영, 2022; Sergent & Stajkovic, 2020). 정부가 관리하는 안전관련 규정 및 재정적 혜택 역시 조직원과 조직생활에 미치는 결과를 실제로 변화시킬 수 있는 요소로 알려졌다(Probst et al., 2020; Yuan et al., 2021). 즉, 조직이 코로나19라는 위기상황에 어떻게 반응하는지에 따라 조직 내 개인 및 집단에 미치는 영향이 현저하게 달라질 수 있다.

이와 같은 배경을 바탕으로, 본 장의 목적은 조직 내 개인이나 집단이 전염병에 대처하는 절차 및 그 결과에 대한 문헌을 고찰하여 연구의 실용적 및 학문적 함의를 도출하는 것이다. 이와 같은 목적을 위해 체계적으로 식별된 20개의 출판논문에 대한 질적 검토를 시행한다. 산업 및 조직(산/조)심리학의 최신 트렌드를 반영하고자 상대적으로 빠르게 출간된 해외 논문을 주로 정리하지만, 마지막에는 최근 국내 학술지에 나온 연구들도 간략하게 다룰 예정이다. 때마침 《한국심리학회지: 산업 및 조직》 학술지의 2022년 8월호가 "팬데믹 시대의 일과 삶"이라는 특별주제를 포함하고 있다. 여기에는 총 아홉 편의 논문이 출판되었는데, 이 중 여섯 편의 경험논문들을 중심으로 국내 코로나19 관련 연구의 동향 및 결과를 살펴볼 것이다. 국내 연구 세 편이 제외된 이유는 해당 절에서 자세히 기술하도록 하겠다.

본 장의 구조는 다음과 같다. 먼저, 문헌검색 절차를 정리하여 어떤 기준으로 어떤 과정을 거쳐 연구가 선정되었는지에 대한 정보를 제공할 예정이다. 그런 후에 포함된 20개 출판논문에 대한 간략한 특성을 제시한다. 이는 개별 연구를 하나씩 상세히 살펴보기 전에 전반적인 동향을 살펴보는 데 도움이 될 것이다. 본 장의 핵심 내용은 그 다음에 이어지는 연구결과이다. 여기에서는 코로나19 이전에 투고된 두 편을 제외하고 18편의 논문을 주로 다룰 것이다. 이들 개별 논문들의 구체적인 내용을 정리할 예정이며, 개인 수준의 연구를 먼저 소개한 다음에 집단 수준의 연구를 소개한다. 덧붙여 앞서 언급한 국내 연구들을 간략하게 제시할 것이다. 그런 후 이들 연구의 함의를 기술한다. 마지막으로 후속연구 방안을 도출하면서 본 장을 마무리할 계획이다.

2. 연구동향

문헌검색 절차

양질의 논문을 선별하기 위해 2019년도 SCImago Journal Rank(SJR)를 활용하였다. SJR 지표는 학술지의 영향력을 객관적으로 산출하는 방법 중 하나로, 학계에서 많이 사용하는 Social Science Citation Index(SSCI)와 비슷한 기능을 한다. 다만, SSCI의 경우 이를 구독하는 기관이 아니면 정확한 정보에 대한 접근이 어려운 반면, SJR는 로그인을 하지 않고도 정보를 쉽게 얻을 수 있다는 장점이 있다. 맨 처음 본 장을 준비하던 시기가 2021년 초반으로, 그 당시에는 2019년도 목록이 가장 최신이었으므로 2019년도 정보를 사용하였다.

우선, 2019 SJR에서 응용심리학 부분의 상위 10개 학술지 목록을 추출했다. 응용심리학은 산/조 분야뿐만 아니라 스포츠, 건강 등의 분야를 포함하고 있으므로 이들 타 분야를 제외하면 총 여섯 개의 학술지가 남았다. 상위 순서대로 *Personnel Psychology, Annual Review of Organizational Psychology and Organizational Behavior, Journal of Applied Psychology*(JAP), *Leadership Quarterly*(LQ), *Journal of Occupational Health Psychology*(JOHP), 그리고 *Journal of Organizational Behavior*(JOB)가 그 여섯 개의 학술지이다.

미국심리학회에서 제공하는 학술자료 데이터베이스인 PsycInfo에서 이들 학술지들을 하나씩 지정하여, 각 학술지 어디에나 'COVID-19'라는 용어가 들어간 논문을 검색하도록 하였다. 검색 기간은 2020년 1월부터 2021년 4월까지였다. 2020년 1월을 시작 시점으로 설정한 이유는 코로나19가 2019년 말에 발생했음에도 불구하고 국제적으로 문제가 되기 시작한 것이 2020년 초이기 때문이다. 끝 시점은 2021년 4월까지로 한정하였으나, 실제로 검색을 진행한 시기가 2021년 3월 말이었다. 같은 절차를 각 학술지마다 반복하여 총 여섯 번의 검색을 시행하였다.

이런 절차를 거쳐 21개의 결과물을 수집하였으나, 그 중 한 개는 편집위원회의 사설이었으므로 본 문헌고찰에서는 제외한다. 나머지 20개 중 17개는 JAP에서 출간되었고, LQ, JOHP, 그리고 JOB에서 각 한 개씩이 출간되었다.

포함된 논문의 특성

〈그림 4.1〉은 20개 연구의 초록을 Python 프로그램을 활용하

<그림 4.1> 포함된 20개 연구의 초록에 사용된 단어의 시각적 표상

여 시각화한 결과이다. 산/조 연구이기 때문에 대부분 직장인(employee)을 다루고 있으며, 따라서 가장 자주 언급된 단어는 직장인이다. 또한, 업무(work)와 코로나19(COVID-19) 역시 자주 언급되었다. 그 외에 주목할 만한 단어로는 자원(resource), 불안(anxiety), 건강(health), 수행(performance), 의료종사(health care), 돌봄 노동자(care worker) 등이 보인다.

〈표 4.1〉에 20개 연구의 간략한 특성들을 정리하였다. 이 중 Kelemen 등(2020)의 연구와 Tur 등(2020)의 연구는 코로나19 이전에 제출된 것으로 확인되었다. 문헌검색 조건에 지정한 시기에 출판되었고, 초록에 COVID-19를 언급하고 있음에도 불구하고, 연구의 주된 내용은 본 장의 주제와 깊은 관련이 없었다.

구체적으로, Kelemen 등의 연구(2020)는 조직에서 동물과 상호교류를 하는 네 가지 유형의 방법에 대해 정리한 논문으로 경험적 자료를 사용하지 않았다. 코로나19 관련하여서는 감염증 및 재택근무의 확산으로 집에서 반려동물과의 교류가 증가하는 데 따른 장단점을 언급하였다. Kelemen 등(2020)은 반려동물이 봉쇄조치로 인한 외로움을 달래는 데 도움이 될 수 있는 반면, 가뜩이나 경제적 어려움이 예상되는 가운데 반려동물을 돌보는 비용으로 인해 재정곤란을 가중시킬 수도 있다고 주장하였다. 코로나19 이전에 제출된 또 다른 논문(Tur et al., 2020)은 TED와 트위터 등 소셜미디어를 분석하여 비공식적인 리더(informal leader)의 특성을 확인하였다. 즉, 현장자료를 코딩하여 분석에 사용하였으며, 소셜미디어 상황에서 카리스마적 특성이 사회적 영향력을 증가시킨다는 결과를 발표하였다(Tur et al., 2020).

이 두 연구를 제외하면, 18개 논문이 남는다. 한 논문에서 두 개 이상의 독립적 표본을 포함하기도 하였으므로, 총 표본의 숫자는 22개였다. 이들 22개의 표본 중 13개는 미국에서 수집되었고, 여섯 개는 중국에서 수집되었으며, 캐나다, 프랑스, 그리고 싱가포르에서 각각 한 개씩이 수집되었다. 중국에서 수집된 자료 중 세 개는 코로나19가 발생되었다고 추정되는 우한 지역의 표본이었다. 나아가, 18개 중 12개의 논문이 개인 수준의 분석을 사용했고, 다섯 개가 집단 수준의 분석을 사용했으며, 나머지 한 개는 개인과 집단 수준을 모두 사용하여 분석하였다. 마지막으로, 여섯 개의 논문이 의료종사자들을 대상으로 연구를 시행하였다. 다음 절에서 이들 18개의 연구를 결과 중심으로 상세히 소개하고자 한다.

<표 4.1> 고찰논문 요약

#	서지사항	출처	연구주제/연구모형	표본특성	설계방법
1	Andel et al., 2021	JOHP	코로나19 관련 스트레스원 → 직장고독 → 우울/OCB (개인내) 자기연민의 조절효과 (개인간)	265명의 미국인 직장인 (2수준) 20.4%가 전문 산업에 종사	두 달 동안 주간 일기연구
2	Anicich et al., 2020	JAP	자율성 복원(restoration) (지속적인 스트레스원에 노출이 무력감 및 진정성에 미치는 효과)	미국 41개 전문대학 직원 117명	일회 배경조사 + 열흘 간 매일조사
3	Caldas et al., 2021	JAP	코로나19 → 정서적 소진/우울(3차) 친사회적 동기(1차) 및 친사회적 영향력(3차)의 조절효과	118명의 미국 의료종사자 (의사와 간호사)	삼회 설문조사 (마지막 3차가 코로나19 동안 측정)
4	Chen et al., 2021	JAP	주도적 성격, 일상의 지장, 그리고 지각된 조직지지의 삼원 상호작용 → 지각된 강점사용 → 행동/웰빙 코로나19 바이러스에 대한 물리적 노출의 조절효과	중국 우한시의 408명의 최전선 의료전문가	삼회에 걸친 다중원천(multisource) 설계
5	Chong et al., 2020	JAP	매일의 코로나19 관련 과업차질 → 매일 저녁의 정서적 소진 → 다음 날의 업무철회행동 과업의존도 및 지각된 조직의 재택근무 과업지원의 조절효과	120명의 싱가포르 재택근무자	일회 기저선 조사 + 열흘 간 매일조사 (주중)
6	Fu et al., 2021	JAP	코로나19 확진 숫자 → 매일의 불안 → 열의/수행/정서적 소진 시간의 조절효과	미국 다양한 산업에 종사하는 262명의 직원	삼주 동안 매일 삼회의 설문조사
7	Hennekam et al., 2020	JAP	직장에서의 비가시성(눈에 띄지 않음) → 코로나19 동안 지위 변화에 대한 인식	프랑스 병원 두 곳의 의사가 아닌 164명의 의료진	네 개의 주관식 문항 (질적 탐색)

#	서지사항	출처	연구주제/연구모형	표본특성	설계방법
8	Hu et al., 2020	JAP	코로나19로 촉발된 사망의 현저성 → 상태불안 → 직무열의/친사회적 행동 서번트 리더십의 조절효과	연구 1: 152명의 중국 IT 직원 연구 2: 282명의 미국 직원 연구 3: 210명의 미국 직원	연구 1: 경험표집법 연구 2: 실험 연구 3: 실험
9	Kelemen et al., 2020	JOB	(코로나19 이전 투고) 동물과 조직 간 상호교류	표본 없음	경험연구 아님
10	Liu et al., 2021	JAP	코로나19 위기의 강도 → 직무열의/업무담당 일의 의미의 조절효과 + 개입	연구 1: 중국 청두시의 258명 간호사와 26명 직속상사(수석간호사) 연구 2: 중환자실 64명 근무자	연구 1: 설문조사 연구 2: 현장실험
11	McFarland et al., 2020	JAP	코로나19 → 구직행동 직무유형(대면접촉)의 조절효과	미국의 14개 조직	16주 동안 자료분석(취업지원서)
12	Probst et al., 2020	JAP	직무불안정/재정불안정 → CDC의 지침준수 실업보험혜택/코로나 관련 제한의 조절효과(주 단위)	미국 43개 주의 745명의 근로자	온라인 설문조사
13	Sergent & Stajkovic, 2020	JAP	양적 연구: 여성의 리더십 → 사망자 숫자 질적 연구: 공감과 자신감	미국 55개 주	공공자료 주지사 브리핑
14	Shockley et al., 2021	JAP	코로나19 동안 맞벌이 부부의 일-가정 관리 전략(탐색적 연구)	미국 274쌍의 기혼 부부(1차) 133쌍의 부부(2차)	1차: 개방형 질문 2차: 설문조사

#	서지사항	출처	연구주제/연구모형	표본특성	설계방법
15	Trougakos et al., 2020	JAP	코로나19 관련 건강불안 → 정서억제 → 심리적 욕구 충족 → 목표진행/가정열의/ 신체질환 손씻기의 조절효과	캐나다의 다양한 산업 분야 직원 465명(결측치 처리 전 503)	매주 일회 총 네 번의 설문조사
16	Tur et al., 2020	LQ	(코로나19 이전 투고) 소셜미디어에 나타난 비공식적 리더의 특성	TED와 트위터 분석	현장자료 코딩
17	Vaziri et al., 2020	JAP	일-가정 접점의 양상에 대한 프로파일(연구 1)과 코로나19 유행 동안의 프로파일 전환(연구 2)	연구 1: 미국 내 379명의 근로자(코로나 이전) 연구 2: 미국 내 583명의 근로자	연구 1: 설문조사 연구 2: 유사실험(단일집단 사전-사후)
18	Wanberg et al., 2020	JAP	코로나19/인구통계학적 정보 → 심리적 웰빙(우울증상/생활만족) 인구통계학적 정보의 조절효과	미국의 대표표집 패널 성인 1,143명	설문조사(일년 간격 이회)
19	Yuan et al., 2021	JAP	업무로의 복귀 → 직무열의 → 업무철회/개인 보호장비 사용/과업수행 리더의 안전몰입 조절효과	중국 우한시 다양한 산업 분야의 353쌍 상사-직원	삼회 설문조사(각 이주 간격)
20	Zhu et al., 2021	JAP	심정지 환자의 숫자 → 직업소명(개인내 수준) 친사회적 동기 → 직업소명(평균/변동성) → 직무수행(개인간 수준)	중국 우한시 중환자실 근무하는 66명의 간호사	닷새 동안 매일 일기연구

3. 연구결과

개인 수준의 연구결과

앞에서 정리한 것과 같이, 총 13개의 연구가 개인 수준의 분석을 시행하였다. 이 13개의 연구는 총 16개의 독립 표본을 활용하였으며, 개인내 차이(within individuals differences), 개인간 차이(between individuals differences), 혹은 둘 다 분석하였다. 주제로는 코로나19로 인한 상태 변화(status change)에 대한 인식에 대한 연구가 한 개 있었고(Hennekam et al., 2020), 나머지는 모두 코로나19 관련 스트레스원(stressor)의 대처를 다루고 있었다. 특히, 대부분의 연구들이 코로나19 관련 스트레스원과 결과 사이의 관계를 매개(mediation)하거나 조절(moderation)하는 요인들을 조사하였으며, 세 연구로부터 나온 네 개의 독립된 표본은 유사실험(quasi-experiment)이나 실험(experiment)을 바탕으로 개입

(intervention) 프로그램의 효과를 확인하였다(Hu et al., 2020; Liu et al., 2021; Vaziri et al., 2020). 다음 절에서는 일기법(diary methods) 혹은 경험표집법(experience sampling methods)을 사용한 연구 여섯 개(Andel et al., 2021; Anicich et al., 2020; Chong et al., 2020; Fu et al., 2021; Hu et al., 2020; Zhu et al., 2021)와 여러 차례의 설문조사(multiple-wave surveys)를 바탕으로 한 네 개의 연구(Caldas et al., 2021; Chen et al., 2021; Trougakos et al., 2020; Wanberg et al., 2020)를 우선적으로 정리한다.

예측변수

이들 10개 연구들은 모두 코로나19 관련 스트레스원을 예측변수로 조사하였다. 가장 단순하게는 코로나19 확진 숫자(Fu et al., 2021), 혹은 이와 비슷하게 코로나19로 촉발된 사망의 현저성(COVID-19 triggered mortality salience)을 예측변수로 활용한 연구가 있었다(Hu et al., 2020). 코로나19 확진 숫자는 이전 주 닷새 동안의 평균 수준, 속도(velocity), 그리고 가속도(acceleration)로 측정되었다(Fu et al., 2021). 구체적으로, 평균 수준은 미국 내 주 단위 평균 확진 숫자로 계산되었고, 시계열 분석(time series analysis)을 통해 선형 성장(linear growth)을 속도로, 비선형(curvilinear) 성장을 가속도로 활용하였다(Fu et al., 2021). 코로나19로 인한 사망의 현저성은 확인된 코로나19 사망자 숫자와 코로나19 관련 사망에 대한 감정 두 가지로 측정되었다(Hu et al., 2020). 전염병 유행의 전후 시간(Wanberg et al., 2020)이나 지속되는 스트레스원에 대한 노출

(Anicich et al., 2020)도 예측변수로 적용되었다. 지속되는 스트레스원에 대한 노출은 첫째 날, 둘째 날 등 실제 날짜로 측정되어 열흘간 조사되었다(Anicich et al., 2020). 코로나19 관련 건강불안(health anxiety) 역시 예측변수로 사용되었다(Trougakos et al., 2020). 건강불안은 코로나19에 대한 두려움을 의미하였다(Trougakos et al., 2020).

의료종사자들의 경우, 업무와 보다 직접적으로 관련이 있는 예측변수들이 측정되었다. 심정지 환자(code blue events)의 숫자(Zhu et al., 2021), 혹은 코로나19와 관련된 주요사건의 강도(intensity of critical incident)가 그 예시이다(Caldas et al., 2021). 나아가 일상의 지장(routine disruption)을 측정하여, 일상의 지장, 주도적 성격(proactive personality), 그리고 지각된 조직지지(perceived organizational support)의 삼원 상호작용을 조사한 연구도 존재하였다(Chen et al., 2021). 연구자들은 주도적 성격을 예측변수로 제안하였으나(Chen et al., 2021), 스트레스원에 해당하는 변수는 일상의 지장이고, 나머지 두 변수는 각각 개인적 자원과 환경적 자원으로 개념화하는 것이 더 적합할 것이다.

일반직 종사자들의 경우에도 업무 관련 예측변수들이 포함되었다. Chong 등(2020)은 재택근무자들을 대상으로 과업차질(task setback)의 영향을 조사하였다. Andel 등(2021)은 세 가지 다른 예측변수를 연구에 포함하였다. 즉, 재택근무 빈도, 코로나19 관련 정보공정성(informational justice)의 부족, 그리고 직무불안정(job insecurity)의 세 환경요인을 예측변수로 조사하였다(Andel et al.,

2021). 통상 정보공정성은 조직 계획에 대한 적절한 설명이 제공되는지를 의미한다. 따라서 코로나19 관련 정보공정성이란 조직 내 코로나19 전염병을 둘러싼 의사결정에 대한 안내이다.

준거변수

일기법이나 설문조사를 사용한 10개의 연구에 포함된 준거변수는 크게 세 범주로 나눌 수 있다. 첫 번째 결과는 조직 내 행동과 관련된 변수들이다. 두 번째 결과변수는 웰빙(well-being) 등 건강 관련 변수들이다. 마지막 결과는 태도(attitudes)와 지각(perception)과 관련된 요인들이다. 이렇게 세 가지 범주별로 사용된 구체적인 준거변수의 내용은 다음과 같다.

첫째, 행동변수로는 가장 보편적인 조직행동(organizational behavior)인 직무수행(job performance)이 준거변수로 활용되었다. Chen 등(2021)은 중국 우한시 최전선 의료종사자들을 대상으로 조절된 매개모형(moderated mediation model)을 제안하였는데, 최종 준거변수 중 한 개가 직무수행이었다. 이 직무수행은 보너스를 집행하는 행정부서의 자료를 활용한 것으로, 팬데믹 기간 동안 직속 상사의 평가, 근무시간, 사례숫자 등을 반영하는 객관적 정보였다(Chen et al., 2021). 비슷하게, Zhu 등(2021)도 우한시의 중환자실 간호사들을 대상으로 직무수행을 예측하는 매개모형을 조사하였다. Fu 등(2021)은 다양한 산업체에 종사하는 미국 직장인들을 대상으로 코로나19에 대한 반응을 연구하는 조절된 매개모형을 제안하였고, 여러 준거변수 중 하나가 과업수행(task performance)이었다. 특이하게, 목표진행(goal progress)이 준거변수로 사용된 연구도 있다. Trougakos 등(2020)은 다양한 산업체에 근무하는 캐나다의 직원들을 대상으로 직무 관련 목표에 있어서의 진행사항을 측정하여 준거변수 중 하나로 사용하였다. 이 역시 직접적으로 직무수행과 관련된 요인이기는 하지만, 보편적으로 측정하는 직무수행과는 다소 차이가 있었다.

행동변수에 해당하는 또 다른 준거변수로는 친사회적 행동(prosocial behavior) 혹은 조직시민행동(organizational citizenship behavior, OCB) 등의 역할외수행(extra-role performance)이 조사되었다. 역할외수행은 추가업무지원 등 의무적으로 해야 하거나 기대되는 바 이상의 긍정적 행동을 자발적으로 하는 것이다. Andel 등(2021)은 미국 직원들을 대상으로 OCB를 측정하였고, Hu 등(2020)의 연구 1은 중국의 정보기술(information technology, IT) 직원들을 대상으로 친사회적 행동을 준거변수로 적용하였다.

부정적 행동 역시 준거변수로 사용되었다. 철회행동(withdrawal behavior)은 결근과 같이 수행에 악영향을 미칠 수 있는 해로운 행동을 의미한다. Chen 등(2021)은 전술한 직무수행과 더불어 상사가 보고한 철회행동도 준거변수로 모형에 포함하였다. Chong 등(2020)은 일기연구에서 다음 날의 철회행동을 준거변수로 사용했다. 이 연구는 재택근무자들을 대상으로 하였으므로 기존 척도를 재택근무 상황에 맞게 변환하여 지각 등의 근태를 측정하였다(Chong et al, 2020).

두 번째 범주로, 건강 관련 변수들도 많이 조사되었다. 부정적 건강을 나타내는 지표로는 대표적으로 정서적 소진(emotional exhaustion)이 존재한다. 정서적 소진은 직무탈진(job burnout)의 대표적인 하위요인으로 업무로 인해 피곤하고 지친 감정을 지칭한다(Maslach et al., 2001). Caldas 등(2021)은 미국의 의료종사자들을 대상으로 정서적 소진을 조사하였고, Fu 등(2021)은 미국 내 다양한 산업체 종사자들의 정서적 소진을 연구하였다. 정서적 소진과 비슷하지만(Schonfeld & Bianchi, 2022), 업무 영역을 넘어선 보다 일반적인 정신건강 변수가 바로 우울이다. 산/조 분야에서는 임상적 우울을 다루지 않지만, 우울감이나 우울증상을 측정하기도 한다. 코로나19 관련하여 우울을 사용한 연구들로 Andel 등(2021), Caldas 등(2021), 그리고 Wanberg 등(2020)의 세 논문이 존재하였다. Trougakos 등(2020)은 신체질환(somatic complaints)을 측정하였다. 긍정적인 웰빙 변수로는 생활만족(life satisfaction)을 확인한 연구(Wanberg et al., 2020)와 회복탄력성(resilience) 및 번영(thriving)을 확인한 연구(Chen et al., 2021)가 각 한 개씩 검색되었다.

마지막 범주로, 태도와 지각이 있다. 우선, 최근 들어 많이 활용되고 있는 직무열의(work engagement)를 사용한 연구가 두 개 있었다. 원래 직무열의는 세 개의 하위요인으로 구성되어 있는데, 하위요인을 구분하지 않고 하나의 변수로 사용하는 예가 많다. Hu 등(2020)의 연구는 모든 문항을 통합하여 하나의 변수로 사용한 것으로 보이며, Fu 등(2021)의 연구는 각 하위요인에서 하나씩의 문항을 추출하여 하나의 변수로 사용한 것으로 보인다. Trougakos 등(2020)은 캐나다의 직원들을 대상으로 가정열의

(family engagement)를 측정하였다. 마지막으로, Anicich 등(2020)은 미국의 전문대학 직원들을 대상으로 무력감(powerlessness)과 진정성(authenticity)을 연구하였다.

이와 같이 크게 세 범주의 준거를 사용하여, 코로나19 관련 스트레스원이 이들 준거변수로 이어지는 경로모형(path model)이 조사되었다. 조직원들의 태도, 지각, 행동, 그리고 건강은 개인뿐만 아니라 조직 전체에도 영향을 미치므로 중요하다. 코로나19가 이런 준거변수를 변화시킨다면 그 기제(mechanism)를 확인할 필요가 있다. 전술한 것과 같이 대부분의 연구가 매개모형, 조절모형, 혹은 조절된 매개모형을 알아보고 있다. 다음 절에서는 이들 관계의 매개변수를 조사한 연구들과 그 결과를 정리할 것이고, 그 다음에는 직접경로(direct path)와 간접경로(indirect path)에서 가능한 조절변수를 확인한 연구들과 그 결과를 정리한다. 이를 통해 코로나19가 긍정적인 준거변수를 약화시키거나 부정적인 준거변수를 악화시키는 세부 기제를 알아볼 수 있다.

매개변수

바로 앞에서 언급한 것과 같이 코로나19가 준거변수로 이어지는 기제는 중요하며, 따라서 여기에서부터가 본 장의 핵심 내용이 될 것이다. 매개모형을 다룬 연구는 총 일곱 개가 있으며, 각 연구를 하나씩 정리하고자 한다. 물론 각 연구들이 모두 출판되어 개별 연구의 상세 내용은 참고문헌을 참조하는 것이 더 좋다. 여기에서는 연구를 하나씩 살펴보면서도, 거시적인 맥락에서 공통의 기제를 추출하는 것을 목표로 한다.

각기 다른 저자들에 의해 유일하게 반복적으로 사용된 매개변수는 불안(anxiety)이다. Hu 등(2020)의 연구 1에서 매일의 확인된 사망자 숫자는 상태불안(state anxiety)과 관계가 없었다. 예측변수와 매개변수 간 관계가 존재하지 않았으므로 매개경로가 확립될 수 없었다. 그렇지만 또 다른 예측변수인 코로나19 관련 사망에 대한 감정은 상태불안과 유의한 관계를 보였으며, 상태불안은 다시 직무열의 및 친사회적 행동과 유의한 관계를 보였다. 즉, 코로나19로 인한 사망의 현저성을 지표하는 두 예측변수 중 하나에서 결과변수로 이어지는 경로가 상태불안에 의해 설명되었다(Hu et al., 2020). Fu 등(2021)은 연구의 중간 단계인 2020년 3월 중순 시기에 측정된 모든 예측변수(평균 수준, 속도, 그리고 가속도)가 모든 결과변수(다음 날의 열의, 과업수행, 그리고 정서적 소진)로 이어지는 경로를 매일의 불안(daily anxiety)이 매개한다는 것을 발견하였다(Fu et al., 2021). 참고로, 이 두 연구 모두 조절변수도 모형에 포함하였으며, 발견한 매개효과가 특정 조건에 의해 더 강화되거나 약화된다고 보고하였다(Fu et al., 2021; Hu et al., 2020). 즉, 개념적으로 조절된 매개모형을 상정하였고, 매개모형이 조절변수에 의해 변하는 조건적 매개효과를 발견하였다. 이에 대한 설명은 다음 절에서 상세히 다룰 예정이다.

싱가포르에서 120명의 재택근무자를 대상으로 열흘 동안 일기법 연구를 시행한 Chong 등(2020)은 매일 저녁의 정서적 소진이 과업차질과 다음 날의 철회행동 사이의 관계를 매개한다고 보고하였다. 그렇지만 이 경로에도 조절변수가 존재하여, 매개효과가 조건적으로 관찰되었다(Chong et al., 2020). 즉, 과업차질이 정서적 소진을 통해 철회행동으로 이어지는 영향은 특정 재택근무자에게서만 나타났다. 조절변수에 대한 내용은 역시 다음 절에서 다시 설명할 예정이다.

Andel 등(2021)은 또 다른 정서인 직장고독(work loneliness)이 세 예측변수와 두 준거변수 간 총 여섯 개의 관계를 모두 매개한다는 결과를 보고하였다. 이 연구는 미국 직장인을 대상으로 두 달 동안 매주 설문을 시행하여 자료를 총 여덟 번 수집하였다. 반복 측정된 개인 수준에서 재택근무 빈도, 코로나19 관련 정보공정성의 부족, 그리고 직무불안정은 직장고독을 매개로 우울감과 OCB에 영향을 줬다(Andel et al., 2021).

위에서 기술한 네 개의 연구가 정서를 매개변수로 조사했다면, Trougakos 등(2020)의 연구에서는 정서인 코로나19 관련 건강불안을 예측변수로 하여 두 개의 매개변수를 차례대로 거쳐 목표진행, 가정열의, 그리고 신체질환의 세 준거변수로 동시에 이어지는 모형을 조사했다. 이 연구에서는 캐나다에서 465명의 직원들을 대상으로 매주 일회씩 총 네 번의 설문조사를 시행하였다. 그 결과, 코로나19 관련 건강불안이 정서억제(emotion suppression)로 이어지고, 정서억제가 다시 심리적 욕구 충족(psychological need fulfillment)으로 이어져서 준거변수에 영향을 미치는 순차적 매개효과가 확인되었다(Trougakos et al., 2020).

우한시의 병원 간호사 66명을 대상으로 한 일기연구에서 개인내 수준의 결과는 심정지 환자의 일일 건수가 매일의 직업소명(occupational calling)과 정적 관계에 있다는 것을 보여 주었다(Zhu et al., 2021). 개인간 수준에서, 직업소명의 평균과 변동성(variability)은 친사회적 동기와 직무수행 간 관계를 매개하였다. 친사회적 동기는 직업소명의 평균 수준과 정적 관계를 보였고, 변동성과 부적 관계를 보였다(Zhu et al., 2021). 즉, 친사회적 동기가 높은 간호사는 직업소명의 평균 수준이 높고 직업소명의 변동성은 낮았다. 평균 수준은 닷새 동안의 평균으로, 변동성은 표준편차로 측정되었다(Zhu et al., 2021).

마지막으로, Chen 등(2021)은 일상의 지장, 주도적 성격, 그리고 지각된 조직지지의 삼원 상호작용이 지각된 강점사용(perceived strengths use)을 유의하게 설명하고, 지각된 강점사용이 수행 보너스, 회복탄력성, 그리고 번영을 유의하게 설명하는 모형을 보고하였다. 다시 말해, 지각된 강점사용을 매개로 한 간접효과가 존재하였다. 반면, 네 가지 준거변수 중 하나인 철회행동에서는 이와 같은 간접효과가 나타나지 않았다(Chen et al., 2021). 결과적으로 지각된 강점사용의 매개효과는 긍정적인 준거변수에서만 관찰되었다.

요컨대, 일곱 개 중 네 개의 연구가 상황에 대한 감정이나 정서를 매개변수로 제안하였으며, 나머지 세 개의 연구는 긍정적 자원이 될 만한 지각, 즉 상황에 대한 해석을 매개변수로 제안하였다. 이 가운데 Trougakos 등(2020)이 유일하게 순차적 이중매개(sequential mediation) 모형을 제시했는데, 매개변수 중 한 개가 정서조절을 위한 대처전략에 해당하는 정서억제이다. 정서적 대처전략은 정서 자체가 아니고, 상황에 대한 해석을 바탕으로 한 자원과도 약간의 차이가 있다. 하지만 상황에 대한 반응 혹은 상황에 대처하려는 시도라는 측면에서 매개변수로서의 기능은 비슷한 논리를 바탕으로 한다고 볼 수 있다. 결국, 코로나19로 인한 상황적 스트레스원이 개인의 태도, 행동, 혹은 건강에 영향을 끼치는 경로는 상황에서 유발한 부정적 감정이나 상황에 대한 대처 혹은 해석에 의해 매개된다.

조절변수

코로나19 관련 스트레스원이 준거변수로 이어지는 직접경로 혹은 간접경로에 이 관계를 변화시킬 수 있는 조절변수가 존재한다면, 개입을 통한 대응이 훨씬 용이해진다. 따라서 앞에서 조사된 경로에 조절변수가 있는지 확인하는 것은 매우 중요하다. 본 장에서 정리하고 있는 연구들에서 조사한 조절변수는 크게 두 범주로 나눠진다. 개인적(personal) 요인과 환경적(environmental) 요인의 두 가지이다. 개인적 요인은 개인의 성격이나 행동과 같은 개인차(individual differences) 변수이다. 환경적 요인은 조직의 자원(resources)이나 상황과 같은 개인을 둘러싼 맥락적 변수를 의미한다.

개인적 요인으로는 총 다섯 개의 변수가 조절효과를 위해 조사되었다. 이 다섯 개의 변수 중 네 가지는 긍정적인 자원으로 개념화되었고, 나머지 한 가지는 일반적으로 기능적이지만 코로나19

관련 상황에서 해로운 역할을 하여 관계를 악화시키는 요인으로 개념화되었다. 유일하게 부정적인 조절변수가 포함된 연구를 정리한 후, 다음으로 긍정적인 조절변수와 관련된 결과를 정리하고자 한다.

먼저, Caldas 등(2021)은 코로나19 관련 주요사건의 강도가 정서적 소진과 우울에 미치는 관계에 있어 친사회적 동기(prosocial motivation)와 지각된 친사회적 영향력(perceived prosocial impact)이 조절할 것이라는 이론적 모형을 제안하였다. 연구자들은 친사회적 동기가 타인에 대한 관심(concern for others)을 나타내는 안정적 경향(stable tendency)이라고 설명하고 있다. 따라서 일반적으로는 조직과 조직원들에게 혜택이 될 수 있다. 하지만 치료방안이 부족한 위기의 상황에서 친사회적 동기가 높은 의사와 간호사들은 코로나19 관련 주요사건의 강도가 강할 때 친사회적 동기가 낮은 의사와 간호사들보다 정서적 소진 및 우울을 더 많이 경험할 것이라고 예측되었다. 즉, 코로나19 관련 주요사건의 강도가 정서적 소진과 우울을 높이는데, 코로나19 상황에서 친사회적 동기는 의사와 간호사들에게 위협이 되어 이러한 관계의 강도가 친사회적 동기가 더 높은 사람에게서 더 강하게 나타날 것이라고 가정하였다. 연구 결과, 정서적 소진에서는 이러한 조절효과가 관찰되었으나 우울에서는 나타나지 않았다. 정서적 소진에 있어 친사회적 동기 자체는 긍정적인 역할을 하여 친사회적 동기가 높은 의사와 간호사들이 그렇지 않은 의료종사자들에 비해 평균적으로 더 낮은 정서적 소진을 보고하였다. 그러나 친사회적 동기가 낮은 의료진들은 주요사건의 강도와 관계없이 비교적 일정한 수준의 정서적 소진을 보고한 반면, 친사회적 동기가 높은 의료진들은 주요사건의 강도가 높아질수록 급격하게 정서적 소진이 증가하는 관계를 보였다(Caldas et al., 2021). 이 연구에서 함께 확인한 또 다른 조절변수인 지각된 친사회적 영향력은 업무를 통해 타인의 삶을 긍정적으로 바꿀 수 있는 경험을 의미한다(Caldas et al., 2021). 앞서 정리한 친사회적 동기가 개인의 바람(desire)이라면(Caldas et al., 2021), 지각된 친사회적 영향력은 본인이 실제로 느끼는 도움의 효과로 의료진에게 자원이 될 수 있다(Caldas et al., 2021). 그러므로 코로나19 관련 주요사건의 강도가 정서적 소진 및 우울을 높이는 관계가 지각된 친사회적 영향력에 의해 완화될 것으로 가설을 세웠으나, 결과는 지지되지 않았다(Caldas et al., 2021).

Andel 등(2021)은 개인내 수준에서 코로나19 관련 세 가지 예측변수가 직장고독을 통해 우울 및 OCB로 가는 간접경로에서 개인차 변수인 자기연민(self-compassion)이 조절하여 자기연민이 높으면 이 경로가 약화될 것이라고 제안하였다. 미국 내 직원 265명을 대상으로 가설을 확인한 결과, 직장고독이 우울과 OCB에 미치는 효과를 자기연민이 조절하기는 하였다. 특히, 직장고독과 우울 간 관계에 대한 조절효과는 예상한 대로 나타나서, 직장고독과 우울 간 정적 관계가 자기연민에 의해 약화되있다. 그렇지만 OCB에 대한 상호작용은 가설과 반대 방향으로 나타나서, 자기연민은 직장고독과 OCB의 부적 관계를 더 강화하였다(Andel et al., 2021).

전술한 것과 같이, Chen 등(2021)은 우한시 근교 병원의 의사와 간호사들을 대상으로 주도적 성격, 일상의 지장, 그리고 지각된 조직지지의 삼원 상호작용을 조사하였다. 연구자들은 주도적 성격을 예측변수로, 일상의 지장 및 지각된 조직지지를 조절변수로 상정하였는데, 코로나19 관련 스트레스원에 해당하는 변수는 일상의 지장이기 때문에, 이 변수를 예측변수로 보고 주도적 성격과 지각된 조직지지를 이에 도움이 되는 자원으로 설정하는 것이 더 의미가 있다고 생각한다. 특히, 주도적 성격은 개인적 자원으로 생각할 수 있다. 어쨌든 Chen 등(2021)의 연구에서 이 삼원 상호작용은 매개변수인 지각된 강점사용을 설명하는 데 유의하였다. 일상의 지장이 크고 지각된 조직지지가 낮을 경우에만 주도적 성격과 강점사용 간 부적 관계가 관찰되었다. 다른 세 경우에는 주도적 성격과 강점사용 간 관계가 정적으로 관찰되었다(Chen et al., 2021).

개인적 요인의 마지막 조절변수는 손씻기의 빈도(handwashing frequency)이다. 캐나다에서 다양한 산업체의 직원들을 대상으로 한 Trougakos 등(2020)의 연구에서, 손씻기의 빈도는 건강불안과 정서억제 간 관계를 완화하였다. 빈도가 낮을 때는 건강불안이 높으면 정서억제도 높은 정적 관계가 유의하였으나, 빈도가 높을 때는 이 관계가 유의하지 않았다(Trougakos et al., 2020). 따라서 코로나19로 인한 건강불안이 높을 때 이에 대한 대응책으로 자주 손을 씻는 행위는 역기능적일 수 있는 정서조절전략의 사용을 줄일 수 있어서 도움이 된다.

환경적 요인에는 총 일곱 개의 변수가 조사되었다. 이 중 세 개는 긍정적 자원, 세 개는 부정적 방해요인으로 설정되었다. 남은 한 개는 긍정적 혹은 부정적 기능이 모두 가능하다고 고려되어 반대 방향의 대립가설 두 개를 만들어서 어떤 가설이 맞는지를 확인하였다.

조절변수로 활용된 긍정적 환경자원 첫 번째는 지각된 조직지지이다(Chen et al., 2021). 이와 관련된 결과는 개인적 자원에서 이미 설명을 하였기에 여기에서 다시 반복하지 않겠다. 또 다른 긍정적 환경자원은 지각된 서번트 리더십(perceived servant leadership)이다(Hu et al., 2020). 서번트 리더는 타인의 욕구 충족을 중요시하면서 직원들의 정서적 고통과 권한위임 등에 주의를 기울인다. 앞서, Hu 등의 연구(2020)는 상태불안을 스트레스원과 두 가지 준거변수(직무열의 및 친사회적 행동) 간 관계의 매개변수로 제안하였다. 이 간접모형의 두 번째 경로인 상태불안이 두 준거변수에 미치는 효과가 직원들이 지각하는 서번트 리더십에 의해 완화되었다(Hu et al., 2020).

긍정적 환경자원으로 활용된 마지막 조절변수는 조직의 재택근무 과업지원(organizational telework task support)이다. 싱가포르의 재택근무자들을 대상으로 코로나19 관련 과업차질이 정서적 소진을 통해 철회행동으로 이어지는 매개모형에서, 조직의 재택근무 과업지원은 정서적 소진으로부터 철회행동까지의 두 번째 간접경로에서 유의한 조절효과를 보였다(Chong et al., 2020). 구체적으로, 높은 과업지원을 받는 재택근무자들에게서는 정서적 소진이 철회행동을 높이는 해로운 관계가 완화되었다.

Chong 등(2020)은 긍정적 조절변수뿐만 아니라 부정적 조절변수도 함께 조사하였다. 코로나19 관련 과업차질이 정서적 소진으로 이어지는 첫 번째 간접경로에서 과업의존도(task interdependence)의 조절효과를 확인하였다. 과업의존도는 동료와 협력을 통해 업무를 수행하여 다른 사람들과의 상호작용에 영향을 받는 정도를 의미한다. 재택근무를 통해 대면 교류가 제한적인 상황에서 과업에 차질을 경험하는 와중에 과업의존도 역시 높다면 정서적 소진이 더욱 증가할 수 있다는 것이다. 분석결과, 가설과 같이 과업의존도가 높은 경우에는 첫 번째 매개경로의 정적 관계가 더 강화되었다(Chong et al., 2020). 종합적으로, 코로나19 관련 과업차질이 정서적 소진을 통해 다음 날의 철회행동으로 나타나는 매개모형은, 과업의존도가 높고 조직의 재택근무 과업지원이 낮은 사람들에게서 가장 강하게 나타났다.

해로운 환경적 조절변수의 두 번째는 바이러스에 대한 물리적 노출(physical exposure to the virus)이다. Chen 등(2021)은 강점사용과 직무수행 간 관계가 바이러스에 대한 물리적 노출에 의해 조절되어, 노출 빈도가 더 잦을수록 관계가 강화된다는 것을 밝혔다. 그렇지만 연구에서 사용한 다른 세 개의 준거변수인 철회행동, 회복탄력성, 그리고 번영에서는 이와 같은 조절효과가 나타나지 않았다(Chen et al., 2021).

부정적 환경요인으로 사용된 마지막 조절변수는 시간 그 자체이다. Fu 등(2021)은 코로나19 관련 예측변수가 불안을 통해 준거변수로 이어지는 매개효과의 강도가 시간에 따라 다르게 나타난다고 보고하였다. 코로나19 확진 숫자의 평균 수준에 의한 간접효과는 시간이 지남에 따라 감소하였으나, 코로나19 확진 숫자의 속도 및 가속도에 의한 간접효과는 시간에 따라 더 증가하였다(Fu et al., 2021).

Wanberg 등(2020)은 교육수준과 가정수입(household income)의 두 가지 인구통계학적 정보를 조절변수로 설정하였는데, 구체적인 조절효과의 방향은 완화와 강화 모두 가능할 것으로 추정하였다. 따라서 두 가지 대립가설을 설정하여 어떤 관계가 나타나는지 확인하였다. 예측변수인 전염병 유행의 전후 시간은 우울증상과 생활만족에 영향을 주어, 팬데믹 이후에 우울증상이 증가하고 생활만족이 감소하였다(Wanberg et al., 2020). 이러한 관계는 교육수준이 높은 경우에 더 강화되었다. 즉, 교육을 더 많이 받은 사람들이 팬데믹의 영향을 더 크게 받아서 우울증상이 더 많이 증가하고, 생활만족이 더 많이 감소하였다. 수입은 교육수준과 같은 조절효과를 보이지 않았는데, 추가분석을 통해 시간에 따른 생활만족의 변화량이 수입과 비선형적인 관계를 갖는다는 것을 발견하였다. 수입이 중간수준에서 상위수준으로 갈수록 감소폭이 더 커졌다(Wanberg et al., 2020).

요컨대, 코로나19 관련 스트레스원이 준거변수로 이어지는 경로를 변화시키는 다양한 조절변수들이 존재한다. 여러 가지 개인자원들이 순기능을 하여 코로나19의 영향을 약화시킬 수 있다. 여기에는 주도적 성격(Chen et al., 2021), 자기연민(Andel et al., 2021)과 같은 개인차 성격 요인과 손씻기 빈도(Trougakos et al., 2020)와 같은 개인 위생행동 등이 포함된다. 또한 환경적 자원으로는 조직의 지원(Chen et al., 2021; Chong et al., 2020)이나 상사의 리더십 스타일(Hu et al., 2020)이 도움이 된다. 반면, 코로나19 전후의 시간(Fu et al., 2021), 바이러스에 대한 노출빈도(Chen et al., 2021), 과업의존도(Chong et al., 2020), 교육수준(Wanberg et al., 2020), 그리고 가정수입(Wanberg et al., 2020)은 코로나19의 영향을 더 악화시키는 부정적 환경요인으로 작용하였다.

여기까지 정리한 총 10개의 연구는 일기법이나 다회 설문조사를 바탕으로 한다. 따라서 일회 설문에 비해 인과관계에 대한 확신을 조금 더 가질 수는 있다. 그럼에도 불구하고 엄격한 실험연구처럼 인과관계를 확인할 수는 없다는 단점이 있다.

개입 등 기타 연구

이 절에서는 개인 수준의 분석을 시행한 연구 중 일기법이나 다회 설문조사가 아닌 다른 방법을 사용한 연구들을 정리한다. 여기에는 총 네 개의 연구가 포함된다.

앞에서 설명한 Hu 등(2020)의 논문은 총 세 개의 연구를 포함하고 있고, 여태까지 연구 1을 위주로 소개하였다. 중국 IT 직원들을 대상으로 일기법을 사용한 연구 1과 달리, 연구 2와 연구 3은 미국 표본을 바탕으로 현장실험설계(field experimental design)를 사용한 개입연구이다. 코로나19로 촉발된 사망의 현저성과 서번트 리더십의 4×4 상호작용은 총 네 가지 경우 중 세 경우에서 유의하게 나타났다(Hu et al., 2020). 연구 2에서는 직무열의와 친사회적 행동 모두에서 유의한 상호작용이 확인되었고, 연구 3에서는 친사회적 행동에서만 상호작용이 유의했다. 모든 유의한 상호작용의 방향이 가설과 같아서, 서번트 리더십이 높은 경우에는 사망의 현저성이 증가할 때에도 긍정적 준거변수가 증가하는 정적 관계가 관찰되었다(Hu et al., 2020). 현장연구는 실제 직원을 대상으로 한다는 점에서 외적 타당도(external validity)가 높고, 실험연구는 예측변수의 조작(manipulation)과 각 예측변수의 조건에 대한 참가자 무선할당(random assignment)을 통해 인과관계를 확고히 한다는 점에서 내적 타당도(internal validity)가 높다. 이렇게 현장실험연구를 통해 연구 1의 결과를 반복 확인하였다는 것은 결과가 우연히 나타났을 확률을 낮춘다. 뿐만 아니라, 중국과 미국 두 나라에서 표본을 모집하였기 때문에 국가나 문화에 상관없이 서번트 리더십이 자원의 역할을 할 수 있다는 것을 보여준다.

Liu 등(2021)은 중국에서 중환자실 직원들을 대상으로 위기관리(crisis management) 개입 및 일의 의미(work meaningfulness) 개입이 직무열의 및 업무담당(taking charge of work)을 높인다는 것을 보여주었다. 개입은 병원의 부원장이 편지나 상담 세션을 통해 각 개입에 해당하는 내용을 강조하는 메시지를 전달하는 방법으로 행해졌다(Liu et al., 2021). 이 역시 현장실험설계로 내적 타당도 및 외적 타당도가 모두 높은 양질의 연구가 수행되었다.

Hennekam 등의 연구(2020)도 병원 의료진들을 조사하였다. 이 연구는 프랑스의 두 병원을 대상으로 하였으며, 주관식 문항을 통해 질적 탐색(qualitative exploratory)을 하였다. 의사가 아닌 의료종사자들을 대상으로 이전에는 직장에서 투명인간처럼 대중의 눈에 보이지 않다가 갑작스런 영웅 대접(sudden hero status)을 받는 변화에 대한 인식을 조사한 결과, 이러한 변화가 임시적이라며 회의감을 드러냈다고 한다(Hennekam et al., 2020). 이 연구는 드물게 유럽에서 시행되었고 의료진의 지위 변화에 대한 인식을 직접적으로 연구하였다는 데 의의가 있다.

마지막으로, 일-가정 접점(work-family interface)에 대한 연구가 있다(Vaziri et al., 2020). 이 논문은 연구 1과 연구 2로 구성되어, 연구 1에서는 팬데믹 이전에 미국 내 직장인 379명을 대상으로 일회 설문조사를 통해 일-가정 접점의 프로파일을 조사하였고, 연구 2에서는 미국 내 직장인 583명의 단일집단 대상으로 이러한 프로파일의 팬데믹 전후 차이를 비교하는 유사실험을 진행하였다. 먼저, 연구 1은 가정으로부터 일(family to work), 일로부터 가정(work to family)의 양방향에 대한 갈등(conflict)과 확충(enrichment)에 대한 응답을 측정하여 총 세 가지의 프로파일 유형을 식별했다. 이 유형들은 각각 이로운(beneficial), 활발한(active), 그리고 수동적인(passive) 집단으로 명명되었다. 이로운 집단은 갈등은 낮고 확충은 높다. 활발한 집단은 갈등과 확충 모두 중간 정도이다. 마지막으로 수동적인 집단은 갈등과 확충 모두 낮다. 연구 2에서 팬데믹 전후로 이런 유형의 변화를 살펴본 결과, 많은 사람들이 팬데믹 동안에도 동일한 유형으로 남아 있었다. 즉, 활발한 집단의 81.5%, 수동적 집단의 74.9%, 그리고 이로운 집단의 87.1%는 동일한 프로파일을 보였다. 그렇지만 수동적인 집단에서 이로운 집단으로의 긍정적인 전환(transition)이나 이로운 집단에서 수동적인 집단으로의 부정적인 전환 모두 낮은 비율이나마 발생하였다. 긍정적인 전환은 긍정적인 결과와 관련이 되어, 높은 직무만족(job satisfaction)이나 낮은 이직의도(turnover intention)를 보였고, 부정적인 전환은 직무만족 및 직무수행과 부적 관계를 보이고, 이직의도와 정적 관계를 보였다(Vaziri et al., 2020). 코로나19를 겪으면서 일과 가정에서의 역할에 변화를 겪은 사람들이 많음에도 사생활과 일의 영역에서 상호교류의 양상이 크게 변화하지 않는다는 결과와, 변한 사람들의 경우 이러한 유형의 변화가 여러 가지 준거변수와 유의하게 관련이 된다는 결과를 밝힌 것이 이 연구의 의의이다.

집단 수준의 연구결과

〈표 4.1〉에 정리된 논문 중 집단 수준의 분석을 시행한 연구는 총 여섯 개로, 각 연구당 한 개씩의 표본이 집단 수준 분석에 사용되었다. 즉, 본 절에서는 총 여섯 개의 집단 수준 연구를 정리할 것이다. 이 중 한 개의 연구(Liu et al., 2021)는 다른 표본으로 개인 수준의 분석도 실시했기 때문에 앞에서 이미 언급이 되었다. 그 외 다섯 개의 연구는 본 절에서 처음으로 소개한다.

우선, 두 개의 연구(Liu et al., 2021; Yuan et al., 2021)는 상사-직원 짝(supervisor-employee dyad)을 이루어 분석에 사용하였다. Yuan 등(2021)은 중국 우한시의 다양한 산업체 353쌍의 상사-직원을

대상으로 일주일 간격의 세 차례 설문조사를 실시하였다. 업무로의 복귀(reattachment to work)가 직무열의를 통해 세 가지 다른 준거변수로 이어지는 매개모형의 첫 번째 경로에서 리더의 안전몰입(leader safety commitment)의 조절효과를 조사하였다. 부하직원들이 지각한 리더의 안전몰입은 업무로의 복귀에서 직무열의로 이어지는 관계를 강화하였다. 준거변수로는 업무철회(work withdrawal), 개인 보호장비 사용(personal protective equipment use), 그리고 과업수행이 사용되었고, 이 가운데 개인 보호장비 사용은 마스크 착용을 의미한다. 개입 등 기타연구에서 한 번 소개한 Liu 등(2021)의 연구 1은 코로나19 위기의 강도(COVID−19 crisis strength)가 직무열의 및 업무담당에 미치는 효과가 일의 의미에 의해 조절되는지를 조사하였다. 코로나19 위기의 강도는 이 스트레스원(= 코로나19)이 개인에게 직접적으로 영향을 미치는 정도에 대한 지각을 의미한다(Liu et al., 2021). 중국 청두시(Chengdu)의 258명의 간호사 및 그들의 직속상사인 26명의 수석간호사(head nurse)들을 대상으로 한 설문조사를 통해, 코로나19 위기의 강도가 직무열의와 업무담당을 감소시켰으나, 일의 의미가 이를 완화할 수 있음을 밝혔다(Liu et al., 2021). 두 연구 모두에서 한 개의 준거변수는 상사에 의해 평정되었다. 즉, Liu 등(2021)의 연구에서 사용한 업무담당 및 Yuan 등(2021)의 연구에서 사용한 과업수행은 모두 상사가 측정하였다. 또한, Liu 등(2021)이 통제변수로 사용한 팀규모(team size) 및 팀기간(team age)도 상사에 의해 보고되었다.

Shockley 등(2021)은 미국에서 여섯 살 미만의 어린 자녀가 있는 맞벌이 부부 274쌍의 질적 응답을 바탕으로 일-가정 관리 전략의 측면에서 일곱 가지 유형의 집단을 식별했다. 유형을 구분한 기준은 원격근무(remote work), 교대변화(shift change), 근무시간 변화(amount hours change), 그리고 가사노동의 분담(division of labor specific)이었다. 도출된 유형 중 일부는 전통적인 성역할 등 가사 분담에 성차를 보이고 있는 반면, 세 개는 상대적으로 평등한 범주(egalitarian categories)에 속하며, 이들이 표본의 44.5%를 차지하였다. 또한, 이들 중 133쌍은 약 7주 후에 자신의 웰빙과 직무수행 수준을 보고하였다. 분석결과, "아내가 원격근무를 하면서 모든 가사노동을 하는 집단(Wife Remote and Does It All)"의 여성이 가장 낮은 웰빙과 직무수행을 보였다. 준거변수를 건강으로만 국한하면, "원격근무를 하지 않고 시간을 단축하면서 번갈아 근무하는 집단(Alternating Working Days While Not Remote and Reducing Hours)"의 남편과 아내 모두 좋은 결과를 보였다(Shockley et al., 2021).

한 연구는 조직 자체를 분석단위로 사용하였다(McFarland et al., 2020). McFarland 등(2020)은 16주 동안 14개 조직의 취업지원서(job application)를 분석하였다. 각 주(0주차, 1주차 등)를 예측변수로 놓고 주당 지원서의 숫자를 준거변수로 하여 설정한 후, 직무유형(job type)을 조절변수로 모형화하여 조직수준의 분석(N = 14)을 실시하였다. 직무유형은 물리적 접촉을 기준으로 구분하여, 대면 직무(face-to-face job)를 0으로 지정하고 재택에서 수행하는 직무(work-from-home job)를 1로 지정하여 더미코딩(dummy-coding)

을 하였다. 그 결과, 코로나19의 발병으로 구직활동(job search behavior)이 증가하였으며, 이러한 경향은 대면 직무보다 재택에서 수행하는 직무에서 더 강하게 나타났다(McFarland et al., 2020).

마지막으로, 미국 표본을 사용한 두 개의 연구는 주(States)를 분석단위로 사용하였다. Probst 등(2020)은 경제적 스트레스원(economic stressor)이 질병관리본부(Centers for Disease Control and Prevention, CDC)의 지침준수(compliance with CDC guidelines)에 미치는 악영향에서 각 주의 혜택이나 제한의 조절효과를 조사하였다. 경제적 스트레스원은 직무불안정(job insecurity)과 재정불안정(financial insecurity)으로 측정하였다. 개인 수준에서($N_{1\text{수준}}$ = 745), 직무불안정은 CDC 지침준수에 부적인 관계를 보였으나, 주 차원($N_{2\text{수준}}$ = 43)의 실업보험혜택(unemployment benefits)은 이 관계를 완충하였다. 또한, 재정불안정 역시 CDC 지침준수와 부적인 관계를 보였는데, 코로나 관련 제한(COVID-related restrictions)이 이 관계를 악화시켰다. 코로나 관련 제한은 직무불안정이 CDC 지침준수에 미치는 영향도 악화시킬 것으로 예상하였으나, 가설과 달리 이 관계는 유의하지 않았다(Probst et al., 2020). 이 연구는 개인의 코로나19 대응에 미치는 지방정부의 영향을 직접적으로 확인한 것이다. 이러한 결과로부터 국내 지방자치단체의 긴급재난지원사업이나 방역수준 등의 규제가 구성원에게 미치는 효과를 유추해볼 수 있다.

또 다른 주 단위 연구로 주지사의 성별에 따른 코로나19 대응 및 결과에 대한 양적(quantitative) 및 질적 분석(qualitative analyses)

이 있다. Sergent와 Stajkovic(2020)은 미국의 55개 주를 대상으로 공공자료(public data) 및 주지사 브리핑(governor briefings)을 분석하였다. 우선, 공공자료에 대한 양적 분석에 따르면, 남성 주지사가 있는 주보다 여성 주지사가 있는 주가 코로나19 사망자가 더 적었다. 이것은 초기에 자택대피령(stay-at-home orders)을 내린 경우를 비교해도 마찬가지였다. 또한 주지사 브리핑에 대한 질적 분석에 따르면, 여성 주지사들이 더 많은 공감(empathy)과 자신감(confidence)을 표현한 것으로 나타났다(Sergent & Stajkovic, 2020). 공감은 타인의 감정을 인식하는 정도로, 연구자들은 여성 주지사가 표현한 공감과 자신감이, 위기 상황에서 대응력을 갖고 있음에도 개인이 갖고 있는 의심에 효과적으로 작용한 것으로 추정하였다(Sergent & Stajkovic, 2020). 이는 각 지방정부의 리더십 역시 개인에게 실질적인 영향력을 미칠 수 있음을 보여준다. 나아가 위기 상황에서 여성 리더십의 효과성을 보여주었다(Sergent & Stajkovic, 2020).

여기에서 정리한 연구들은 다양한 주제를 다루고 있어 하나의 공통 주제를 도출할 수는 없다. 그렇지만 가장 많이 반복된 연구 주제는 조직 수준의 관리나 리더십의 중요성이다. 총 여섯 개 중 세 연구(Probst et al., 2020; Sergent & Stajkovic, 2020; Yuan et al., 2021)가 개인의 행동이나 결과에 미치는 조직 혹은 리더의 영향력을 다루고 있다. 또한 집단 수준 분석에서 유일한 맞벌이 부부 연구는 위기 상황에서 서로 근무 시간을 조율해가면서 가사노동을 평등하게 분담해야 할 필요성을 보여준다(Shockley et al., 2021).

집단 수준의 분석은 집단의 숫자가 표본숫자가 되기 때문에 연구에 어려움이 많다. 일정 수준 이상의 표본을 마련하지 않으면 통계적인 결과를 찾기 힘든 동시에, 여러 개의 동등한 집단을 모집하는 것도 현실적인 제약이 많기 때문이다. 따라서 미국의 주정부 단위 연구나 14개 조직을 대상으로 한 지원서 분석 등은 그 자체로도 의미가 깊다. 상사–직원 짝과 부부 연구는 산/조에서 비교적 많이 연구되고 있음에도 불구하고 역시 실행하기 쉬운 설계는 아니다. 따라서 여기에서 언급한 여섯 개의 연구들은 모두 그 나름대로 귀중한 결과를 제공하고 있다.

국내 연구

한국 산업 및 조직심리학회에서 2022년 8월에 출판한《한국심리학회지: 산업 및 조직》학술지는 "팬데믹 시대의 일과 삶"을 주제로 하는 특별이슈를 포함하고 있다. 포스트 코로나 시대를 준비하며 마련한 특집에 총 아홉 편의 논문이 게재되었다. 이 가운데 한 편은 중국 내 직원들로부터 자료수집을 진행하였다(이자현, 정구혁, 2022). 국내 연구진들이 시행하였음에도 국내 직업인구를 대상으로 하지 않았기 때문에 이 한 편의 연구는 국내 코로나19 상황이나 기업문화와는 거리가 있고, 따라서 본 고찰에서 제외한다. 다른 한 편은 개관연구로 비동시적(asynchronous) 비디오 면접에 인공지능(artificial intelligence) 기술을 활용하는 방안에 대한 국내외 현황을 개관하고 있다(문혜진, 남상희, 2022). 이 연구는 문헌고찰에 기반하여 경험자료가 포함되지 않았으므로 제외하였다. 또한, 코로나19 상황에서 대학생의 회복에 대한 연구가 있었다(지서현, 이선희, 2022). 이 연구는 파트타임 근무자 등 직업인구를 대상으로 하지 않았고, 회복 역시 업무상황에 국한되지 않았기 때문에 제외한다. 학생을 대상으로 한 연구가 또 있었으나, 이 연구는 선발(selection)을 주제로 하고 있다(정다정 등, 2022). 이는 기업선발에도 적용할 수 있는 내용이므로 포함하여 정리하였다. 그 외 나머지 다섯 편의 논문들은 모두 국내 직업인구를 대상으로 자료수집을 하였다. 본 절에서는 이 여섯 편의 국내 연구결과를 소개할 것이다.

국내 코로나19 연구의 특이점은 코로나19 관련 스트레스에 초점을 맞추기보다 코로나19로 변화된 업무환경인 비대면 상황에 주목하고 있다는 것이다. 한 편의 연구(정예슬, 박지영, 2022)를 제외하고는 모두 비대면 채용절차(정다정 등, 2022)나 상호작용(이종현, 황재상, 2022), 재택근무 혹은 원격근무(노은경, 이기학, 2022; 송세경, 송지훈, 2022; 이승희, 박형인, 2022)를 연구의 핵심주제로 다루고 있다.

예외에 해당하는 정예슬과 박지영의 연구(2022)는 코로나19 기간에 입사한 신입사원 232명을 대상으로 코로나19에 대한 불안이 조직사회화에 미치는 영향을 조사하였다. 이는 코로나19 관련 건강불안을 예측변수로 활용한 Trougakos 등의 연구(2020)와 비슷하다. 정예슬과 박지영(2022)은 확진자 상황과 방역대책이 지방정부에 따라 다를 수 있으므로 서울 및 경기도 소재 회사에 재직 중인 사원들로 대상을 한정하였다. 현 직장이 첫 번째 직장이면서 재직 기간이 3개월에서 12개월 사이인 근무자를 신입사원으로 개념화하였다. 조직사회화의 지표로는 역할명확성, 과업숙달, 그리고 관계구축이 활용되었다. 코로나19에 대한 불안은 정서적 소진을 매개로 과업숙달 및 관계구축에 영향을 미쳤다. 상사의 정서적 지지는 이 매개모형의 첫 번째 경로를 완화하였으나, 상사의 도구적 지지는 가설과 달리 동일한 관계를 강화하였다(정예슬, 박지영, 2022). 성과 달성에 도움을 주는 도구적 지지는 팬데믹과 같은 위기 상황에서는 오히려 압박으로 작용할 가능성이 엿보이는 결과이다.

비대면 선발과 관련된 연구는 실시간 상호작용이 아닌 비동시적으로 사용되는 면접도구를 다루고 있다(정다정 등, 2022). 이 연구는 비대면 및 비동시적 면접의 구체적인 특징에 따라서 참가자들의 반응 및 행동이 달라지는지를 조사하였다. 학부생 및 대학원생으로 구성된 91명의 참가자들을 세 집단에 무선할당하여, 문구, 가상 인물 영상, 그리고 실제 인물 영상으로 진행되는 면접 프로그램의 효과를 살펴보았다. 조건별로 인상관리(impression management)에는 유의한 차이가 없었지만, 다른 반응에 있어서는 실제 인물의 영상을 본 집단이 가장 긍정적이었던 것으로 나타났다. 미리 녹화된 영상을 통해 똑같은 질문을 듣고 대답하는 일방향적인 의사소통에도 불구하고 조건에 따라 대우(interpersonal treatment) 등을 다르게 지각한다는 본 연구의 결과는 아직까지는 면접과 같은 중요한 사회적 상황에 있어 실제 사람과의 상호작용을 더 선호한다는 것을 암시한다(정다정 등, 2022).

조직 내 또 다른 중요한 사회적 상황으로 회의가 있다. 이종현과 황재상(2022)의 연구는 회의유형별 참가빈도를 바탕으로 프로파일 분석을 시행하여 참가자들을 네 가지 집단으로 구분하였다. 여기에는 민간 혹은 공공기관 종사자 445명의 자료가 분석되었다. 이들을 한 달 뒤 2차 설문조사에 초청하여 불성실 응답 등을 제거하고 204명의 자료를 바탕으로 프로파일 집단에서 회의방식에 따라 회의의 효과에 차이가 있는지 확인하였다. 회의방식은 대면 혹은 비대면으로 구별하였고, 결과변수로는 회의만족, 회의효과성, 그리고 직무탈진을 사용하였다. 회의의 효과로 사용된 세 가지 지표에서 네 프로파일 집단 간 차이는 유의하게 나타나지 않았다. 그렇지만 정보공유 회의에 가장 많이 참여하는 집단에서는 대면 회의에 비해 비대면 회의에서 회의효과성을 더 높게 보고한 동시에 직무탈진은 더 낮게 보고하였다. 또한, 전체 참가자들을 대상으로 성별에 따라서 회의방식이 효과에 미치는 관계가 달라지는지를 분석한 결과, 남성의 경우 대면보다 비대면 회의에서 회의만족이 더 높아지는 반면, 여성의 경우 더 낮아지는 양상이 관찰되었다(이종현, 황재상, 2022).

마지막 세 연구는 모두 정보통신기술(information and communication technology, ICT)을 활용하여 업무 공간이 아닌 다른 곳에서 근무를 하는 방식에 대해 다루고 있는데(노은경, 이기학, 2022; 송세경, 송지훈, 2022; 이승희, 박형인, 2022), 각 연구에서 사용하고 있는 용어는 재택근무나 원격근무 등 차이가 있다. 특히, 노은경과 이기학의 연구(2022)는 영어로는 remote work로 표현하면서 한글로는 재택근무로 번역하였다. 엄밀하게 말하자면, 원격근무는 ICT를 사용하지 않고서도 가능하다(Vartiainen, 2021). 따라서 다른 용어에도 불구하고, 이 세 연구는 모두 내용적으로는 재택근무에 초점을 맞추고 있다. 재택근무는 유연근무제(flextime)의 일종으로, ICT를 사용하여 업무 공간이 아닌 장소에서 업무를 수행하는 것이다(Bailey & Kurland, 2002; Gajendran & Harrison, 2007).

송세경과 송지훈(2022)은 업무의 일부나 전체를 원격근무로 수행하는 근속기간 6개월 이상의 기업 근로자 300명을 대상으로 직장 내 고립(isolation)과 직무열의를 측정하였다. 분석 결과, 물리적 고립은 사회적 고립과 정적 상관이 있었으며, 사회적 고립은 전문적 고립과 정적 상관이 있었다. 나아가 사회적 고립은 직무열의와는 부적 상관이 있었다. 나아가, 주관식 질문을 통해 직장 내 고립감에 대한 인식을 조사하였다.

노은경과 이기학(2022) 역시 고립에 대해 연구하였다. 이들은 코로나19로 인한 의무적 재택근무는 이전의 재량적 재택근무와는 다를 수 있다는 데 주목하였다. 또한 일부 재택근무자와 전체 재택근무자는 고립에 대한 경험이 다를 수 있기 때문에, 전체 재택근무를 하는 162명의 종업원들을 대상으로 온라인 설문조사를 실시하였다. 분석 결과, 전문적 고립이 심리적 권한위임(psychological empowerment) 및 정서적 조직몰입을 순차적으로 거쳐 OCB에 영향을 주는 매개모형이 지지되었다. 즉, 전문적 고립은 심리적 권한위임과 정서적 조직몰입을 낮췄으며, 이 두 매개변수를 통해

OCB에도 간접효과를 가졌다(노은경, 이기학, 2022).

마지막으로, 이승희와 박형인(2022)의 연구는 재택근무가 일-가정 갈등(work-family conflict)에 미치는 효과가 혼재된 이유를 밝히고자 일-가정 경계 특성인 침투성(permeability)과 유연성(flexibility)을 조절변수로 조사하였다. 재택근무 상황에서도 적용할 수 있는 업무 주변 경계(border around work)에서의 침투성과 유연성을 활용하여, 침투성을 낮게 지각하면 재택근무와 일-가정 갈등 간 부적 관계가 나타나는 반면, 유연성을 낮게 지각하면 재택근무와 일-가정 갈등 간 정적 관계가 나타날 것으로 가정하였다. 이 연구가 다른 재택근무 연구와 가지는 차이점은, 표본을 단순히 재택근무자로 선정한 데 그치지 않고(주 일회 이상 재택근무를 수행하는 만 19세 이상의 국내 근무자로 한정), 재택근무를 계량화한 것이다. 즉, 지난 일주일 동안 업무 장소가 아닌 다른 공간에서 온라인으로 업무를 수행한 비율을 측정하여 이를 예측변수로 사용하였다. 분석 결과, 재택근무 비율이 일을 방해하는 가정(family interfering with work, FIW)에 미치는 효과가 유연성에 의해 조절되어, 유연성을 낮게 지각하면 재택근무와 FIW 간 관계가 정적으로 나타나서 재택근무에 따라 일-가정 갈등이 증가하였다. 반면, 유연성을 높게 지각할 경우 재택근무와 FIW 간 관계는 유의하지 않았다(이승희, 박형인, 2022).

코로나19 이후로 비대면 근무가 증가하였고, 국내외 설문조사는 기업이 코로나19의 종식 이후에도 이러한 방식을 계속 사용할 것임을 예상하게 한다(이승희, 박형인, 2022). 비대면 근무환경에 초점을 맞춘 위와 같은 국내 연구들은 포스트 코로나 시대 변화된 업무환경을 보다 효율적으로 설계하기 위해서는 어떤 요소들이 고려되어야 하는지를 보여준다.

4. 개입전략에 대한 함의

여기에서 정리한 18편의 해외 연구들이 가장 뚜렷하게 드러내고 있는 결과는, 코로나19 관련 스트레스원이 조직구성원의 수행 및 건강에 악영향을 미친다는 것이다. 코로나19 발병 자체(전후 시간), 확진자 숫자, 코로나19 관련 과업차질 등은 개인의 긍정적 행동과 건강 수준을 감소시키고 부정적 결과를 증가시켰다(예, Andel et al., 2021; Caldas et al., 2021; Chong et al., 2020; Fu et al., 2021).

그렇다면 이러한 관계의 기제는 무엇인가? 코로나19 관련 스트레스원이 결과로 이어지는 경로의 핵심기제 중 한 범주는 개인의 부정적 정서인 것으로 보인다. 가장 많이 조사된 매개변수는 불안, 소진, 그리고 고독이었다(예, Andel et al., 2021; Chong et al., 2020; Fu et al., 2021; Hu et al., 2020). 즉, 코로나19 관련 스트레스원이 개인의 수행과 건강에 악영향을 미치는 이유는 코로나19로 인해 유발되는 부정적 감정 때문이었다. 방역지침으로 자택대비

령과 재택근무를 하면서 외로움을 느낀다거나, 늘어난 업무량으로 인해 정서적으로 소진된다거나, 혹은 확진자 숫자와 사망률의 증가 등에 기인한 불안으로 인해 조직구성원들이 제대로 수행하지 못하거나 건강을 해치게 된 것이다. 이와 같은 결과는 국내 연구에서도 재확인되었다(정예슬, 박지영, 2022).

이러한 기제의 발견은 그 중간 고리를 끊어줌으로써 개입할 수 있는 가능성을 높여 준다. 물론, 가장 근본적인 해결책은 코로나19가 종식되어 이로 인한 스트레스원이 모두 사라지는 것이다. 그렇지만 2년이 넘도록 계속해서 변이가 나타나고 종식되고 있지 않은 상황에서는(2022년 가을 탈고 당시), 코로나19가 부정적 정서로 이어지는 경로나 아니면 부정적 정서가 발생한 다음에도 정서가 최종 준거변수로 이어지는 경로를 완화시키는 것, 혹은 코로나19 관련 스트레스원이 준거변수로 이어지는 직접경로를 완충시키는 것이 더 현실적인 해결책이다. 다시 말해, 직접경로 혹은 간접경로에서의 조절변수를 찾는 것이 필요하다.

이러한 연결고리를 끊을 수 있는 개인적 수준의 노력으로는 보호적 성격이나 행동을 함양하는 것으로, 조직은 직원이 통제할 수 있는 성격과 행동을 촉진하기 위한 워크숍을 제공할 필요가 있다. 구체적인 예시로는, 개인이 자기연민(Andel et al., 2021)이나 주도적 성격(Chen et al., 2021)을 함양하거나 자주 손을 씻는 습관(Trougakos et al., 2020)을 들이는 것이다. 성격 혹은 개인차 요인을 바꾸는 것이 단기간에 쉽게 되는 것은 아니겠으나, 워크숍 등 교육과 훈련을 통해 얼마든지 개발 가능하기는 하다(예, Cartwright &

Cooper, 2005; Crain et al., 2017).

집단 수준의 맥락적 조절변수로는 리더의 역할이 존재한다. 직원이 지각한 리더의 안전몰입(Yuan et al., 2021)이나 서번트 리더십(Hu et al., 2020)의 수준, 혹은 리더의 공감적 표현(Sergent & Stajkovic, 2020) 등도 코로나19의 악영향을 완충할 수 있는 좋은 자원이 된다. 국내 연구 역시 상사의 정서적 지지가 코로나19의 불안이 미치는 부정적 영향을 완화하는 데 도움을 준다는 결과를 보고하였다(정예슬, 박지영, 2022). 그렇지만 도구적 지지는 이와 반대의 결과를 보였기 때문에, 상사의 지지가 모두 같은 기능을 하지는 않는 것으로 나타났다(정예슬, 박지영, 2022). 즉, 상사는 코로나19로 인한 부정적 영향을 줄일 수도 혹은 늘릴 수도 있는 존재로, 이 역시 리더의 역할이 중요하다는 주장을 뒷받침한다.

더 거시적으로 조직 수준의 지지자원을 제공해주는 방안도 있다. 조직의 재택근무 과업지원(Chong et al., 2020)과 주정부의 경제적 혜택(Probst et al., 2020) 등 조직적 차원에서 제공된 자원 역시 코로나19 관련 스트레스원으로 인한 결과에 차이를 가져왔다. 따라서 기업이나 지방정부의 지지 정책은 구성원들에게 실질적인 도움이 될 것이다.

이렇듯 본 장에서 정리한 연구들을 통해 개인이나 조직이 통제할 수 있는 개입전략이 확인되었다. 따라서 이를 활용하여 코로나19에 대한 대응책을 마련할 수 있다. 특히, 각 기업은 코로나19가 개인과 집단에 가져올 수 있는 영향력을 줄이기 위해서 현실적으로 가능한 수준에서 다양한 지원책을 제공해주는 것이 좋다.

5. 후속 연구방안 제언

본 장에서 정리한 연구들은 전략적인 검색을 통해 선정된 양질의 논문에서 발표한 성과물이다. 그러므로 각 연구의 주제, 설계, 결과 등의 요소가 높은 수준을 보이고 있다. 나아가 연구들을 통합하여 비교하였을 때에도 다채로운 주제를 다루고 흥미로운 방법을 사용하여 서로 보완적이다. 그럼에도 불구하고 부족한 점이 있으며, 본 절에서는 이러한 단점을 바탕으로 후속 연구방안을 권고하고자 한다.

첫째, 해외 연구는 의료종사자(예, Caldas et al., 2021; Chen et al., 2021), 재택근무자(Chong et al., 2020), 교직원(Anicich et al., 2020), IT 직원(Hu et al., 2020) 등 다양한 직업군을 조사하였지만, 소상공인과 직원들을 특정한 연구가 없었다. 다양한 산업체와 조직에서 두루 표집한 연구들이 있으므로(예, Fu et al., 2021; Trougakos et al., 2020) 중소기업의 직원들은 연구에 포함이 되었을 것으로 추정한다. 그렇지만 코로나19로 인해 타격을 많이 받은 자영업자들을 대상으로 한 연구가 없었던 점은 아쉽다. 사회적 거리두기가 자영업자들에게 많은 영향을 미쳤으므로 이들을 대상으로 한 연구가 필요하다. 한편, 국내 연구는 신입사원(정예슬, 박지영, 2022), 재택근무자(노은경, 이기학, 2022; 송세경, 송지훈, 2022; 이승희, 박형인, 2022) 등으로 대상을 한정하거나 특별한 한정 없이 다양한 직종의 근무자들을 대상으로 하였다(이종현, 황재상, 2022). 의료종사자 등 특정 직군에는 코로나19가 더 직접적인 영향을 미쳤을 수 있으므로, 해외 연구처럼 구체적인 직업군을 대상으로 조사하는 것도 필요하다.

둘째, 대부분의 국외 연구가 미국(예, Andel et al., 2021; Anicich et al., 2020; Cladas et al., 2021)이나 중국(예, Chen et al., 2021; Liu et al., 2021)에서 자료수집을 진행하였다. 드물게, 싱가포르(Chong et al., 2020), 프랑스(Hennekam et al., 2020), 캐나다(Trougakos et al., 2020)에서 시행한 연구도 한 개씩 있었다. 그렇다고 해도 대부분 북미나 아시아 국가에서 조사된 것이다. 중동 등 중국을 제외한 아시아 국가, 서유럽 국가들과 다른 정책을 펼치고 있는 동유럽이나 북유럽의 국가, 그 밖에도 아프리카, 오세아니아 대륙에 위치한 국가들을 연구할 필요가 있다. 만약 한 연구에서 다양한 국가들을 포함할 수 있다면, 국가별 차이를 중심으로 한 국가 수준의 분석도 흥미로운 결과를 보여줄 수 있을 것이다.

현장실험연구(Hu et al., 2020; Liu et al., 2021)가 있었으나, 아직은 양적으로 많이 부족하다. 국내의 경우, 학생을 대상으로 한 연구실실험연구(정다정 등, 2022)가 있었다. 내적 타당도가 높은 연구가 많이 시행될수록 개입방안의 인과적 효과를 더 확실히 확인할 수 있다. 본 장에서 정리한 연구들의 결과를 적용하여 개입의 효과성을 조사하는 현장실험연구가 국내외적으로 더 필요하다. 만약 현장실험연구가 어렵다면, 직업인구를 대상으로 현장에서 시행하는 유사실험을 통해서라도 개입 프로그램의 효과를 확인하는 것을 추천한다.

추가로, 국내 연구가 비대면 상황에 주로 초점을 맞췄다는 것은 다소 아쉽다. 장기간 지속되는 전염병의 존재는 매우 이례적이고도 중대한 상황인 만큼, 이러한 스트레스원에 대처하기 위한 자원이나 기제에 대한 연구가 더 많이 필요하다. 해외 연구의 결과가 국내 직업인구에 그대로 적용되는 경우도 있겠으나, 이 역시 반복연구를 통한 확인이 요구된다. 따라서 국내에서도 코로나19 관련 스트레스원을 집중적으로 다루는 연구가 확대되기를 바란다.

마지막으로, 전염병이 이렇게 오랜 기간 지속되어 전 세계적으로 영향을 미치고 있는 현상 자체가 매우 독특한 만큼, 새로운 연구주제도 많이 나올 가능성이 있다. 여러 질적 연구나 탐색적 조사를 통해 어떤 주제를 더 다뤄야 하는지를 알아보는 것도 필요할 것이다.

6. 결언

심리학은 인간의 행동과 정신과정을 과학적으로 연구하는 학문으로, 연구결과를 생활 곳곳에 응용하여 사람들의 삶을 향상시키는 것을 궁극적인 목표로 한다. 성인의 삶을 구성하는 주요 요소인 일을 직접적으로 다루는 산/조 연구는 그만큼 실무적 함의도 높다. 이러한 연구가 학문적 담론으로 그치지 않고 실생활에 적용되어 실제 차이로 이어지게 하기 위해서는 심리학자뿐만 아니라 모든 이들의 노력이 필요하다.

심리학자는 탄탄한 이론과 엄격한 방법을 바탕으로 한 좋은 연구를 수행할 의무가 있다. 본 장에서 개관한 연구들을 살펴보면, 학자들은 코로나19의 발병과 거의 동시에 이와 관련된 다양한 연구를 설계하여 시의적절하게 연구를 수행하였고, 중요한 연구결과를 많이 도출하였다. JAP와 같은 저명 학술지들은 이러한 연구들이 빠르게 공개될 수 있도록 온라인 우선 게재를 통해 신속하게 논문을 출판하였다. 국내 학술지 역시 코로나19를 특집으로 다뤄 국내외 심리학계 모두 학문이 현실 사회의 문제를 등한시하지 않음을 보여 주었다.

연구의 집행 및 논문출판 다음에는 연구결과의 적극적 홍보가 중요하다. 즉, 이러한 연구결과를 널리 알릴 필요가 있다. 아무리 좋은 결과라고 해도 그 누구도 읽지 않고 아무도 알지 못한다면 소용이 없을 것이기 때문이다. 따라서 연구의 수행만큼이나 발견물의 홍보 역시 중요하다.

홍보 이후에는 우리 사회 각계각층의 혁신적 태도와 능동적 실천이 요구된다. 무엇이 필요한지 알면서도 변화에 저항하거나 담론만 하다가는 중요한 시기를 놓칠 수 있다. 특히, 기업의 관리자들과 지방정부의 리더들은 본 장에서 소개한 연구결과들에 주목하여 해당 조직에 요구되는 개입을 실천해야 한다. 사소한 개입은 요구되는 자원이 많지 않기 때문에 도입이 상대적으로 용이할 수 있고, 체계적이고 큰 개입은 그만큼 효과도 클 수 있다. 그러므로 조직의 환경 및 업무의 구체적 특성을 파악하여 이에 맞는 개입을 가능한 범위 안에서 적극적으로 시행하는 것이 중요하다.

제도나 지원의 도입에 있어 현실적으로는 비용의 문제가 클 것이다. 코로나19로 인해 기업이 경제적 손해를 입은 상황에서 새로운 투자는 더욱 어려울 수 있다. 그렇지만 때로는 돌아가는 길이 가장 빠른 길이 된다. 잠시 숨을 고르고 적절한 투자를 하는 것이 더 튼튼한 조직을 건설하는 데 보탬이 될 것이다. 나아가, 본 장에서 보여준 것과 같이 조직원의 건강은 수행과도 밀접한 관련이 있으므로 결국 조직의 생산성 및 수익창출에도 영향을 줄 수밖에 없다. 따라서 장기적인 안목으로 당장의 방해요인을 극복하고 근본적인 변화를 위한 투자가 필요한 시점이다.

한편, 국내 연구의 표본이나 주제의 다양성 측면에서는 아쉬움도 남는다. 물론, 양적 규모에서부터 국내 연구를 미국이나 중국의 연구와 비교하는 것은 공평하지 않다. 양적인 차이가 질적인 차이로 이어지기 쉽기 때문이다. 그럼에도 불구하고, 국내 산업 및 조직심리학자들이 간호사 등 코로나19의 직접 타격을 입은 직업군을 더 적극적으로 연구하거나 비대면 상황을 넘어서는 관련 스트레스원을 다룰 필요는 여전히 존재한다. 코로나19 관련 국내 산/조 연구는 아직도 많은 연구를 할 수 있는 가능성을 지니고 있으므로 연구가 보다 활성화될 필요가 있다.

이제 발생 2년을 훨씬 지나 3년이 되어 가고 있는 시점에서도 코로나19는 종식될 기미가 보이지 않는다(2022년 가을 탈고 당시 기준). 코로나19의 영향이 당분간 계속될 것으로 보이며, 종식 이후에도 일부 변화는 조직에 영구적으로 남을 것으로 추정된다. 코로나19를 넘어 포스트 코로나 시대에도 조직구성원의 안녕과 이를 토대로 한 조직의 안녕을 모색하기 위해서는 심리학자와 실무자들은 도출된 타당한 연구결과들을 실생활에 적절히 응용하는 행동력을 보여야 하겠다.

참고문헌

노은경, 이기학 (2022). 코로나19로 인한 재택근무 환경에서의 조직적 고립이 조직시민행동에 미치는 영향: 심리적 임파워먼트와 정서적 조직몰입의 순차적 매개효과. 한국심리학회지: 산업 및 조직, 35(3), 513-558.

문혜진, 남상희 (2022). 인공지능을 활용한 비동시적 면접 연구의 현황과 과제. 한국심리학회지: 산업 및 조직, 35(3), 385-413.

송세경, 송지훈 (2022). 원격근무에서 직장 고립에 대한 연구: 직장 고립 인식 확인과 직무 열의에 미치는 영향. 한국심리학회지: 산업 및 조직, 35(3), 559-581.

이승희, 박형인 (2022). 양날의 검으로 작용하는 재택근무: 일-가정 경계 특성의 조절효과. 한국심리학회지: 산업 및 조직, 35(3), 415-446.

이자현, 정규혁 (2022). 재택근무 효과성이 조직시민행동에 미치는 영향: 심리적 임파워먼트의 매개효과와 변혁적 리더십의 조절효과를 중심으로. 한국심리학회지: 산업 및 조직, 35(3), 465-488.

이종현, 황재상 (2022). 스마트워크 시대 직장인들의 회의에 대한 탐색적 연구: 회의유형 잠재프로파일 분석과 대면비대면 회의 차이. 한국심리학회지: 산업 및 조직, 35(3), 489-512.

정다정, 김재철, 허창구 (2022). COVID-19 팬데믹 시대의 채용트렌드, 비실시간 비대면 면접에서 면접관 영상 제공이 지원자 반응 및 인상관리 행동에 미치는 영향. 한국심리학회지: 산업 및 조직, 35(3), 355-383.

정예슬, 박지영 (2022). 신입 사원의 코로나바이러스(COVID-19)에 대한 불안과 조직사회화: 어떤 상사의 지지가 효과적인가? 한국심리학회지: 산업 및 조직, 35(3), 327-353.

지서현, 이선희 (2022). 코로나19 팬데믹 상황에서의 비대면 사회적 지식 교환과 회복에 대한 경험표집연구. 한국심리학회지: 산업 및 조직, 35(3), 447-464.

Andel, S. A., Shen, W., & Arvan, M. L. (2021). Depending on your own kindness: The moderating role of self-compassion on the within-person consequences of work loneliness during the COVID-19 pandemic. *Journal of Occupational Health Psychology, 26*(4), 276-290.

Anicich, E. M., Foulk, T. A., Osborne, M. R., Gale, J., & Schaerer, M. (2020). Getting back to the "new normal": Autonomy restoration during a global pandemic. *Journal of Applied Psychology, 105*(9), 931-943.

Bailey, D. E., & Kurland, N. B. (2002). A review of telework research: Findings, new directions and lessons for the study of modern work. *Journal of Organizational Behavior, 23*(4), 383-400.

Caldas, M. P., Ostermeier, K., & Cooper, D. (2021). When helping hurts: COVID-19 critical incident involvement and resource depletion in health care workers. *Journal of Applied Psychology, 106*(1), 29-47.

Cartwright, S., & Cooper, C. (2005). Individually targeted interventions. In J. Barling, E. K. Kelloway, & M. R. Frone (Eds.), *Handbook of work stress* (pp. 607 - 622). Thousand Oaks, CA: Sage.

Chen, N. Y.-F., Crant, J. M., Wang, N., Kou, Y., Qin, Y., Yu, J., & Sun, R. (2021). When there is a will there is a way: The role of proactive personality in combating COVID-19. *Journal of Applied Psychology, 106*(2), 199-213.

Chong, S., Huang, Y., & Chang, C.-H. (D.). (2020). Supporting interdependent telework employees: A moderated-mediation model linking daily COVID-19 task setbacks to next-day work withdrawal. *Journal of Applied Psychology, 105*(12), 1408-1422.

Crain, T. L., Schonert-Reichl, K. A., & Roeser, R. W. (2017). Cultivating teacher mindfulness: Effects of a randomized controlled trial on work, home, and sleep outcomes. *Journal of Occupational Health Psychology, 22*, 138 - 152.

Fu, S. (Q.), Greco, L. M., Lennard, A. C., & Dimotakis, N. (2021). Anxiety responses to the unfolding COVID-19 crisis: Patterns of change in the experience of prolonged exposure to stressors. *Journal of Applied Psychology, 106*(1), 48-61.

Gajendran, R. S., & Harrison, D. A. (2007). The good, the bad, and the unknown about telecommuting: Meta-analysis of psychological mediators and individual consequences. *Journal of Applied Psychology, 92*(6), 1524-1541.

Hennekam, S., Ladge, J., & Shymko, Y. (2020). From zero to hero: An exploratory study examining sudden hero status among nonphysician health care workers during the COVID-19 pandemic. *Journal of Applied Psychology, 105*(10), 1088-1100.

Hu, J., He, W., & Zhou, K. (2020). The mind, the heart, and the leader in times of crisis: How and when COVID-19-triggered mortality salience relates to state anxiety, job engagement, and prosocial behavior. *Journal of Applied Psychology, 105*(11), 1218-1233.

Kelemen, T. K., Matthews, S. H., Wan, M. (M.), & Zhang, Y. (2020). The secret life of pets: The intersection of animals and organizational life. *Journal of Organizational Behavior, 41*(7), 694-697.

Liu, D., Chen, Y., & Li, N. (2021). Tackling the negative impact of COVID-19 on work engagement and taking charge: A multi-study investigation of frontline health workers. *Journal of Applied Psychology, 106*(2), 185-198.

Maslach, C., Schaufeli, W. B., & Leiter, M. P. (2001). Job burnout. *Annual Review of Psychology, 53*, 397-422.

McFarland, L. A., Reeves, S., Porr, W. B., & Ployhart, R. E. (2020). Impact of the COVID-19 pandemic on job search behavior: An event transition perspective. *Journal of Applied Psychology, 105*(11), 1207-1217.

Probst, T. M., Lee, H. J., & Bazzoli, A. (2020). Economic stressors and the enactment of CDC-recommended COVID-19 prevention behaviors: The impact of state-level context. *Journal of Applied Psychology, 105*(12), 1397-1407.

Sergent, K., & Stajkovic, A. D. (2020). Women's leadership is associated with fewer deaths during the COVID-19 crisis: Quantitative and qualitative analyses of United States governors. *Journal of Applied Psychology, 105*(8), 771-783.

Schonfeld, I. S., & Bianchi, R. (2022). Distress in the workplace: Characterizing the relationship of burnout measures to the occupational depression inventory. *International Journal of Stress Management.* Advance online publication.

Shockley, K. M., Clark, M. A., Dodd, H., & King, E. B. (2021). Work-family strategies during COVID-19: Examining gender dynamics among dual-earner couples with young children. *Journal of Applied Psychology, 106*(1), 15-28.

Trougakos, J. P., Chawla, N., & McCarthy, J. M. (2020). Working in a pandemic: Exploring the impact of COVID-19 health anxiety on work, family, and health outcomes. *Journal of Applied Psychology, 105*(11), 1234-1245.

Tur, B., Harstad, J., & Antonakis, J. (2020). Effect of charismatic signaling in social media settings: Evidence from TED and Twitter. *The Leadership Quarterly.* Advance online publication.

Vartiainen, M. (2021, October 29). *Telework and remote work.* Oxford Research Encyclopedia of Psychology. Oxford University Press.

Vaziri, H., Casper, W. J., Wayne, J. H., & Matthews, R. A. (2020). Changes to the work-family interface during the COVID-19 pandemic: Examining predictors and implications using latent transition analysis. *Journal of Applied Psychology, 105*(10), 1073-1087.

Wanberg, C. R., Csillag, B., Douglass, R. P., Zhou, L., & Pollard, M. S. (2020). Socioeconomic status and well-being during COVID-19: A resource-based examination. *Journal of Applied Psychology, 105*(12), 1382-1396.

Yuan, Z., Ye, Z., & Zhong, M. (2021). Plug back into work, safely: Job reattachment, leader safety commitment, and job engagement in the COVID-19 pandemic. *Journal of Applied Psychology, 106*(1), 62-70.

Zhu, Y., Chen, T., Wang, J., Wang, M., Johnson, R. E., & Jin, Y. (2021). How critical activities within COVID-19 intensive care units increase nurses' daily occupational calling. *Journal of Applied Psychology, 106*(1), 4-14.

제5장

코로나19 팬데믹과 정신건강: 심리학적 이해 및 미래 제언

장혜인

코로나바이러스감염증-19(Coronavirus Disease 2019; 이하 코로나19)는 2019년 12월 중국 우한에서 첫 사례가 보고된 후 전 세계로 급속도로 퍼져나갔으며, 이로 인해 2022년 9월 현재 6억 명이 넘는 감염자와 6백만 명이 넘는 사망자가 발생하였다(WHO, 2022). 우리나라에서도 2020년 1월에 첫 감염자가 보고된 후, 지금까지 누적 확진자 수가 2천만 명이 넘고 매일 새로운 감염 사례가 십만 명에 육박하기도 하는 등(질병관리청, 2022), 코로나19 팬데믹은 이제 만으로 3년이 다 되어가지만 아직 현재진행형이다. 코로나19는 과거 인류가 경험했던 사스(severe acute respiratory syndrome, SARS)나 메르스(Middle East respiratory syndrome, MERS)와 같은 코로나바이러스 계열로 질환 특성이 유사한 면이 많으나(Cui, Li, & Shi, 2019), 새로운 변이 바이러스가 끊임없이 나타나고 있으며, 백신과 치료제 개발을 위한 전 세계의 노력에도 불구하고 종식을 예측하기 어려운 상황이다. 나아가 급성 감염증에서 회복된 후에도 롱코비드(long COVID) 또는 포스트코비드컨디션(post COVID condition)으로 불리는 코로나 후유증을 경험할 위험까지 고려하면, 인류는 유례없이 광범위하고 장기적인 재난 위기를 극복해야 하는 전 지구적 도전을 마주하고 있다고 할 수 있다.

일반적으로 신종감염병 발생 초기에는 새로운 감염병의 증상이나 감염경로, 치명률과 같은 의학적 지식을 축적하고, 동선 추적 및 격리를 통한 확산 방지, 백신 및 치료제 개발 등에 사회적 자원이 집중되기 마련이다. 이는 코로나19에서도 마찬가지였는데, 특히 우리나라는 고도화된 과학기술을 바탕으로 정부 주도하에 전 국민이 사회적 거리두기, 환자 및 접촉자 격리, 동선추적 및 진단검사 실시 등 코로나19의 확산을 막고자 다방면으로 노력하였다. 그러나 팬데믹이 장기화될수록 코로나19 감염으로 인한, 혹은 아이러니하게도 감염병에 잘 대응하기 위한 전략으로 인한 부정적인 결과에 대한 우려가 제기되기 시작하였는데, 이 중 대표적으로 주목받아온 것이 바로 코로나19와 관련한 개인의 정신건강 문제이다(Bhuiyan, Sakib, Pakpour, Griffiths, & Mamun, 2021).

세계보건기구(WHO)는 코로나19 유행 초기부터 이 새로운 감염병이 사회구성원의 정신건강에 미칠 영향에 대한 사회적 관심과 선제적 대비를 촉구해왔다(WHO, 2021). 감염병이 신체뿐 아니라 심리적 건강에도 해로운 영향을 미친다는 사실은 이미 과거 다른 감염병 경험을 통해 널리 알려져 있다(Taylor, 2019). 특히 정신건강 문제는 급성 감염병 유행이 지나간 후에도 오랫동안 지속되면서 개인에게 정서적 고통감과 기능장해를 야기하는 것으로 나타나 감염병 종식 선언과 함께 끝나는 것이 아니라는 점이 강조되었다(Cullen, Gulati, & Kelly, 2020; Taylor, 2019; Torales, O'Higgins, Castaldelli-Maia, & Ventriglio, 2020). 하지만 과거 사스나 메르스의 경우, 감염병 환자나 격리자의 정신건강에 대한 연구가 많았다면, 코로나19는 환자와 격리자, 고위험 의료종사자 등 바이러스에 대한 노출 위험이 높았던 집단과 함께 코로나 유행 상황이 일반 국민의 정신건강에 미치는 영향에 대한 관심 또한 높았다는 점이 독특하다.

이는 아마도 코로나19 팬데믹과 사회적 거리두기를 위시한 공중보건 정책이 감염 여부와 관계없이 전 국민의 일상에 큰 변화와 적응을 요구했기 때문으로 보인다. 코로나 확진 또는 접촉으로 인한 격리, 가족이나 친구의 갑작스러운 죽음, 실직이나 수입 감소로 인한 경제적 어려움 등은 사람들에게 극심한 정서적 고통감을 유발했을 것으로 어렵지 않게 예상할 수 있다. 나아가 모든 사회구성원이 학교와 직장이 문을 닫고 비대면으로 전환되고, 각종 모임이나 외부활동이 대폭 축소되는 등 코로나로 인한 일상생활의 크고 작은 변화에 적응해야 했다. 특히 코로나19는 국가별로 유병률뿐 아니라 대응 전략이 달랐을 뿐 아니라, 같은 국가 안에서도 감염병 유행의 양상에 따라 정책이 달라졌기 때문에 코로나로 인한 일상의 단절이 어떠한 방식으로 얼마나 오래 지속될지 예측하기 어렵다는 문제도 있었다. 이러한 과정에서 스트레스가 가중되고 심리적 어려움을 겪게 되는 사람들이 있을 수 있다.

이와 관련하여 Gruber 등(2021)은 코로나19 팬데믹이 개인의 정신건강에 해로운 영향을 끼칠 것으로 예상되는 세 가지 이유를 제시하였다. 첫째, 과거의 다른 신종감염병에 비해 코로나19는 훨씬 장기적이고 광범위하게 지속되고 있으며, 종식을 예측하기 어렵고, 감염병이 초래할 수 있는 부정적 결과(실직 등)의 위험성이 여전히 높다. 둘째, 코로나19는 개인뿐 아니라 가족, 학교, 직장, 정치, 경제, 의료 등 개인을 둘러싼 다양한 체계에 포괄적으로 영향을 미쳤으며, 이러한 변화는 개인이 새롭게 적응해야 하는 스트레스 요인이 되었다. 그 중에서도 특히 감염병 확산을 막기 위한 대인관계 단절과 사회적 고립은 정신건강 악화에 영향을 끼쳤을 것으로 예상되는 가장 중요한 요인이다. 셋째, 사회적 거리두기와 같이 감염병으로부터 사회구성원을 보호하기 위한 공중보건 정책은 아이러니하게도 사람들에게 스트레스 완충효과가 있는 활동들을 차단하는 결과를 낳았다. 따라서 코로나19가 개인의 정신건강에 영향을 준 양상이나 그 기제는 코로나로 인해 변화된 사람들의 일상을 배경으로 이해되어야 할 것이다.

정신건강에 대한 높은 사회적 관심과 기존의 신종감염병 경험을 바탕으로 지난 몇 년간 전 세계적으로 코로나19가 개인의 정신건강에 미치는 영향을 주제로 한 학술연구가 왕성하게 이루어진 것은 다행인 일이다. 앞으로도 이러한 연구가 계속적으로 이루어져야겠지만, 이 시점에서 코로나19와 정신건강의 관계에 대해 그동안 축적된 학술적 지식을 통합하고, 이를 우리 사회의 정신건강 증진을 위한 유용한 전략으로 변환하는 작업이 필요하다. 이에 본 장에서는 국내 및 해외에서 발표된 학술논문을 통해 코로나19가 개인의 정신건강에 미친 영향을 심리학적 관점에서 이해하고, 이를 토대로 코로나 종식이 아직 불확실한 미래에 우리 사회구성원의 정신건강을 예측하고 효과적으로 개입하는 전략에 대한 제언을 하고자 한다.

1. 코로나19 팬데믹 시기의 정신건강 문제 현황

100년 전 유행했던 스페인 독감 이후 인류 최대의 감염 재난이 될 코로나19 팬데믹은 전 세계 곳곳에 장기적으로 영향을 미치고 있어 이로 인해 사회구성원이 겪고 있는 심리적 고통감에 대한 우려의 목소리가 높다. 앞서 언급하였듯이, 코로나에 감염된 환자들은 물론, 모든 사회구성원은 감염에 대한 불안과 사회적 거리두기로 인한 일상생활의 큰 변화를 겪었으며, 이는 많은 사람들에게 스트레스로 작용했을 것으로 추측된다. 그렇다면 코로나19 팬데믹 동안 사람들의 정신건강은 어떠했을까?

2021년에 발표된 자료에 따르면 미국의 경우, 코로나 팬데믹 동안 성인 10명 중 4명이 불안이나 우울 증상을 호소하였으며, 이는 코로나 이전인 2019년 자료의 수치(10명 중 1명)에 비해 4배나 높았다(Panchal, Kamal, Cox, & Garfield, 2021). 미국 성인의 36%와 28%가 각각 불안장애와 우울장애 증상을 보이는 것으로 나타났으며, 이 외에도 코로나에 대한 걱정과 스트레스 때문에 수면문제(36%), 섭식문제(32%), 알코올이나 다른 약물의 사용증가(12%), 기존에 있던 만성질환의 악화(12%) 등 다양한 정신건강 문제를 보고하는 것으로 나타났다(Panchal et al., 2021). 이와 유사하게, 코로나 감염환자, 정신장애 환자, 의료종사자, 일반 대중 등 다양한 집단의 사람들이 코로나19 유행 시기에 외상후스트레스, 우울, 불안, 알코올 등 약물문제, 수면장해 등 정신과적 장애 증상을 경험하는 것으로 알려졌다(Vindegaard & Benros, 2020). 나아가 코로나 팬데믹 시기에 자살 핫라인에 전화를 거는 사람의 수가 크게 증가했다는 보도도 있었다(Dunmore, 2020). 이러한 자료를 기반으로 코로나19가 사회구성원의 정신건강에 미치는 영향은 부정적이면서도 광범위함을 짐작해볼 수 있다.

우리나라에서도 코로나19 팬데믹에 사람들의 정신건강이 악화되었다는 자료가 꾸준히 제시되었다. 한국트라우마스트레스학회가 2020년에 실시한 대국민 온라인 정신건강 실태조사에 따르면 응답자의 48%가 불안 증상, 42.5%가 우울 증상을 보고하였다(한국트라우마스트레스학회, 2021). 이와 유사하게 역시 2020년에 수집한 자료에서 응답자의 45%가 중등도 이상의 우울 또는 불안을 보고하였으며, 12.8%는 정신증 위험이 높은 것으로 나타났다(Lee et al., 2021). 이는 2016년 정신건강실태조사에서 보고된 유병률(예: 우울장애 1.5%)에 비해 훨씬 높은 수치이다. 또한 코로나 전후를 비교하였을 때, 우리나라 성인의 자살위험, 우울 등의 주요한 정신건강 문제가 급증하였다는 연구결과도 있었다(Jeong et al.,

2022).

반면, 사회구성원의 정신건강이 코로나 이전과 비교하여 코로나 이후에 딱히 더 나빠진 것은 아니라는 주장도 있다. 우리나라의 인구 분포를 고려해 표집한 1,000명의 성인을 대상으로 코로나19의 심리적 영향에 대해 처음 살펴본 연구에서 최소 경도 이상의 외상성 고통, 우울, 불안 증상을 보인 사람들의 비율은 각각 27.3%, 34.2%, 28.8%이었으며, 응답자의 23.6%는 자살위험도가 높은 것으로 나타났다(Bahk et al., 2020). 그런데 이러한 수치는 코로나 이전인 2017~2018년에 수집한 자료와 비교해서 통계적으로 유의미하게 높은 것은 아닌 것으로 나타났다. 그리고 보건복지부가 실시한 2021년 정신건강실태조사 결과, 연도별 정신장애 1년 유병률은 9.1%로 2016년 대비 오히려 감소하였으며, 장애별 1년 유병률은 우울장애 1.7%, 불안장애 3.1%, 알코올사용장애 2.6% 등으로 역시 2016년에 비해 감소하거나 비슷한 수준이었다(보건복지부, 2022). 아울러 해외에서는 코로나19 초기에 여러 국가에서 자살률이 오히려 감소하였다는 보고도 있었다(Pirkis et al., 2021).

이처럼 선행연구의 결과는 예상외로 혼재되어 있다. 국내와 해외에서 이루어진 연구들은 코로나19 이후 사람들의 정신건강이 나빠졌다는 결과뿐 아니라 별로 변화가 없다는 결과도 있으며, 심지어 더 좋아졌다는 결과도 있다(Mancini, 2020). 예를 들면, 역경에 노출된 사람들 중의 일부는 오히려 기능이 더 증진되었으며(Mancini, 2019), 그 기저에는 급성 스트레스가 친밀감, 협동심, 신뢰감 등의 긍정적인 심리적 과정을 촉진하는 방향으로 작용하기 때문이라는 설명이 힘을 얻고 있다(von Dawans, Fischbacher, Kirschbaum, Fehr, & Heinrichs, 2012). 아무튼 이러한 혼재된 결과 양상은 코로나19가 사람들의 정신건강에 부정적으로만 영향을 미칠 것이라는 직관적인 기대와 어긋나며, 장기적인 팬데믹이라는 환경적 스트레스 속에서도 사람들의 심리적 반응은 개인차가 매우 크다는 것을 의미한다.

코로나19 팬데믹의 심리적 영향에 있어 나타난 개인차를 이해하기 위해서는 몇 가지 고려사항이 있다. 첫째, 선행연구에서 정신건강 문제를 측정한 방식에 따라 결과가 달랐을 수 있다. 예를 들면, 어떤 연구에서는 구조화된 임상면담을 통해 정신장애 분류체계에 따른 진단(예: 우울장애)을 살펴본 반면, 다른 연구에서는 응답자 본인이 보고한 증상 수준에서 개인의 심리적 반응에 대한 자료를 수집하였다(예: 우울감). 정신장애 진단은 함께 나타나는 증상들의 조합(증후군)이 개인의 일상에 유해한 문제를 야기할 때 내려지므로 단일한 증상을 살펴보는 것에 비해 발생 비율이 더 낮게 보고된다. 특히 감염병 재난을 포함한 외상(트라우마) 경험 후 사람들이 보이는 스트레스 반응은 감정(공포, 슬픔, 무기력, 죄책감 등), 인지(집중곤란, 기억장해, 자존감 저하 등), 신체(불면, 식욕감소, 피로감 등), 대인관계(사회적 철수, 관계갈등 등) 영역에 걸쳐 다양하며, 일반적으로 이런 반응들은 만성화되지 않고 자연스럽게 회복되는 경우가 많다(Mancini, 2020). 이를 고려하면 코로나19 팬데믹 시기에 심리적 고통을 겪는 많은 사람들은 시간이 지나면서 코로나 이전의 기능 수준을 회복할 가능성이 높다고 볼 수도 있다. 물론 그렇다고 해서 정신장애 진단을 받을 정도여야만 충분히 고통스럽고 치료가 필요하다는 의미는 아니지만, 진단체계에 근거한 평가는 개별 증상에 근거한 평가에 비해 훨씬 엄격한 기준으로 정신건강 문제를 측정한 것이므로 문제를 겪는 사람들의 비율이 더 낮게 산출될 것이며, 이러한 차이가 선행연구 결과들의 불일치를 일부 설명할 수 있을 것이다.

둘째, 코로나19에 대한 심리적 반응은 시간에 따라 달라질 수 있으므로 연구마다 자료가 수집된 시점에 주의를 기울일 필요가 있다. 과거 다른 감염병 유행 때 수행된 연구들에 따르면 정신건강 문제는 감염증 유행이 종료된 후에도 오랫동안 지속되는 것으로 알려져 있으며(Taylor, 2019), 이미 3년째 지속되고 있는 코로나19 팬데믹이 장기적으로 사람들의 정신건강에 미치는 악영향은 아직 더 기다려봐야 명확히 드러나는 것일 수 있다. 현재 많이 우려하는 것처럼 정신건강 문제는 코로나 장기화에 따라 심리적 어려움을 겪는 사람들이 늘어나는 데 반해, 이들에게 필요한 정신건강서비스를 적시에 제공하지 못하는 상황으로 인해 개인적으로는 물론, 사회적으로도 큰 고통과 비용을 초래하는 난제가 될 수 있다. 또 다른 한편으로는 장기화된 팬데믹 속에서 사람들이 사회적 거리두기 등 생활의 변화에 점차 적응하고, 새로운 일상 속에서 자신에게 효과적인 대처전략을 마련하며, 주위에 코로나에 감염된 사람들이 늘어나면서 팬데믹 초기에 비해 감염병에 대한 공포나 확진자에 대한 낙인이 줄어들어 코로나에 대한 심리적 반응이 상대적으로 약해지고 있을 수도 있다. 이와 더불어 코로나19 확진자 수와 바이러스 변이, 백신 개발, 공중보건 정책 등, 단순히 시간의 흐름이 아닌 감염병의 양상 변화에 따라 코로나19를 둘러싼 사람들의 심리적 반응이 달라졌을 수 있다. 물론 이러한 변수들은 국가별 편차도 있으므로 서로 다른 국가에서 수행된 연구결과를 해석할 때에도 필요한 배경으로 작용한다. 그러므로 코로나19의 심리적 영향에 있어서의 이질성을 설명하기 위해서는 동일한 표본을 대상으로 시간의 흐름에 따라 반복측정한 자료를 분석하는 것이 이상적이다. 예를 들면, 팬데믹 초기에 높은 수준의 불안과 우울을 보였던 사람들은 그 후 시간이 경과하면서 어떻게 증상이 변하였는가? 코로나19 팬데믹 동안 동일한 표본을 추적하며 정신건강 변화를 살핀 종단연구는 상대적으로 매우 드물었으나 현존하는 소수의 연구에서는 사람들의 불안이나 우울 증상이 코로나 유행의 양상에 따라 변화하는 것으로 보인다(Lowe et al., 2022). 그러나 이들 연구는 대부분 단기간에 걸친 연구였다는 한계가 있는데(예: 6개월, Lowe et al., 2022), 정신건강 문제가 감염병 유행 시기가 지나고서도 지속될 가능성을 고려하면 팬데믹 동안은 물론, 어떤 형태로든 이루어질 '종식' 이후에도 사람들의 정신건강을 추적해야 인류 역사상 유례없이 광범위하고 장기적인 이번 팬데믹의 심리적 영향에 대한 보다 정확한 이해가 가능할 것이다.

셋째, 선행연구에서 코로나19 팬데믹이 평균적으로 사람들에게 미친 영향에 대한 결과는 분분하지만, 비교적 일관되게 드러나는 결과는 코로나19 이후 정신건강 문제에 특히 더 취약한 집단이 몇몇 존재한다는 점이다. 즉, 선행연구의 결과가 혼재된 이유 중 하나는 연구에 참여한 표본의 특성이 서로 다르기 때문일 수 있다. 구체적으로, 코로나 팬데믹 동안 정신건강 문제가 특히 우려되는 집단은 바이러스 노출 및 격리 스트레스가 높았던 코로나 감염자와 접촉 격리자(Henssler et al., 2021), 의료종사자(Galli et al., 2020)를 비롯하여, 코로나 이전부터 정신장애를 앓던 집단(Alonzi, La Torre, & Silverstein, 2020), 코로나로 실직이나 수입 감소를 겪은 집단(Gibson, Schneider, Talamonti,& Forshaw, 2021), 아동청소년(Meade, 2021)과 노인(Mehdi, Meyers, Nathanson, & Devanand, 2022), 청년(Varma, Junge, Meaklim, & Jackson, 2021) 등으로 나타났다. 이들 각 집단이 경험한 고유한 심리적 어려움의 양상과 기제에 대해서는 본 장 아래에 다시 자세히 개관을 하겠지만, 여기에서 주목할 점은 팬데믹의 심리적 영향에 있어 모든 사람들이 평등하지는 않다는 점이다. 정신장애를 설명하는 가장 전통적인 이론인 질병소인-스트레스 모델(diathesis-stress model)에 따르면, 정신장애는 개인의 내적 취약성과 환경적 요인이 상호작용하여 조합된 결과이다(Monroe & Simons, 1991). 다시 말해, 코로나19라는 환경적 스트레스 요인이 개인에게 어떤 영향을 미칠지는 그 사람이 가지고 있는 심리적 자원이나 어려움, 그리고 다른 환경적 요인들이 변수로 포함된 방정식에 의해 결정된다. 그렇기 때문에 코로나 이후 정신건강 결과는 사람마다 다를 수 있는데, 선행연구에서는 이러한 개인차가 무작위로 나타나는 것이 아니라 비슷한 경험이나 특성을 공유하는 집단에 따라 체계적인 차이를 보일 수 있음을 확인한 것이라고 할 수 있다.

종합하면, 코로나19 팬데믹과 정신건강 문제의 관계에 대한 답은 복잡하다. Mancini(2020)는 코로나19의 심리적 영향은 개인, 맥락, 시간에 따라 상이할 것이며, 이러한 이질성을 예측하기 위해서는 사회적 위험요인을 고려할 필요가 있고, 일부 사람들에게는 오히려 긍정적인 정신건강 결과에 기여할 수도 있음을 주지해야 한다고 역설하였다. 코로나 이후 사회구성원의 마음 건강이 어떻게 변화하였는지에 대한 답은 여러 갈래일 것으로 보이며, 하나의 답만을 찾고자 노력하는 것은 팬데믹이 정신건강에 미치는 영향을 지나치게 단순화하여 별로 유용하지 않은 정보로 귀결될 것이다. 그러므로 여기에서는 먼저 환경적 사건인 코로나19 팬데믹이 개인의 내적 상태에 부정적으로 영향을 미쳐 정신건강 문제로 이어지는 주요한 경로를 알아보고, 선행연구에서 코로나 이후 정신건강 문제에 특히 취약한 것으로 반복 확인된 집단들을 제시함으로써 코로나가 정신건강에 미치는 영향에 있어서의 개인차를 보다 체계적으로 짚어보고자 한다. 이러한 작업을 통해 코로나19 팬데믹이 개인의 정신건강에 미치는 영향력의 복잡성에 주의를 환기하고, 지금까지 축적된 지식을 기반으로 앞으로 우리 사회에 마련되어야 할 효과적이고 효율적인 개입전략의 수립을 촉구하고자 한다.

2. 코로나19가 정신건강을 예측하는 심리적 기제

앞서 살펴본 바와 같이 팬데믹이 사회구성원의 정신건강에 영향을 미치는지의 여부나 그 정도에 있어 개인 간 차이가 크다고 할지라도 분명 코로나 이후 심리적 부적응을 경험하는 사람들은 있는 것으로 꾸준히 확인되고 있다. 코로나19 감염증이 신체와 뇌에 직접 영향을 미쳐 정신건강 문제로 이어지는 경로(박혜윤, 2021)를 제외한다면, 개인 밖에서 일어나는 환경적 사건인 코로나가 사람들의 내적 상태인 정신건강에 유의미한 영향력을 가지기 위해서는 팬데믹이 개인의 심리적 과정에 변화를 유발하고 그 결과로 정서적 고통감과 일상생활 기능장해가 일어나야 한다. 코로나19가 정신건강 문제로 이어지는 경로의 기저에 있는 심리적 기제는 무엇일까? 여기에서는 이와 관련해 선행연구에서 가장 많이 주목한 요인인 사회적 고립과 외로움의 역할을 논하고자 한다.

사회적 관계가 건강에 영향을 미친다는 것은 전혀 새로운 사실이 아니다. 대인관계는 면역체계, 자율신경계, 신진대사, 시상하부–뇌하수체–부신(hypothalamic–pituitary–adrenal; HPA) 축 신경내분비계 등을 통해 사람들의 건강 상태를 결정짓는 데 기여한다(Taylor & Stanton, 2007). 심리사회적 관점에서는 사회적 고립과 외로움의 내적 과정을 통해 사회적 관계가 개인의 건강에 부정적 영향을 미치는 데에 주목하였다(House, Landis, & Umberson, 1988). 이미 코로나19 이전부터, 또 굳이 감염병 유행과 관련 짓지 않더라도, 사회적 고립과 외로움은 우울이나 자살위험과 같은 주요한 정신건강 문제를 예측한다는 근거는 많았다(Calati et al., 2019; Domenech–Abella et al., 2019). 예를 들면, 사회적 고립의 객관적 지표(예: 독거)와 주관적 지표(예: 고립감) 모두 자살행동과 연관된다는 연구결과가 있었으며(Calati et al., 2019), 2003년 사스 유행 당시 홍콩에서 자살한 사람 중 3분의 1은 사회적 고립을 경험했다는 보고도 있었다(Yip, Cheung, Chau, & Law, 2010). 아울러 감염병 확산은 일반적으로 강도 높은 격리와 사회적 거리두기를 수반하여 사람들의 외로움 증가를 예측하는 것으로 나타난 바(Hoffart, Johnson, & Ebrahimi, 2020), 선행연구를 종합하면 코로나19 팬데믹 이후 사회적 고립과 외로움이 높았던 사람들은 정신건강이 악화되었을 것으로 예상해볼 수 있다.

지난 몇 년간 이러한 예상과 일관된 연구결과가 발표되었다(Goodman, 2021). 한국을 비롯해 미국, 프랑스, 홍콩을 비교한 연구에서 코로나 이후 사람들이 겪는 심리적 불편감의 수준이나 양상은 국가 간 차이가 다소 있었으나 외로움이 이에 영향을 미친다는 점은 공통적이었다(Dean et al., 2021). 이러한 결과는 비록 국가 간 코로나 유병률이나 공중보건 정책이 다르더라도 팬데믹이 개인의 정신건강 문제로 이어지는 심리적 기제는 유사할 수 있음을 시사한다. 이때 만나는 사람의 다양성이나 규모와 같은 사회관계망의 객관적 지표보다는 응답자들이 주관적으로 지각하는 외로움이 코로나 이후의 정신건강 문제를 고유하게 예측하는 것으로 나타났다(Dean et al., 2021; Lee et al., 2021). 이는 팬데믹 때 격리나 사회적 거리두기로 인한 대인관계 감소 그 자체보다는 이러한 결핍이 개인이 주관적으로 느끼는 외로움의 증가로 이어지면 불안이나 우울과 같은 정신건강 문제를 경험하게 되는 것으로 해석할 수 있다.

이처럼 코로나19 팬데믹은 사회적 고립 및 외로움을 높이는 기제를 통해 사람들의 정신건강 문제에 영향을 미칠 수 있다. 그러나 사회적 고립과 외로움의 역할을 살펴본 선행연구를 통합하고 유관 주제의 미래 연구를 설계할 시 고려해야 할 사항이 몇 가지 있다. 첫째, 비록 혼용되어 사용될 때가 많지만, 사회적 고립과 외로움은 서로 다른 개념이다. 구체적으로, 사회적 고립과 외로움 모두 사회적 관계의 부족에 기인한다는 공통점이 있지만, 사회적 고립은 객관적으로 사회관계망이 부족한 상태를 의미하는 반면, 외로움은 이에 대해 개인이 주관적으로 지각하는 심리적 불편감을 일컫는다(황수진 등, 2021). 최근 국내에서 이루어진 외로움과 사회적 고립 척도 개발 및 타당화 연구에서도 객관적인 사회관계망과 주관적인 외로움은 서로 다른 요인으로 확인되었다(황수진 등, 2021). 비록 결과는 혼재되어 있으나 사회적 고립과 외로움을 구분하여 각각이 사람들의 심리적 적응에 끼치는 영향을 비교 분석한 연구(Calati et al., 2019; Dean et al., 2021; Lee et al., 2021)에서도 두 요인은 정신건강에 있어 서로 다른 역할을 하는 것으로 나타났다. 그러므로 코로나19 팬데믹 시기에 사회적 고립 또는 외로움이 사람들의 정신건강에 미치는 영향을 이해하기 위해서는 선행연구에서 이들 개념을 어떻게 정의하고 측정했는지에 주의를 기울일 필요가 있다.

둘째, IT 기술의 진보와 함께 사회적 관계의 양상이 이미 달라진 지 오래이다. 옛날과 달리 꼭 물리적으로 가까이 있거나 정기적으로 만나지 않더라도 지구 반대쪽의 사람들과 교류하며 만족감을 느낄 수 있는 시대이다. 코로나19 팬데믹에 사회적 거리두기로 인해 전통적인 대면 상호작용은 현격히 줄었으나, 비대면 상호작용은 폭발적으로 증가하였다. 이러한 변화가 개인이 경험한 사회적 고립이나 외로움에 어떠한 영향을 미쳤는지를 알기 위해서는 온라인으로 이루어지는 사회적 관계가 사람들에게 가지는 의미나 영향에 대한 이해가 선행되어야 한다. 예를 들면, 코로나 이후 일반화된 실시간 비대면 상호작용 기술(예: zoom 화상회의)은 사람들을 자주 만나지 못하는 상황에서도 만족스러운 사회적 관계를 가능하게 했을 수도 있으나, 반대로 온라인 상호작용 속에서 사회적 스트레스나 고립감을 더욱 많이 느끼게 된 사람들도 생겨났을 수 있다. 특히 아동청소년이나 노인, 저소득층과 같이 IT 접근이 쉽지 않은 집단에서는 비대면 상호작용이 사회적 고립 및 외로움 완화에 그다지 도움이 되지 않았을 수 있으며, 전통적인 대면 관계의 결핍이 초래한 심리적 영향이 더욱 심각할 수 있다. 코로나19 팬데믹을 배경으로 수행되는 사회적 고립 및 외로움 연구에서는 특히 연구 표본이 사회적 관계를 맺는 주된 방식에 초점을 맞추어 연구를 설계하고 결과를 해석할 필요가 있다.

셋째, 코로나19 이후 외로움에 선행하는 요인에도 관심을 기울여야 한다. 같은 팬데믹 시대를 살면서도, 또 객관적으로 유사한 사회적 고립 상황에 있더라도 사람들이 주관적으로 느끼는 외로움에는 편차가 있다. 다시 말해, 코로나19로 인해 모든 사람들이 외로움 증가를 경험한 것은 아니며, 이에 특히 취약한 사람들이 있었으리라 예상된다. 이는 넓게 보면 앞서 기술하였듯이 비대면 상호작용을 통해 사회적 관계의 양과 질을 코로나 이후에도 비교적 잘 유지할 수 있었던 집단과 현실적으로 그렇게 하기가 어려웠던 집단의 차이라고 할 수도 있겠으나 각 집단 내에서도 개인차가 존재할 터, 보다 많은 요인들이 복합적으로 작용한 결과라고 보는 것이 적절하다. 흥미롭게도 코로나19 이후 6개월 동안 동일한 표본을 시간에 따라 추적한 한 연구에 따르면 우울이나 불안과는 달리 외로움은 시간에 따라 변화하지 않는 것으로 나타났다(Lowe et al., 2022). 이는 정신과적 증상에 비해 외로움은 시간에 안정적이며 더디게 변화하는 특성을 지닌 심리적 개념일 수 있음을 시사한다. 이에 더해 이러한 결과는 외로움이 팬데믹 이전부터 존재했던 개인의 내적 취약성일 수 있으며, 코로나라는 상황적 스트레스 요인과 함께 상호작용하여 불안이나 우울과 같은 정신건강 문제로 귀결된 것은 아닌지에 대한 궁금증도 생긴다. 이러한 질문에 답을 하기 위해서는 보다 정교한 종단연구 설계가 필요할 것이나 여기에서 강조하고자 하는 점은 팬데믹 시대에 사람들이 보고하는 주관적 외로움을 이해하기 위해서는 감염병뿐 아니라 그 외 요소들도 폭넓게 고려해야 한다는 것이다. 이는 코로나19 팬데믹 이전부터도 외로움이 개인의 정신건강의 중요한 예측변수로 일관되게 알려져 왔다는 점을 고려하면 코로나19의 심리적 영향뿐 아니라 외로움과 관련한 정신건강 문헌 전반에 중요한 공헌을 하는 작업이 될 것이다.

3. 코로나19 이후 정신건강 문제에 취약한 집단

앞서 언급하였듯이 팬데믹의 심리적 영향에 대한 연구결과가 서로 일치하지 않는 이유 중 하나는 연구에 참여한 사람들의 경험이나 특성에 따라 코로나19가 정신건강에 미치는 영향이 다를 수 있기 때문이다. 그렇다면 코로나 이후 심리적 부적응이 특히 우려되는 사람들은 누구인가? 여기에서는 그동안의 선행연구에서 비교적 일관되게 주목받아온 취약집단을 확인하고, 각 집단이 팬데믹 시기에 겪고 있는 심리적 어려움에 대해 알아보고자 한다.

코로나19 감염자와 격리자

코로나19와 같은 감염병이 지역사회로 널리 퍼지는 것을 막기 위한 가장 효과적인 공중보건 정책은 감염된 사람들, 그리고 이들과 접촉한 사람들을 다른 사람들로부터 분리하는 것이다. 그러나 과거 다른 감염병 연구들에 따르면, 격리를 경험한 사람들은 감염에 대한 공포를 비롯하여 경제적 손실, 사회적 고립, 필요한 물자 및 정보 부족, 낙인 등과 연관된 심리적 고통감을 호소하는 것으로 알려져 있다(Brooks et al., 2020). 예를 들면, 감염질환으로 격리 입원한 환자들을 대상으로 실시한 연구에서 격리된 환자들은 그렇지 않은 환자들에 비해 유의미하게 더 많이 우울하고 불안한 것으로 나타났다(Pursell, Gould, & Chudleigh, 2020). 또한 2003년 사스 유행 당시 중국 베이징에 근무한 병원 종사자 549명을 대상으로 한 연구에서 격리를 경험했던 사람들은 그렇지 않은 사람들에 비해 3년이 지난 후에도 심각한 수준의 외상후스트레스 증상을 보일 위험이 높은 것으로 보고되었다(Wu et al., 2009).

감염병 확진 및 접촉으로 인한 격리가 정신건강에 해로운 영향을 미치는 양상은 코로나19 팬데믹에도 마찬가지로 보인다. 먼저 코로나에 이환되었던 환자는 비단 격리만이 아니라 다방면에서 극심한 정서적 스트레스와 함께 일상의 여러 영역에서 변화와 어려움을 겪었다. 구체적으로, 이들은 코로나 증상 자체로 인한 고통감은 물론, 진단에서 격리에 이르는 과정의 충격과 혼란, 주위 사람에 대한 죄책감, 사회적 낙인, 고립감, 후유증 등 개인마다 정도의 차이는 있겠으나 대체로 정신건강에 부정적인 영향을 미칠 수 있는 경험을 많이 겪었다(Rogers et al., 2020). 최근 코로나19가 중추신경계 등에 영향을 미쳐 신경정신증상을 직접적으로 야기할 수 있다는 연구결과 또한 보고되고 있다(Zubair et al., 2020). 또한 코로나에 감염된 사람들은 역학조사 과정에서 신상정보 노출이나 사회적 비난을 감내해야 했을 수 있으며, 실직이나 소득감소 등 경제적 어려움을 겪게 된 사람들도 많다.

물론 이러한 경험들이 얼마나 심각한 스트레스로 작용하였는지는 환자마다 코로나 증상의 강도나 격리 기간이 다르고, 또 코로나 유행의 흐름에 따른 사회적 분위기가 달랐으므로 코로나 환자들이 모두 유사한 경험을 했다고 볼 수는 없다. 그러나 코로나19 시기에 수행된 경험연구들의 결과를 보면, 코로나 감염 환자는 다른 집단에 비해 정신건강 문제를 지속적으로 겪을 위험이 단연 높을 것으로 예상된다. 예를 들면, 코로나19로 입원한 환자의 96.2%는 외상후스트레스 증상을 보였으며(Bo et al., 2021), 이는 비슷한 시기에 병원 밖 지역사회 표본에서 외상후스트레스 증상을 겪는 사람들의 비율(7%; Liu et al., 2020)보다 훨씬 높은 수치였다. 코로나에 걸렸던 집단은 그렇지 않은 집단에 비해 불안장애, 우울장애를 포함하는 주요 정신장애 유병률이 2.4배 높았으며, 격리기간이 1일씩 늘어날수록 정신장애 발병 위험이 2%씩 증가하는 것으로 나타났다(Park et al., 2021). 또한 국내 생활치료센터에 입소한 감염자들을 대상으로 한 연구에서 센터 입소 첫 주에 우울, 불안, 자살사고를 보고한 사람들은 각각 24%, 15%, 11.2%로 나타났다(Kang et al., 2021).

그러나 이미 언급하였듯이 코로나19 팬데믹과 정신건강 문제의 관계를 연구할 때, 연구가 수행된 시점이 결과에 영향을 미칠 수 있으므로 시간이라는 변수를 고려하는 것이 매우 중요하다. 이는 코로나19 감염 환자를 대상으로 한 연구에서도 마찬가지이다. 일

례로, 병원에서 격리 입원 치료를 받은 코로나19 환자를 대상으로 한 연구에서 입원 당시에는 50%가 우울증상을 호소하였으나, 이 수치는 퇴원 이후 10%로 낮아졌다(Park et al., 2020). 이는 코로나 진단 후 격리하며 치료를 받는 시기와 치료가 종료된 이후에 사람들이 보고하는 정신건강 문제의 수준이 다를 수 있음을 의미한다. 이러한 연구결과는 낙관적인 관점에서는 코로나에서 완치된 후에는 사람들이 감염 전 기능 수준을 회복하는 것으로 볼 수 있겠으나, 코로나 이전 과거 감염병을 배경으로 이루어진 연구들을 보면 감염병 이후 완치자의 정신건강 문제는 감염 급성기가 지난 이후에도 만성적으로 나타날 수 있다(Lee et al., 2007), 예를 들면, 사스나 메르스에 감염되었다가 완치된 사람들을 대상으로 한 연구에서 완치 직후에 비해 1년 이후 시점에서도 정신장애의 유병률은 별로 감소하지 않은 것으로 나타났다(Park et al., 2020). 코로나19 역시 감염 환자 중 일부는 장기적으로도 정신건강 문제가 지속될 것으로 예상하는 것이 타당할 것이다.

코로나 환자와 동선이 겹쳐 자가격리를 한 사람들은 코로나에 이환되지 않았고 격리기간 또한 예측 가능하였기 때문에 감염 환자에 비해 상대적으로 정신건강의 위험요소를 적게 가지고 있을 수 있다. 그러나 자가격리자 역시 불안, 분노, 지루함, 고립감, 불면, 자살생각 등 다양한 정신건강 문제를 호소하는 것으로 나타났다(Hossain, Sultana, & Purohit, 2020). Henssler 등(2021)은 팬데믹의 비교적 초기에 해당하는 2020년 4월까지 출판된 25개의 논문을 바탕으로 코로나 확진 또는 접촉으로 인해 격리되었던 적이 있는 사람들과 그렇지 않은 사람들의 정신건강을 살펴보았다. 분석 결과, 격리 경험자는 비경험자에 비해 우울장애, 불안장애, 스트레스장애 진단을 받을 확률이 각각 2.8배, 2.0배, 2.7배 높게 나타났다(Henssler et al., 2021). 또한 격리 기간이 증가할수록 불안, 분노, 외상후스트레스 증상을 보일 위험이 상승하였다(Henssler et al., 2021). 이때 코로나에 노출된 정도가 심각할수록 정신건강 문제를 겪을 위험이 높았으며, 특히 본인이 감염이 된 경우 가장 정신건강 결과가 좋지 않아(Henssler et al., 2021), 격리 경험은 공통되더라도 코로나 감염으로 인한 격리가 접촉으로 인한 격리에 비해 더 부적응적인 것으로 나타났다. 또한 격리자 특성에 따라서도 정신건강 문제에 더 취약한 집단이 있을 수 있다. 예를 들면, 고령자, 중증질환자, 장애인 등 격리 기간 동안 스스로 돌보는 것이 어려운 사람들이나 격리로 인해 실직이나 소득감소가 발생하는 사람들, 필요한 물자나 지원을 공급받지 못하는 사람들은 격리로 인한 심리적 고통감이 더욱 심각한 것으로 나타났다(Henssler et al., 2021).

종합하면, 코로나19 팬데믹 동안 수행된 연구들(Bo et al., 2021; Henssler et al., 2021; Park et al., 2021 등)을 근거로 코로나에 이환되었던 사람들과 환자 접촉으로 자가격리를 했던 사람들은 격리 경험이 없는 사람들에 비해 정신건강 문제 위험이 더 높다고 할 수 있다. 그러나 이러한 결과에는 사람들 간 편차가 상당한 것으로 보이며, 이러한 개인차에 영향을 미친 요인으로 코로나 증상 심각도, 격리 기간, 격리로 인한 부정적 결과(실직 등), 사회적 낙인과 차별, 격리 중 자기돌봄의 어려움 등을 들 수 있다. 그러므로 코로나 감염 또는 접촉 격리자 중 정신건강 문제를 보일 가능성이 높은 사람들을 선별하고 예측할 때에는 격리 외 여러 요인들을 통합적으로 고려할 필요가 있다.

의료종사자

코로나19 팬데믹 동안 코로나 감염에 대한 공포와 과중한 업무에 가장 많이 시달린 집단으로 의료종사자를 들 수 있다. 특히 코로나 환자가 폭발적으로 급증한 시기와 지역의 의료종사자는 바이러스 노출 위험에 따른 본인 또는 가족 감염에 대한 공포, 신종 감염병에 대한 충분한 지식이 축적되지 않은 상태에서 환자를 치료해야 하는 심리적 중압감을 경험하고, 필요한 휴식 없이 근무시간이 길어지거나 업무 내용이 바뀌는 등 스트레스가 높은 환경 속에 오랫동안 놓여 있었다(이소희, 2021; Petrie et al., 2018).

이에 따라 코로나 이후 의료종사자를 대상으로 수행된 연구에서 이들의 정신건강이 좋지 않게 나타난 것은 놀랍지 않은 사실이다. 코로나19 초기에 중국 의료종사자 1,257명을 대상으로 실시한 연구에서, 응답자의 50.4%는 우울하다고 보고하였으며, 44.6%는 불안, 34%는 불면, 71.5%는 정서적 고통감을 경험하고 있는 것으로 나타났다(Lai et al., 2020). 또한 미국 의료진 26,174명을 대상으로 한 조사에서 응답자의 53%는 최소 한 개 이상의 정신장애 증상을 보였으며(Bryant-Genevier et al., 2021), 호주 의료진

7,846명을 대상으로 한 대규모 연구에서는 응답자의 59.8%는 불안 증상, 70.9%는 정서적 소진, 57.3%는 우울 증상을 보이는 것으로 나타났다(Smallwood et al., 2021).

총 15개의 연구에 참여한 7,393명의 의료종사자 자료를 메타분석한 연구에서는 9.6~51%가 외상후스트레스장애(PTSD) 증상을 보였으며, 20%~70%가 불안과 우울을 비롯한 정신과적 문제를 호소하는 것으로 나타났다(Galli et al., 2020). 또한 이러한 정신건강 문제는 응급 업무에 투입된 의료진일수록 더 심한 것으로 확인되었다(Galli et al., 2020). 선행연구 간 정신건강 문제를 겪는 사람들의 비율이 큰 차이가 나는 이유 중 하나는 의료진이 근무하는 기관이나 지역별 코로나19 유병률 등의 영향을 많이 받기 때문일 것으로 추측된다.

아울러 정신건강 문제의 가장 심각한 지표라고 할 수 있는 자살위험에 대한 연구도 수행된 바 있다. 팬데믹 동안 벨기에 의료진 6,409명을 대상으로 한 연구에서 참가자의 3.6%는 자살생각이 있는 것으로 보고되었으며, 30일 후 다시 실시한 조사에서는 코로나19에 이환되었거나 현재 또는 과거에 정신장애(대부분 우울장애) 진단을 받은 경우 자살생각이 높았으며, 사회적 지지가 있었던 집단에서는 자살생각이 낮았다(Bruffaerts et al., 2021). 비슷한 시기에 스페인에서 의료진 5,450명을 대상으로 자살위험에 대한 조사를 한 결과, 8.4%의 응답자가 자살생각을 보였으며, 이 중 6명은 지난 한 달 동안 자살시도를 한 것으로 나타났다(Mortier et al., 2021). 자살생각이나 자살행동에 유의미하게 영향을 미친 요인으로는 코로나 이전 정신과적 병력(불안장애, 우울장애), 경제적 어려움, 조직 내 협력, 소통, 인력, 감독 등의 부족으로 확인되었다(Mortier et al., 2021).

국내에서도 의료진의 정신건강 문제에 대한 연구결과가 축적되어 있다. 예를 들면, 2020년 봄에 코로나 거점병원에 근무하는 의사와 간호사 101명을 대상으로 한 연구에서 응답자의 4분의 1 정도가 우울감과 수면문제를 겪는 것으로 나타났으며, 3분의 1 이상이 불안 증상을 보고하였다(Kwon et al., 2020). 코로나 치료에 투입된 180명의 간호사를 대상으로 한 연구에서 응답자의 30.6%는 중등도 이상의 우울, 41%는 중등도 이상의 불안, 19.4%는 중등도 이상의 스트레스 증상을 보이는 것으로 보고되었다(Kim & Yang, 2021). 대학병원에 종사하는 2,554명의 의료종사자를 대상으로 실시된 조사에서 응답자의 21%는 외상후스트레스장애, 8%는 우울, 19%는 범불안장애 증상을 보이는 것으로 나타났다(Jo, Koo, Seo, Yun, & Kim, 2020). 이 연구에서 2주 후 고위험 응답자들이 보고한 정신건강 문제의 증상 심각도는 다소 낮아진 편이었으나, 일부 참가자들은 여전히 고위험 수준의 증상을 보고하여(Jo et al., 2020), 의료종사자들이 보이는 정신건강 문제가 장기적으로 지속될 수 있음을 시사하였다.

물론 의료종사자 집단 내에서도 개인 간 편차가 존재한다. 구체적으로, 불안 및 우울, 소진 등을 예측함에 있어 연령이 젊고, 여성이며, 코로나 노출위험이 높았거나 가족이 코로나 감염 의심인 경우, 코로나 이전부터 정신과적 문제나 만성 신체질환을 겪은 사람들, 사회적 지지가 부족하거나 최전선에서 근무하는 것에 대한 사회적 낙인을 지각하는 경우 정신건강 문제를 더 많이 겪게 되는 것으로 나타났다(Kim & Yang, 2021; Luo, Guo, Yu, Jiang, & Wang., 2020). 이러한 결과는 의료종사자라 할지라도 코로나의 심리적 영향에 더 취약한 사람들이 있고, 다양한 위험요인들을 고려하면 확률적으로 이들을 선별할 수 있음을 시사한다.

한편, 의료종사자의 회복탄력성 요인에 대한 연구도 이루어졌는데, 다른 취약 집단에서는 상대적으로 드문 주제라는 점에서 주목할 만하다. 예를 들면, Curtin 등(2022)은 개인, 조직, 사회문화 차원에서 6개의 주제 영역(사명감, 협동심, 관계, 조직문화, 동기/대처, 성장가능성)에서의 긍정적인 요소가 어려운 근무 여건 속에서도 정신건강 유지에 도움이 되는 것으로 확인하였다. 팬데믹 시대의 탄력성 요인을 파악하는 것은 심리적 어려움을 겪을 위험이 높은 집단에 속하는 사람들이 건강한 일상을 유지할 수 있기 위해 초점을 맞춰야 할 표적을 제시한다는 점에서 중요한 작업이다. 비단 의료종사자 집단뿐 아니라 다른 취약군도 집단 내 이질성이 상당한 만큼, 각 집단 내에서 정신건강 문제를 예측하는 위험요인을 파악하는 데에서 나아가 탄력성 요인들을 알아보는 연구 역시 균형 있게 이루어질 필요가 있겠다.

건강 문제 과거력이 있는 집단

코로나19 팬데믹 시기 정신건강 문제에 취약한 또 다른 집단으로 코로나 이전부터 이미 신체질환 혹은 정신질환과 같은 건강 문제를 겪고 있는 사람들을 들 수 있다. 코로나 이전부터 원래 건강이 좋지 않았던 사람들은 팬데믹 동안 필요한 의료서비스를 적시에 받지 못해 기존의 건강 문제가 더 나빠질 수 있으며, 코로나19 감염이 초래할 부정적 결과에 대해 더 민감하고, 사회적 고립과 격리로 인한 심리적 고통감을 더 많이 경험하는 등의 경로를 통해 정신건강 문제에 취약해질 수 있다(Alonzi et al., 2020). 특히 대면 활동의 축소로 인해 그동안 형성되었던 사회적 지지망이 잘 가동하지 못해 팬데믹 이전에 가능했던 물리적, 심리적 도움을 더 이상 기대하기 어려워졌을 수 있다(Alonzi et al., 2020).

그동안 누적된 경험연구 결과 또한 건강 문제가 있었던 사람들이 코로나 이후 정신건강 문제에 더 취약함을 일관되게 지지하였다. 예를 들면, 1,036명의 성인을 대상으로 실시한 온라인 조사에서 코로나 이전부터 건강 문제(신체질환이나 정신질환)가 있거나 자신의 정신건강을 좋지 않다고 주관적으로 지각하는 사람들은 중등도 이상의 불안이나 우울 증상, 코로나에 대한 공포, 외상후스트레스 증상을 더 높게 보이는 것으로 나타났다(Buneviciene et al., 2022). 또한 620명의 18세에서 35세 청년을 대상으로 한 연구에서 코로나 시기에 불안과 우울을 경험하는 수준은 정신질환과 신체질환 과거력이 모두 있는 집단, 정신질환 과거력이 있는 집단, 신체질환 과거력이 있는 집단, 과거력이 없는 집단 순으로 높았다(Alonzi et al., 2020). 청소년 대상 연구에서도 신체질환 또는 정신질환이 있던 청소년은 그렇지 않은 청소년에 비해 코로나 이후 불안 및 우울 증상을 더 높게 경험하는 것으로 나타났다(Lee et al., 2022).

정신장애 과거력이 있는 사람들을 과표집한 영국 연구에서는 불안장애, 우울장애, 외상후스트레스장애, 섭식장애를 진단받았던 사람들은 이러한 과거력이 없는 사람들에 비해 코로나 팬데믹 동안 정신건강이 악화되었다고 보고할 확률이 높았다(Lewis et al., 2022). 코로나 이전부터 우울, 약물사용 등의 심리적 어려움을 경험했던 사람들은 팬데믹 동안 격리를 하면서 자살위험이 더욱 높아졌다는 연구결과도 있었다(Sher, 2020). 전 세계 12개국 총 2,734명의 정신과적 장애 환자들을 대상으로 수행한 연구에서 환자의 3분의 2가 자신의 정신건강이 팬데믹 이후 악화되었다고 보고하였으며, 이는 심리적 고통감, 외상후스트레스장애, 우울장애 등의 지표에서 확인되었다(Gobbi et al., 2020). 건강 문제 과거력이 있는 환자군 내에서도 정신건강이 나빠진 정도에 있어 편차가 있었는데, 더 부정적인 결과를 예측하는 요인으로 성별(여성), 낮은 통제감, 정부의 코로나 대응에 대한 불만족, 가족 및 친구와의 상호작용 감소가 있었다(Gobbi et al., 2020). 반면, 낙관주의, 가족 및 친구와의 소통, 코로나 이전과 변함없는 소셜미디어 사용 등에서 높은 점수를 보인 환자들은 상대적으로 정신건강 악화의 정도가 크지 않은 것으로 나타났다(Gobbi et al., 2020).

코로나19라는 재난 이후 사람들의 적응이 기존의 기능 수준에 의해 어느 정도 결정된다는 것은 외상(트라우마) 문헌에서는 이미 널리 받아들여지고 있다(Hapke, Schumann, Rumpf, John, & Meyer,

2006). 외상 이전부터 심리적 어려움을 겪고 있던 사람들은 외상 후 대처 자원이 부족할 수 있으며, 이는 기존의 문제가 악화되는 결과로 이어질 수 있다. 특히 코로나는 다른 외상 사건보다 오래 지속이 되고 있으며, 사회적 거리두기로 인해 다양한 사회 장면에서 대인관계 단절을 초래했다는 점에서 유례없이 극심한 스트레스 상황이다. 따라서 원래 신체질환 또는 정신질환 등의 건강 문제가 있었던 사람들이 팬데믹 동안 또는 이후에 보일 정신건강 문제는 다른 외상 사건에 비해 더 심각하거나 장기화될 수 있을 것이다.

건강 문제 과거력이 코로나 이후 정신건강의 주요한 예측요인 중 하나라는 점은 선행연구에서 비교적 일관되게 확인되고 있으나, 아직 추가적인 탐색이 필요한 영역이 몇몇 있다. 첫째, 지금까지의 연구에서는 주로 사람들이 코로나 이전에 경험했던 정신과적 문제에 더 초점이 맞추어져 있었다. 그러나 위에 제시한 일부 연구에서도 나타나듯이 팬데믹 시대의 정신건강 문제에 영향을 미치는 건강 문제는 정신질환 과거력뿐 아니라 신체질환 과거력도 해당이 된다. 그러므로 미래 연구주제 중 하나는 기존의 건강 문제가 코로나 이후 정신건강 문제를 예측함에 있어 정신질환과 신체질환의 기제가 서로 어떻게 공통되며 차별화되는지에 대한 탐색이다. 건강 문제 과거력이 있는 집단이 코로나 이후 정신건강 문제의 취약군임을 아는 것은 임상적, 정책적 관심의 대상을 선별하는 데에는 도움이 되지만, 이들을 대상으로 어떤 개입을 하는 것이 효과적인지를 알기 위해서는 취약요인이 정신건강 문제로 이어지는 과정에 대한 이해가 선행되어야 하기 때문이다.

둘째, 기존에 신체질환 또는 정신질환이 있었던 사람들이 팬데믹 시기에 보이는 정신건강 문제는 다양할 수 있다. 다시 말해, 기존에 진단받았던 장애의 증상 악화 외에도 불안, 우울, 약물, 자살사고 등 다양한 정신건강 문제를 추가적으로 나타낼 수 있다. 그러므로 건강 문제 과거력이 있는 환자의 정신건강 문제를 대함에 있어 기존 장애의 증상 악화와 새로운 정신건강 문제 증상의 발생, 그리고 이들 증상으로 인해 야기되는 대인관계나 직업/학업장면 등 일상생활에서의 기능장해 등을 광범위하면서도 체계적으로 고려할 필요가 있다. 이와 관련하여, 비록 매우 드물기는 하나 코로나 이전에 보였던 정신건강 문제의 종류에 따라 팬데믹 동안의 정신건강 문제의 수준과 양상이 다를 가능성이 제시된 바 있다. 예를 들면, 코로나 이전부터 정서조절 문제가 있었던 청소년이 다른 심리적 어려움이 있었던 청소년에 비해 코로나 이후 정신건강 지표가 더 나빴다는 결과가 있다(Essau & de la Torre-Luque, 2021).

마지막으로, 코로나 이전부터 정신건강 문제가 있었던 집단에는 공식적으로 진단 및 치료를 받고 있는 환자뿐 아니라 전문적 도움을 구하지 않은 많은 사람들이 포함된다(Kohn, Saxena, Levav, & Saraceno, 2004). 실제로 우울장애를 비롯해 정신장애를 겪는 사람 중 최소 반 이상은 치료를 받지 않는 것으로 알려져 있는데(Kessler, Marikangas, & Wang, 2007; Kohn et al., 2004), 이들 역시 코로나19 팬데믹 동안 정신건강 문제에 더 취약할 것으로 추측된다. 이들은 지역사회 일반인을 대상으로 연구를 하지 않으면 파악하기 어렵기는 하나, 코로나 이후 정신건강 문제로 치료를 구하는 사람들의 일부는 이미 그 이전부터도 심리적 고통감을 오랜 기간 겪어온 집단일 수 있음을 염두에 두어야 할 것이다.

경제적 어려움을 겪는 집단

실직, 소득감소, 빈곤 등을 통해 측정되는 경제적 어려움은 개인의 정신건강은 물론, 삶의 질 여러 측면에 부정적인 영향을 미치는 대표적인 위험요인이다(인용). 경제불황 속에서 실직, 소득감소, 소득불안정, 부채증가 등은 우울, 불안, 약물사용, 스트레스장애, 자살행동 등 다양한 정신건강 문제와 연관된다는 선행연구가 이미 많이 축적되어 있다(Gibson et al., 2021; Kim & von dem Knesebeck, 2016; Vandoros, Avendano, & Kawachi, 2019). 경제적 어려움은 물질 자원의 부족으로 인한 의식주 생계 유지의 문제뿐 아니라 이에 동반되는 다수의 심리사회적 스트레스 요인(고립, 가족갈등, 건강문제 등)이 가중되어 여러 경로를 통해 개인의 정신건강에 위협이 된다(Evans & English, 2002).

코로나 이후 많은 사람들이 직장을 잃거나 불안정해지고 소득이 크게 감소하는 등 팬데믹이 개인의 가계 상황에 미친 영향은 심각하였다(Gibson et al., 2021). 또한 코로나 이전부터 경제적 곤란을 겪었던 사람들은 대면 업무가 불가피한 직업에 종사하거나 사회적 거리두기와 방역수칙 준수(마스크 착용 등)를 위한 여건이 어려운 상황에 처했을 가능성이 높으며, 이로 인해 코로나19 감염 위험에 더 많이 노출되어 있거나 감염에 대한 공포가 더 심했을 것이다(Whitehead, Taylor-Robinson, & Barr, 2021). 나아가 사회적으로 최우선 과제가 코로나19에 대한 효과적인 대응이 되면서 과거 취약계층을 위해 제공되었던 복지 지원이 열악해지면서 경제적 곤란을 겪는 사람들의 일상이 더욱 힘들어졌을 것으로 짐작된다(Whitehead et al., 2021). 이에 더해 이들은 코로나 이전부터 건강 문제가 있었을 위험이 높은데(Whitehead et al., 2021), 이 또한 앞서 언급했듯이 팬데믹 시대의 정신건강 문제를 예측하는 요인이 된다. 경험연구에서도 코로나 시기 동안 실직이나 저소득을 보고한 가정의 구성원은 그렇지 않은 경우에 비해 높은 비율로 정신장애 증상을 보였다(53% 대 32%; Gibson et al., 2021). 코로나를 계기로 전 세계적으로 경제가 위축되고 회복에 상당한 시간이 걸릴 것으로 예상되고 있는 상황에서 코로나 이전부터 빈곤했거나 코로나 시기에 경제적 어려움이 크게 증가한 사람들이 겪는 심리적 고통감은 장기적으로 지속될 우려가 있어 사회적 관심이 요구된다.

한편, 펜데믹 동안의 경제적 어려움이 개인의 정신건강에 영향을 미치는 양상은 보다 복잡할 수 있다. 국내 성인 634명을 대상으로 코로나 시기의 소득 변화와 소득 수준이 우울에 미치는 효과를 알아본 연구에서 응답자의 66.9%는 코로나 이후 소득 변화가 없다고 하였으며, 27.4%는 소득이 감소했고, 5.7%는 소득이 증가했다고 응답하였다(박경우, 장혜인, 2021). 분석 결과, 소득 감소가 클수록 우울이 높게 나타났으나, 예상과 달리 소득 수준은 우울과 유의한 관계가 없었다(박경우, 장혜인, 2021). 반복검증이 필요하겠으나 이러한 결과는 소득 수준과 소득 변화는 개인의 정신건강에 영향을 미치는 기제가 다를 가능성을 시사한다. 다시 말해, 절대적인 소득 수준이 빈곤한 정도가 아닐지라도 상대적으로 소득 감소의 폭이 컸던 사람들은 상대적 박탈감을 느끼고 정서적으로 큰 고통감을 겪고 있을 가능성이 있다. 또한 소득 변화와 소득 수준이 우울을 예측하는 양상은 성별에 따라 다르게 나타났다(박경우, 장혜인, 2021). 이러한 결과들은 소득이 개인의 정신건강에 영향을 미치는 과정에서 고려해야 할 추가적인 요인들이 존재하며, 사람들이 팬데믹 시기에 경제적 어려움을 지각하는 방식이 복잡할 수 있음을 시사한다.

종합하면, 코로나19 팬데믹 동안 경제적 곤란은 사람들의 정신건강에 큰 영향을 끼쳤을 것으로 예상되며, 여기에는 코로나 이전부터 빈곤한 집단, 코로나 이후 불황 속에서 실직하거나 소득이 감소한 집단 등이 취약군으로 포함된다. 이들은 팬데믹 동안 안정적으로 경제활동을 하지 못하거나 충분한 소득을 보장받지 못하고 물질적 자원의 결핍 또는 정서적 고통감이 극심하였을 것이다. 이러한 상황은 팬데믹이 종식된 이후에도 전 세계적으로 경제불황이 지속될 것으로 예상되는 상황 속에서 특히 우려스럽다. 또한 우울 등의 정신건강 문제는 그 자체로도 개인에게 정서적으로 큰 고통을 유발하지만, 개인의 생산성 저하로 이어져 경제적 어려움이 지속되는 데에도 일조할 수 있다는 점에서 장기적인 관점에서의 개입이 시급하다.

아동청소년

코로나19 팬데믹 동안의 다양한 사회적, 경제적 위기와 도전 속에서 아동청소년의 정신건강 문제는 안타깝게도 많이 간과되었다. 아동청소년은 발달단계에 따라 그 양상은 다소 다를지라도 기본적으로 양육자에게 물리적, 심리적으로 의존해서 살아가므로 코로나 이후 어른들이 겪은 충격과 혼란, 경제적 곤란, 심리적 고통감 등은 가정 내 아동청소년에게도 부정적인 영향으로 이어졌다. 앞서 기술하였듯이 코로나19는 과거의 다른 감염병 유행과 달리 개인을 둘러싼 모든 지역사회 체계에 크고 오랜 변화와 단절을 초래했으며(Gruber et al., 2021), 아동청소년은 취약해진 환경 속에서 적응을 해나가야 하는 어려움에 봉착하였다.

특히 학교 환경의 변화는 아동청소년에게 주요한 스트레스 요인으로 작용했다. 코로나19 방역 조치로 팬데믹 초반 전 세계적으로 91%의 학교가 문을 닫았으며(Lee, 2020), 이후에도 감염병 유행 양상에 따라 대면과 비대면 수업을 교대로 운영하였고, 등교 수업 시에도 마스크 착용을 비롯해 교실 내 거리두기, 쉬는 시간 및 점심 시간 축소 운영, 학생 간 대화 금지, 모둠 활동 제한 등 방역을 최우선으로 하는 방침에 따라 지난 몇 년간 학교 현장에서 정상적인 교육활동이 이루어지지 못했다. 학교는 아동청소년에게 학습과 또래관계가 이루어지는 가장 중요한 장이라는 점에서 코로나19 동안 학교를 제대로 가지 못하거나 충분한 교육활동에 참여하지 못한 것은 아동청소년의 발달에 유해한 영향을 미쳤을 것으로 예상된다. 또한 교내 코로나 확진자 발생에 따른 갑작스러운 격리 조치 및 수업 비대면 전환 등 일상의 예측 불가능성이 크게 높아진 문제도 있다. 아울러 이러한 상황은 아동청소년은 물론, 수업 준비와 학급 운영을 담당하는 교사, 그리고 불규칙하게 확대된 가정 돌봄을 대비해야 하는 학부모 등 아동청소년의 교육과 돌봄에 관여하는 모든 사람들의 스트레스를 가중시켰다.

팬데믹 동안 아동청소년이 있는 가정에서도 부모의 스트레스가 크게 높아졌다. 부모들은 코로나 이후 경제적 곤란, 대인관계 단절, 직장 업무의 비대면 전환 등에 더해 학교를 비롯한 지역사회 체계가 전체적으로 불안정해지면서 자녀 교육과 돌봄의 부담을 가정에서 훨씬 많이 감당하게 되었다. 특히 본인이나 가족 확진, 외부 확진자 접촉 등에 따라 갑작스럽게 진단검사나 격리를 해야 하는 등 일상의 예측가능성이 크게 낮아짐에 따라 가정에서는 팬데믹의 변화된 일상에 대한 대비를 하기도 쉽지 않은 상황이 계속되었다. 부모의 스트레스는 부모 자신의 정신건강뿐 아니라 부부 갈등이나 부모-자녀 관계, 그리고 양육행동에도 일관되게 부정적인 영향을 미치며, 이들 요인은 다시 아동청소년의 정신건강을 예측하는 것으로 이미 널리 알려져 있다(Yoshikawa, Aber, & Beardslee, 2012).

코로나 이후 수행된 연구결과는 예상과 일치하는 방향으로 누적되고 있다(Jin, Lee, & Chung, 2022). 구체적으로, 아동청소년은 팬데믹 동안 주의집중 저하, 불안, 우울, 짜증, 초조, 분리불안, 외상후스트레스증상, 식욕저하, 수면문제 등을 보였으며(Meherali et al., 2021), 고등학생을 대상으로 한 연구에서는 외상후스트레스장애 비율이 응답자의 16.9%까지 보고되기도 하였다(Cao et al., 2022). 또한 아동청소년이 집에서 보내는 시간이 길어지면서 고립감이 상승하거나 게임이나 인터넷을 과도하게 사용하는 문제도 우려되고 있다.

다른 집단과 마찬가지로 아동청소년 역시 팬데믹 동안 보이는 심리적 적응의 개인차가 큰 것으로 나타났다. 아동청소년 중에서도 신체질환이 있거나 과거 정신과적 장애 병력이 있는 등 특수하고 추가적인 도움이 필요한 경우, 코로나 이후 더 큰 어려움을 겪고 있을 가능성이 제시되었으며(Fegert, Vitiello, Plener, & Clemens, 2020), 코로나 이전부터 가정 내 위험요인(부모의 정신병리, 부부갈등, 빈곤 등)이 존재했던 아동청소년은 코로나 이후 가정에서 보내는 시간이 많아지면서 더욱 심리적 적응이 안 좋아졌을 수 있다. 흥미롭게도 일부 연구에서는 가정에서 보호자와 더 많은 시간을 보내는 것이 아동청소년의 자살시도나 약물사용을 예방하는 데에 도움이 된다는 주장도 있었다(Meade, 2021). 팬데믹 이후 사람들이 보이는 정신건강 변화의 방향이나 정도는 개인의 특성이나 환경 맥락에 따라 편차가 있을 수 있으므로(Mancini, 2020), 평균적인 변화 양상에 더해 추가적인 요인들을 고려한 보다 세밀한 연구가 필요하다.

아울러 팬데믹 동안 아동학대가 크게 증가했다는 보고는 매우 우려스럽다. 사회적 재난 시기에 아동학대가 증가하는 것은 과거에도 이미 보고된 바 있는데(Seddighi, Salmani, Javadi, & Seddighi,

2021), 이러한 양상은 이번에도 마찬가지로 보인다. 최근 국내에서 발표된 자료에서도 코로나 이후 아동학대가 급증하여 2019년에서 2021년 사이에 아동학대 판정 건수가 35.7% 증가한 것으로 나타났다(보건복지부, 2022). 이러한 현상은 팬데믹으로 인한 다층적인 스트레스가 가정 내 집중되면서 아동학대가 증가한 결과로 이어진 것이라고 볼 수 있다. 또한 교육기관이나 돌봄기관이 폐쇄되거나 비대면으로 운영되고, 집합 금지 조치로 가족이나 이웃 간 교류도 부족해지면서 아동청소년의 학대피해를 관찰하고 파악할 수 있는 사람들이 부족해진 것도 문제이다. 학대는 아동청소년의 정신건강 문제에 단·장기적으로 중대한 영향을 미치는 것으로 알려진 대표적인 위험요인이라는 점(Fegert et al., 2020)에서 아동청소년 집단에서 팬데믹의 심리적 영향을 살필 때 중요하게 고려해야 할 요소이다.

노인

코로나19 팬데믹 동안 정신건강이 크게 우려되는 또 다른 집단은 노인이다. 노인은 코로나 감염 시 중증 폐렴이나 사망에 이르는 빈도가 다른 연령대에 비해 월등히 높으며, 이미 기저질환이 있는 경우가 많아 코로나의 경과나 치료가 어려울 수 있다. 노화로 인한 면역체계의 변화(HPA 축 등)는 바이러스 감염 시 신체의 신경보호 작용의 저하로 이어지며, 이는 불안, 우울, 치매, 섬망과 같은 정신과적 증상의 발현에도 영향을 미칠 수 있다(Mehdi et al.,

2022). 이처럼 노인은 코로나19 감염에 따른 위험한 결과가 모든 연령대 중에서 가장 우려되는 집단이다.

코로나19 확산 방지를 위한 노인 사용시설 폐쇄, 집단 요양시설 면회 제한, 집합 금지 등의 조치는 코로나에 취약한 노인 집단을 보호하기 위한 목적으로 실행되었으나 이들의 사회적 지지 체계를 단절시키는 결과로 이어져 정신건강에는 부정적인 영향을 미쳤다. 또한 여가활동, 종교활동, 운동 등의 기회가 대폭 축소되고 가족이나 친구 간 방문이 조심스러운 분위기 속에서 노인 집단은 일상 속 많은 활동과 대인관계로부터 단절되었다(Sepúlveda–Loyola et al., 2020). 특히 젊은 세대와 달리, 노인 세대는 스마트폰이나 인터넷 등의 비대면 매체 사용에 익숙하지 않아 팬데믹 시대에 알맞은 대안 활동을 찾지 못한 채 고립감이 심화될 수 있다.

국내 지역사회 노인을 대상으로 한 연구에서 외로움과 일상생활부족이 우울을 예측하는 요인이었으며, 이 중에서도 외로움이 우울을 가장 많이 설명하는 것으로 나타났다(서부덕, 권경희, 2021). 또한 이 연구에 참여한 노인들이 보고한 우울 수준은 다른 선행연구에 비해 매우 높았는데, 해당 표본이 대부분 코로나 특별재난지역으로 선포되었던 도시에 거주하는 노인들이라는 점이 영향을 미쳤을 수 있다(서부덕, 권경희, 2021). 이에 더해 고령이거나 사별한 노인, 또 경제적 어려움을 겪는 경우 우울이 더 높은 것으로 나타나 노인 집단 내에서도 정신건강 문제의 개인차가 확인되었다(서부덕, 권경희, 2021).

요양시설에 거주하는 노인의 정신건강 문제 위험은 특히 더 높은 것으로 나타났다(Mehdi et al., 2022). 코로나 이전에도 장기요양시설에 거주하는 노인은 지역사회 노인에 비해 외로움이 두 배 이상 높은 수준으로 보고된 바 있는데(Victor, 2012), 코로나19 팬데믹 동안 이러한 상황은 훨씬 더 악화되었을 것으로 예상된다. 그 외에도 사회적 고립감, 불안장애, 우울장애, 양극성장애, 조현병 등의 주요 정신질환, 인지장애 및 치매 등에서도 장기요양시설 노인과 지역사회 노인 간 발생 비율이 차이가 있었다(Mehdi et al., 2022). 요양시설에 거주하는 노인은 이미 입소 전부터 지역사회 노인보다 신체 및 정신건강 면에서 더 취약한 집단이었을 수 있으며, 시설 거주로 인한 외로움이나 정서적 고립감이 이미 높아진 상태에서 코로나19로 인한 감염이나 격리, 시설 봉쇄, 면회 금지 등의 부정적인 경험이 더해지면 정신건강 문제를 보일 위험이 높아질 수 있을 것이다.

감염병 시기의 정신건강 문제는 감염병 종식 후에도 지속될 수 있다는 점에서 노인의 정신건강 문제는 장기적으로 추적하는 연구가 필요하다. 특히 노인 집단은 다른 연령대에 비해 이미 건강 문제를 가지고 있을 확률이 높으며, 환경 속 생활사건 역시 정신건강 문제에 부정적인 영향을 미치는 경험(배우자 사별, 신체 능력 저하 등)이 다수 포함되어 있을 수 있어 주의를 요한다. 앞 절에서 살펴본 아동청소년은 신체적, 심리적 발달이 급격한 시기로 종단연구가 일반화된 반면, 코로나 이전부터도 노년기 종단연구는 상대적으로 드물었다. 그러나 노년기 역시 많은 개인 내·외적 변화가 동반되는 시기이며, 이러한 양상의 개인차가 클 것으로 예상되는바, 장기적으로 노인 집단을 추적하며 정신건강을 예측하는 위험 및 보호요인을 파악하는 것은 팬데믹 이후 노인의 심리적 적응을 촉진하는 실무적 개입을 위한 기초자료일 것이다.

청년

청년 세대의 코로나 치명률은 다른 연령대에 비해 상대적으로 높지 않음에도 불구하고, 팬데믹 동안 이들이 보이는 정신건강 문제는 상당히 심각한 것으로 나타나고 있다. 예를 들면, 전 세계 63개국의 성인 1,653명을 대상으로 실시한 조사에서 응답자의 70% 이상이 중등도 이상의 스트레스, 39% 이상이 중등도 이상의 우울, 59%가 임상 수준의 불안을 보고하였는데, 연령 비교 분석에서 젊은 세대가 이러한 정신건강 문제에 유의미하게 더 취약한 것으로 확인되었다(Varma et al., 2021). 미국 자료에서도 18~24세 성인은 전체 연령대 평균에 비해 불안 또는 우울장애 증상을 보이는 비율이 높고(56% 대 41%), 약물문제(25% 대 13%), 자살생각(26% 대 11%)을 보일 위험도 더 높은 것으로 나타났다.

청년 세대는 중장년 세대에 비해 아직 사회에 진출하지 않았거나 안정적인 업무에 종사하고 있지 않을 가능성이 높다. 따라서 코로나19로 인해 구직이 어려워지거나 실직하거나 소득이 감소하는 등 경제적으로 불안정한 상황에 놓일 확률이 높으며, 앞서 살펴보았듯이 경제적 곤란은 개인의 정신건강 문제에 중대한 위험요인으로 작용한다. 또한 청년기는 대인관계가 크게 확장되고 사회 속에서 다양한 활동에 참여하면서 자신의 미래를 설계하고 준비하는 시기이다. 그러나 코로나로 인해 이러한 기회는 몇 년 동안 대폭 축소되었으며, 대학이 문을 닫고 다른 사람들과 교류할 기회의 장이 단절되는 등 청년 세대가 겪은 일상의 변화와 발달과업 성취 기회의 박탈은 이들의 정신건강에 해로운 영향을 미쳤을 것으로 추측된다. 또한 전 세계적으로 코로나로 인한 경제 성장의 위축은 청년 세대가 구직 및 경제활동을 하는 데에도 부정적인 요소로 작용할 것으로 예상되는바, 이들의 정신건강 문제의 장기화 양상 또한 주의 깊게 지켜볼 필요가 있겠다.

한편, 코로나 이후 사람들의 주관적 건강과 건강행동(흡연, 음주, 운동)의 변화를 살펴본 국내 연구에서 코로나 이후 건강 변화가 있었다고 응답한 비율이 가장 높은 연령대가 20대였다는 결과는 흥미롭다(Kang et al., 2021). 이 연구에서 70.5%의 응답자는 코로나 이전과 이후 사이에 건강 변화가 없었다고 보고한 반면, 20%는 건강이 악화되었다고 보고하였다(Kang et al., 2021). 그런데 20~29세 성인의 경우, 건강이 더 나빠졌다고 보고한 비율(26.5%)도 전 연령대에서 가장 높았지만, 건강이 더 좋아졌다고 보고한 비율(15.7%) 또한 가장 높았다(Kang et al., 2021). 이는 청년 세대의 경우, 코로나 이후 건강 상태의 개인 간 편차가 다른 발달단계에 비해 특히 크게 나타날 가능성을 시사하며, 정신건강 문제 및 예측요인에 있어서의 청년 집단 내 이질성에 관심을 기울여야 함을 의미한다.

이와 관련하여, 빈곤한 청년 집단은 코로나19 이후 정신건강 문제에 더욱 취약한 것으로 보인다. 코로나 이전에도 이들은 의식주에 필요한 소득 부족을 비롯해서 빈곤 환경에 집중되는 다양한 일상의 어려움(불안정한 거주지, 지역사회 위험노출, 건강서비스 자원부족 등)을 겪었으며(Fiscella & Williams, 2004), 이러한 요인들은 개인의 정신건강에 유해한 영향을 미치는 것으로 알려져 있다(Evans & English, 2002). 미국 뉴욕주 빈곤한 지역의 대학생 1,821명을 대상으로 한 연구에서 코로나와 관련한 스트레스 요인(본인 감염, 가족이나 친구와의 갈등, 대인관계 단절, 이동 제약, 고립감, 식량 문제, 실직, 경제적 곤란, 집세 밀림 등)에 많이 노출된 사람들은 불안이나 우울을 경험할 위험이 높은 것으로 나타났다(Rudenstine et al., 2021). 코로나 이전부터 경제적 자원이 부족했던 집단은 팬데믹 동안 많은 사람들에게 발생한 사회적, 경제적 어려움에 잘 대처할 자원이 충분하지 않았을 것이며, 이러한 스트레스는 정신건강 문제에 영향을 미쳤을 것이라 짐작할 수 있다.

특히 젊은 여성의 정신건강이 크게 위협받고 있는 것으로 보인다(Gibson et al., 2021; Lee et al., 2021). 예를 들면, 코로나 발생 이후인 2020년 후반 미국 조사에 의하면 불안이나 우울 증상을 보이는 여성의 비율은 47%, 남성의 비율은 38%인 것으로 나타났다(Panchal et al., 2021). 물론 팬데믹 이전부터도 우울 및 불안장애는 여성이 유병률이 높았으므로 성차의 배경이 코로나만은 아닐 것이다. 그럼에도 불구하고 코로나 시기에 여성이 겪은 스트레스(실직, 수입감소, 돌봄부담 등)가 남성에 비해 더 두드러졌는지, 또 이러한 차이가 정신건강 지표에서의 성차를 확대하는 방향으로 작용했는지를 확인할 필요가 있다(Thibaut & van Wijngaarden-Cremers, 2020).

이상으로 코로나19 팬데믹에 정신건강 문제가 특히 우려되는 집단에 대해 살펴보았다. 그동안의 선행연구에 따르면 모든 사람들이 코로나 시기에 심리적 부적응을 겪는 것은 아니며 이러한 어려움을 겪을 위험이 높은 집단들은 어느 정도 선별이 가능하다. 특히 팬데믹 이전부터 인구통계학적 특성이나 심리적 기능 수준에 있어 정신건강에 더 취약할 것으로 예상되는 사람들이 코로나 이후에도 정신건강이 더 좋지 않은 양상이 일반적이다(Gibson et al., 2021). 물론 각 집단 내에서도 상당한 이질성이 존재하므로 개개인의 수준에서 미래를 예측하는 것은 쉽지 않다. 그러나 이러한 정보는 사회적 자원 배분의 우선순위를 결정하거나 개입방안을 설계하는 정책 수립에 유용한 과학적 근거로 기능할 것이다.

마지막으로 위에서 개관한 바와 같이 유사한 경험이나 특성을 공유하는 집단별 정신건강 문제를 연구한 문헌을 고려할 때 몇 가지 주의점을 강조하고자 한다. 첫째, 앞서 나열한 집단들은 코로나19 팬데믹을 겪으며 정신건강 문제를 보이는 집단을 모두 포괄하지도 않으며, 이들 집단들이 서로 배타적인 것도 아니다. 본 장에서는 다수의 선행연구를 통해 반복적으로 확인된 주요 취약집단을 포함하기는 하였으나, 대부분 집단 간 평균 비교를 통한 경험연구의 결과였기 때문에 해당 집단에 속한 모든 개인들이 정신건강 문제를 겪는다고 할 수는 없으며, 해당 집단에 포함되지 않았다고 하여 심리적 어려움이 없다고 할 수도 없다. 예를 들면, 지면상 개관에 포함하지는 않았으나 심리적 유연성(Dawson & Golijani-Moghaddam, 2020), 대처능력(Kim, Shim, Choi, & Choi, 2021), 실행기능(Chahal, Kirshenbaum, Miller, Ho, & Gotlib, 2021), 정서조절(Velotti et al., 2021), 사회적 지지(Mariani et al., 2020) 등의 요인들 역시 코로나 이후 심리적 부적응을 결정 짓는 데에 영향을 미치는 것으로 알려져 있다. 나아가 상기 나열한 집단들을 나누는 기준이 서로 배타적이지 않기 때문에 개인의 수준에서 여러 집단의 특성과 경험을 함께 보일 수 있다. 예를 들면, 코로나 시대 월 평균 가구소득이 150만 원 미만이거나 소득감소를 경험한 20대 여성의 정신건강이 가장 좋지 않았다는 보고도 있었다(Bahk et al., 2020). 지금까지는 비교적 단일한 취약요인에 초점을 맞춘 논의가 많았으나 이러한 위험요인의 공존과 조합이 정신건강 문제에 대한 위험을 배가하는지에 대한 연구도 이루어져야 한다.

둘째, 대부분의 선행연구는 집단 간 평균적인 차이를 분석하는 데에 주력해왔다. 예를 들면, 팬데믹 동안 격리를 경험한 집단과 그렇지 않은 집단, 코로나 이후 소득이 감소한 집단과 그렇지 않은 집단 등의 비교이다. 그러나 전술하였듯이 집단 내 개인차도 상당한데, 이러한 개인차가 체계적으로 예측 가능한지에 대한 탐색은 상대적으로 부족하였다. 이러한 연구가 충분히 가능하며 중요한 함의가 있음은 기존 빈곤 문헌을 통해서도 확인할 수 있다. 예를 들면, 많은 연구에서 빈곤 경험이 사람들마다 서로 다를 수 있음을 양적으로 측정하기 위해 누적위험(cumulative risk)이라는 지표를 만들어 빈곤층에 일반적으로 집중되는 다양한 위험요인의 개수를 세어 변수화하며 분석에 활용하기도 하였다(Evans & De France, 2022). 이러한 방법 등을 이용하면 코로나19 이후 정신건강 문제에 있어 동일한 취약집단에 속하는 사람들 내에서도 특히 정신건강 문제를 보일 확률이 높은 사람들을 보다 정확하게 선별할 수 있을 것이며, 나아가 한정된 사회적 자원 안에서 가장 전문적, 정책적 지원이 필요한 집단을 결정하는 데에 도움이 될 것이다.

4. 코로나19 팬데믹 시대 정신건강 문제에 대한 개입 방향

앞서 개관하였듯이 코로나19 이후 최소한 일부 취약집단의 정신건강이 악화되었으며, 그렇지 않은 경우에도 한시적으로는 평소보다 더 높은 우울, 불안, 스트레스 등을 호소하는 등 심리적 어려움을 겪는 사람들이 증가하였다. 이에 따라 팬데믹 동안 정신건강서비스에 대한 수요는 많이 증가하였다고 보는 것이 타당하다. 그러나 아이러니하게도 이 시기에 코로나 확산 방지를 최우선으로 하는 공중보건 정책에 따라 기존의 정신건강서비스 체계가 정상적으로 가동하지 않았음은 매우 안타까운 일이다. 2021년에 WHO가 전 세계 130개국을 대상으로 실시한 조사에 따르면, 93%에 해당하는 121개국에서 코로나19 발생 후 정신건강서비스가 완전히 또는 부분적으로 단절된 것으로 나타났다(WHO, 2021). 구체적으로, 심리치료 및 상담서비스(67%), 자살을 포함한 위기개입서비스(65%), 약물처방(30%), 학교(78%) 및 직장(75%)의 심리서비스, 아동청소년(72%) 및 노인(70%) 등 취약계층을 위한 정신건강서비스가 제대로 운영되지 않고 있었다(WHO, 2021). 조사에 참여한 국가 중 70%에서는 비대면 진료 등을 활용해 대면 진료 체계가 붕괴된 문제를 일부 보완하려고 노력하고 있었으나 이 또한 국가별 차이가 현격하였고, 원격 진료에 대한 임상적, 윤리적 기준이 충분히 마련되지 않은 상태에서 비대면 진료가 가속화된 까닭에 기존의 대면 진료를 바탕으로 하는 정신건강서비스의 역할을 비대면 진료가 대체하기에는 미흡하였다(WHO, 2021). 이러한 자료를 토대로 WHO는 코로나19 팬데믹 동안 각 국가에서 정신건강 문제에 대한 사회적 인식을 고취하고 적극적으로 대응하기를 촉구하였으나(WHO, 2021), 팬데믹 동안 사회적 자원 배분의 우선순위가 코로나 방역이 되면서 심리적 영향 및 개입에 대한 실질적인 관심은 상대적으로 부족했던 것이 사실이다.

팬데믹 이전부터도 심리적 어려움으로 전문적인 도움이 필요한 사람들의 극히 일부만이 정신건강서비스를 찾는 문제가 있었다. 그러나 코로나 시기에 이러한 문제가 더 심화된 것으로 보인다. 2021년 정신건강실태조사에 의하면, 정신장애가 있는 것으로 진단된 사람들 중 12.1%만이 정신건강서비스를 이용해본 적이 있었으며, 지난 1년 동안 정신건강서비스를 찾은 사람은 7.2%에 불과하였다(보건복지부, 2022). 또한 2021년 정신건강서비스 이용률은 2016년 대비 크게 감소한 것으로 나타났는데(보건복지부, 2022), 이는 팬데믹 동안 사회적 거리두기로 인해 정신건강서비스 기관이 정상적으로 운영되지 않아 서비스 접근성이 낮아진 결과로 추정된다. 물론 정신건강서비스 이용률이 필요한 수요에 비해 현저하게 낮은 이유를 코로나로만 돌릴 수는 없다. 여기에는 정신건강 문제에 대한 사회적 이해 부족과 낙인, 정신건강서비스 전문기관 및 인력 부족, 정신건강 문제에 대한 의료보험 지원 문제 등 다양한 요인이 관여하며, 각 측면에서의 장기적이면서도 적극적인 문제해결이 요구된다. 그러나 현재 정신건강서비스에 대한 수요가 특히 높아진 상황에서 전문적 도움을 받을 기회가 감소한 상태라는 점은 매우 우려스러우며, 치료 접근성의 감소는 팬데믹 동안의 심리적 어려움을 극복하기 어렵게 하는 추가적인 위험요인으로 작용할 가능성도 있다.

더욱이 전 세계적으로 팬데믹 이후 급선무 과제가 경제 회복으로 대두하면서 정신건강 영역에 대한 투자가 현실적인 수요에 부응할 만큼 충분히 이루어지기 어려울 것으로 예상된다. 정신건강 영역의 전문인력 및 자원 부족은 팬데믹 이전부터도 이미 존재했던 문제로 앞서 언급하였듯이 다각도에서 해결을 도모해나가야 할 사회문제이나 우선 한정된 자원 내에서 필요한 정신건강서비스의 우선순위를 최대한 효율적으로 결정하는 것이 요구되는 상황이다. 이를 위해 정신건강 고위험군을 선별하여 이들을 위한 효과적인 개입에 자원을 배분하는 것이 필수적이다(Horesh & Brown, 2020). 본 장에서 개관한 바와 같이 선행연구를 통해 팬데믹 시기에 심리적 어려움을 보일 위험이 높은 취약집단이 어느 정도 일관되게 확인되었으며, 여기에는 코로나 확진자 및 격리자, 의료종사자, 건강문제 과거력이 있는 집단, 경제적 어려움을 겪는 집단, 아동청소년, 노인, 청년 등이 포함된다. 나아가 이들 각 집단 내에서도 상대적으로 정신건강 문제에 더 취약한 사람들과 탄력성을 유지하는 사람들을 구분할 수 있으므로 예측요인에 대한 포괄적인 평가와 정확한 선별을 통해 가장 도움이 필요한 사람들을 가려내는 것이 중요하다. 특히 이들 취약군은 코로나 이전부터도 정신건강 문제를 겪었을 수 있고, 팬데믹 동안 가용한 심리적 자원을 소진했을 가능성도 높으므로 현시점에 보이는 정신건강 문제가 만성화될 가능성을 고려하여 장기적인 시각에서 심리건강을 추적하고 개입전략을 수립하는 것이 필요하다.

개입의 대상을 선별한 후에는 이들을 위해 어떤 개입을 할 것인지를 결정하는 과정이 따라야 한다. 이는 정신건강 문제에 기여하는 위험요인 및 그 기제에 대한 과학적 근거를 기반으로 이루어져야 한다. 예를 들면, 앞서 살펴보았듯이 코로나 이후 수행된 많은 선행연구에서는 사회적 고립과 외로움의 역할을 반복적으로 확인하였다. 일상이 많이 변화된 팬데믹 동안에도 정신건강을 위해 규칙적인 생활을 유지하고 대안이 되는 활동을 찾는 것이 강조되어 왔는데(Polizzi, Lynn, & Perry, 2020), 이는 개인의 고립감이나 외로움을 감소시키는 기제를 통해 개인의 정신건강에 보탬이 되는 것일 수 있다. 코로나 시대의 정신건강 문제에는 원래 알려져 있던 정신장애의 위험요인과 코로나만의 특수한 위험요인의 조합이 영향을 미치는 것으로 보인다. 이들 요인이 취약집단에 따라 어떻게 함께 작용하는지에 대한 연구들이 활발히 진행되어야 하며, 그 결과에 따라 지역사회 일반인부터 정신과적 환자군에 이르기까지 다양한 수준과 니즈에 따라 개입의 표적과 강도를 결정해야 할 것이다(Boden et al., 2021).

마지막으로, 팬데믹 동안 전통적으로 대면으로 제공되던 정신건강서비스가 불안정해지면서, 급증한 서비스 수요에 대응하고자 새롭고 다양한 채널이 활성화되었다. 이미 여러 정신건강 문제에 대한 비대면 서비스가 보급되고 있으며, 그 효과성도 꾸준히 보고되고 있다(Lee, Shin, & Hur, 2020). 그러나 이러한 비대면 서비스는 코로나19를 계기로 급격하게 증가하였기에 신중한 접근이 필요하다. 새로 확장된 비대면 평가 및 치료와 관련해 효능 검증이 엄정하게 이루어져야 하며, 비대면 서비스에 대한 임상적, 윤리적 지침을 마련하여 서비스 제공자 및 소비자에게 모두 숙지시킬 필요가 있다. 특히 온라인으로 전달되는 비대면 서비스는 이를 실시하는 주체의 전문성이나 서비스의 질적 관리 등이 불안정할 수 있으므로, 이에 대한 관리 책임과 절차를 마련해야 할 것이다.

코로나19 팬데믹이 신체건강뿐 아니라 정신건강 측면에서도 중대한 위기인 것은 분명하다. 이 시기에 정신건강서비스에 대한 수요가 급증하는 데 반해 충분한 대비책이 마련되어 있지 않음은 안타까운 현실이다. 하지만 이 시기가 이전부터 부족하였던 정신건강 영역에 대한 사회적 관심과 자원 배분이 높아지고, 정신건강 문제에 대한 사회구성원의 인식 개선과 비대면 서비스를 포함한 다양한 채널의 정신건강서비스 확장에 보탬이 되는 계기가 된다면 장기적으로 우리 사회구성원의 정신건강에 도움이 되는 중요한 계기로 기능할 것이다.

5. 결론

코로나19 팬데믹은 전 세계적으로 학업 및 직업 장면, 대인관계, 여가활동 등 사람들의 일상을 크게 바꾸어 놓았으며, 대체로 사람들은 이러한 새로운 변화에 그럭저럭 적응해왔다. 그러나 코로나 시기 동안 우리 사회의 자원이 성공적인 방역에 집중되는 동안 정신건강은 상대적으로 간과되어 온 문제가 심각하다. 비록 많은 사람들이 팬데믹의 혼란과 시행착오 속에서도 코로나 이전의 기능수준을 유지하거나 회복하는 것으로 보이나, 일부 취약집단의 경우, 이 시기를 계기로 정신건강 문제가 발생하거나 악화되는 것으로 나타나 우려스럽다. 또한 최근의 불황은 경제적 자원 부족으로 인한 정신건강 문제의 위험을 더욱 높이고 있어 코로나19 시대의 정신건강 문제가 장기화될 가능성을 염두에 두고 사회적으로 해결을 모색할 필요가 있다.

본 장에서는 다수의 선행연구를 통해 코로나19 시대의 정신건강 문제에 특히 취약한 것으로 반복적으로 확인된 일부 집단을 중심으로 이들의 심리적 어려움과 기제에 대해 개관하였다. 팬데믹 동안의 정신건강 문제에 기여하는 개인적, 환경적 요인은 코로나 이전부터 정신병리 문헌에서 이미 알려져 있던 위험요인으로 외로움, 경제적 곤란, 기존 건강문제 등이 있으며, 여기에 코로나만의 특정적인 요인(감염 및 격리 등)이 고려되어야 할 것으로 보인다. 또한 아동청소년이나 노인 등 비대면 상호작용으로 대면 활동의 단절을 충분히 보완하기 어려운 집단이나 안정적인 경제활동을 하기 어려워진 청년 세대의 경우, 정신건강 문제에 더욱 취약할 수 있어 관심을 기울여야 한다. 이러한 연구결과는 비교적 일관되게 나타나고 있으므로 정신건강 관련한 정책 수립에 있어 인력과 자원 배분의 우선순위를 결정할 때 중요하게 고려할 필요가 있다.

이미 코로나 이전부터도 전 세계적으로 정신건강서비스는 늘어난 수요에 비해 사회적 자원이 부족한 문제가 있었다. 팬데믹을 거치며 정신건강 영역의 전문적 서비스에 대한 요구는 급격히 증가하였으나 실제로 가용한 서비스의 양과 질은 이에 턱없이 못 미치고 있는 상황이다. 사스나 메르스와 같은 과거 감염병 경험을 통해 이미 우리는 감염병 유행과 관련한 정신건강 문제는 장기전임을 알고 있다. 그런데 코로나 시기에 정신건강 전문가의 도움이 필요한 사람들은 개인적 취약성이나 사회적 경제위기 속에서 이러한 서비스에 접근하기 더욱 어려울 수 있다. 이러한 상황에서 정신건강 문제에 대한 예방 및 치료적 책임을 오로지 개인에게만

지워서는 가장 도움이 절실한 사람들이 결국 도움을 받지 못하게 되는 문제가 생길 수 있다. 사람들의 정신건강 문제는 개인적 차원에서 정서적 고통감이나 기능장해만을 유발할 뿐 아니라, 직장 생산성 저하나 의료보험 지출 증가 등 사회적 차원에서도 감당해야 하는 비용이 상당하다. 따라서 정신건강 문제에 취약한 사람들을 선별하여 선제적으로 적극 개입하는 것은 미래의 모든 사회구성원을 위해 중요하게 고려되어야 하는 사회적 과제 중 하나이다.

아직 전 세계적으로 코로나19 확진자 수가 상당한 규모로 지속되고 있지만, 우리나라를 포함한 많은 국가에서는 방역을 완화하며 일상으로 복귀하려는 속도에 박차를 가하고 있다. 그러나 팬데믹 종식이 선언된다고 하여 그로 인한 심리적 영향은 결코 끝난 것이 아니라는 점을 기억하고, 주어진 개인, 맥락, 시간적 조건하에 정신건강 문제를 겪을 위험이 높은 개인들을 선별하여 효과적인 개입을 제공하는 것이 앞으로 우리 사회의 연구자, 임상가, 정책전문가, 행정가가 함께 고민해가야 할 임무일 것이다.

참고문헌

박경우, 장혜인 (2021). COVID-19 팬데믹 기간의 소득 변화와 소득 수준이 우울에 미치는 영향: 성별에 따른 차이 분석. 한국심리학회지: 문화 및 사회문제, 27, 435-455.

박혜윤 (2021). 코로나바이러스감염증-19 환자와 자가격리자의 정신건강. 신경정신의학, 60, 11-18.

보건복지부 (2022). 2021년 정신건강실태조사. Retrieved 13/10/2022 from https://mhs.ncmh.go.kr/front/reference/referenceDetail.do

보건복지부 (2022). 2021년 아동학대 주요통계. Retrieved 13/10/2022 from http://www.mohw.go.kr/react/jb/sjb030301vw.jsp

서부덕, 권경희 (2021). 코로나19 팬데믹 상황에서 국내 지역사회 노인들의 우울감 영향요인. 보건정보통계학회지, 46(1), 54-63.

이소희 (2021). 코로나19가 보건의료업무 종사자에게 미치는 영향과 지원 방안. 신경정신의학, 60, 19-22.

질병관리청 (2022). 코로나바이러스감염증-19 국내발생현황. Retrieved 13/10/2022 from https://ncov.kdca.go.kr/

한국트라우마스트레스학회 (2021). 코로나19 국민정신건강 실태조사. Retrieved 13/10/2022 from http://kstss.kr/

황수진, 홍진표, 안지현, 김명현, 정서현, 장혜인 (2021). 외로움과 사회적 고립 척도의 개발 및 타당화 연구. 신경정신의학, 60(4), 291-297.

Alonzi, S., La Torre, A., & Silverstein, M. W. (2020). The psychological impact of preexisting mental and physical health conditions during the COVID-19 pandemic. *Psychological Trauma: Theory, Research, Practice and Policy, 12*(S1), S236--S238.

Bahk, Y.-C., Park, K., Kim, N., Lee, J., Cho, S., Jang, J., Jung, D., Chang, E. J., & Choi, K.- H. (2020). Psychological impact of COVID-19 in Korea: A preliminary study. *Korean Journal of Clinical Psychology, 39*, 355-367.

Bhuiyan, A., Sakib, N., Pakpour, A. H., Griffiths, M. D., & Mamun, M. A. (2021). COVID-19-Related Suicides in Bangladesh Due to Lockdown and Economic Factors: Case Study Evidence from Media Reports. *International Journal of Mental Health and Addiction, 19*(6), 2110-2115.

Bo, H. X., Li, W., Yang, Y., Wang, Y., Zhang, Q., Cheung, T., Wu, X., & Xiang, Y. T. (2021). Posttraumatic stress symptoms and attitude toward crisis mental health services among clinically stable patients with COVID-19 in China. *Psychological Medicine, 51*(6), 1052-1053.

Boden, M., Zimmerman, L., Azevedo, K. J., Ruzek, J. I., Gala, S., Abdel Magid, H. S., Cohen, N., Walser, R., Mahtani, N. D., Hoggatt, K. J., & McLean, C. P. (2021). Addressing the mental health impact of COVID-19 through population health. *Clinical Psychology Review, 85,* 102006.

Brooks, S., Webster, R., Smith, L., Woodland, L., Wessely, S., Greenberg, N., & Rubin, G. J. (2020). The Psychological Impact of Quarantine and How to Reduce it: Rapid Review of the Evidence. *The Lancet. 395*(10227): 912-920.

Bruffaerts, R., Voorspoels, W., Jansen, L., Kessler, R. C., Mortier, P., Vilagut, G., De Vocht, J., & Alonso, J. (2021). Suicidality among healthcare professionals during the first COVID19 wave. *Journal of Affective Disorders, 283*, 66-70.

Bryant-Genevier, J., Rao, C. Y., Lopes-Cardozo, B., Kone, A., Rose, C., Thomas, I., Orquiola, D., Lynfield, R., Shah, D., Freeman, L., Becker, S., Williams, A., Gould, D. W., Tiesman, H., Lloyd, G., Hill, L., & Byrkit, R. (2021). Symptoms of Depression, Anxiety, Post-Traumatic Stress Disorder, and Suicidal Ideation Among State, Tribal, Local, and Territorial Public Health Workers During the COVID-19 Pandemic - United States, March-April 2021. *Morbidity and Mortality Weekly Report, 70*(48), 1680-1685.

Calati, R., Ferrari, C., Brittner, M., Oasi, O., Olie, E., Carvalho, A. F., & Courtet, P. (2019). Suicidal thoughts and behaviors and social isolation: A narrative review of the literature. *Journal of Affective Disorders, 245*, 653-667.

Cao, C., Wang, L., Fang, R., Liu, P., Bi, Y., Luo, S., Grace, E., & Olff, M. (2022). Anxiety, depression, and PTSD symptoms among high school students in china in response to the COVID-19 pandemic and lockdown. *Journal of Affective Disorders, 296*, 126-129.

Chahal, R., Kirshenbaum, J. S., Miller, J. G., Ho, T. C., & Gotlib, I. H. (2021). Higher Executive Control Network Coherence Buffers Against Puberty-Related Increases in Internalizing Symptoms During the COVID-19 Pandemic. Biological psychiatry. *Cognitive Neuroscience and Neuroimaging, 6*(1), 79-88.

Cui, J., Li, F., & Shi, Z. L. (2019). Origin and evolution of pathogenic coronaviruses. *Nature reviews. Microbiology, 17*(3), 181-192.

Cullen, W., Gulati, G., & Kelly, B. D. (2020). Mental health in the COVID-19 pandemic. *International Journal of Medicine, 113*(5), 311-312.

Curtin, M., Richards, H. L., & Fortune, D. G. (2022). Resilience among health care workers while working during a pandemic: A systematic review and meta synthesis of qualitative studies. *Clinical Psychology Review, 95*, 102173.

Dawson, D. L., & Golijani-Moghaddam, N. (2020). COVID-19: Psychological flexibility, coping, mental health, and wellbeing in the UK during the pandemic. *Journal of Contextual Behavioral Science, 17*, 126-134.

Dean, D. J., Tso, I. F., Giersch, A., Lee, H. S., Baxter, T., Griffith, T., Song, L., & Park, S. (2021). Cross-cultural comparisons of psychosocial distress in the USA, South Korea, France, and Hong Kong during the initial phase of COVID-19. *Psychiatry Research, 295,* 113593.

Domenech-Abella, J., Mundo, J., Haro, J. M., & Rubio-Valera, M. (2019). Anxiety, depression, loneliness and social network in the elderly: Longitudinal associations from The Irish Longitudinal Study on Ageing (TILDA). *Journal of Affective Disorders, 246*, 82-88.

Dunmore R. (2020). Coronavirus-related suicides surface amid increased anxiety. *Newsone,* April 2020.

Essau, C. A., & de la Torre-Luque, A. (2021). Adolescent psychopathological profiles and the outcome of the COVID-19 pandemic: Longitudinal findings from the UK Millennium Cohort Study. *Progress in Neuropsychopharmacology & Biological Psychiatry, 110*, 110330.

Evans, G. W., & De France, K. (2022). Childhood poverty and psychological well-being: The mediating role of cumulative risk exposure. *Development and Psychopathology, 34*(3), 911-921.

Evans, G. W., & English, K. (2002). The environment of poverty: multiple stressor exposure, psychophysiological stress, and socioemotional adjustment. *Child Development, 73*(4), 1238-1248.

Fegert, J. M., Vitiello, B., Plener, P. L., & Clemens, V. (2020). Challenges and burden of the Coronavirus 2019 (COVID-19) pandemic for child and adolescent mental health: a narrative review to highlight clinical and research needs in the acute phase and the long return to normality. *Child and Adolescent Psychiatry and Mental Health, 14*, 20.

Fiscella, K., & Williams, D. R. (2004). Health disparities based on socioeconomic inequities: implications for urban health care. *Academic Medicine: Journal of the Association of American Medical Colleges, 79*(12), 1139-1147.

Galli, F., Pozzi, G., Ruggiero, F., Mameli, F., Cavicchioli, M., Barbieri, S., Canevini, M. P., Priori, A., Pravettoni, G., Sani, G., & Ferrucci, R. (2020). A Systematic Review and Provisional Metanalysis on Psychopathologic Burden on Health Care Workers of Coronavirus Outbreaks. *Frontiers in Psychiatry, 11*, 568664.

Gibson, B., Schneider, J., Talamonti, D., & Forshaw, M. (2021). The impact of inequality on mental health outcomes during the COVID-19 pandemic: A systematic review. *Canadian Psychology, 62*, 101-126.

Gobbi, S., Płomecka, M. B., Ashraf, Z., Radziński, P., Neckels, R., Lazzeri, S., Dedić, A., Bakalović, A., Hrustić, L., Skórko, B., Es Haghi, S., Almazidou, K., Rodríguez-Pino, L., Alp, A. B., Jabeen, H., Waller, V., Shibli, D., Behnam, M. A., Arshad, A. H.,

Barańczuk-Turska, Z., … Jawaid, A. (2020). Worsening of Preexisting Psychiatric Conditions During the COVID-19 Pandemic. *Frontiers in psychiatry, 11*, 581426.

Goodman, A. (2021). The impact of isolation on mental health during the COVID-19 pandemic. *Psychology, 12*, 1211-1216.

Gruber, J., Prinstein, M. J., Clark, L. A., Rottenberg, J., Abramowitz, J. S., Albano, A. M., Aldao, A., Borelli, J. L., Chung, T., Davila, J., Forbes, E. E., Gee, D. G., Hall, G. C. N., Hallion, L. S., Hinshaw, S. P., Hofmann, S. G., Hollon, S. D., Joormann, J., Kazdin, A. E., … Weinstock, L. M. (2021). Mental health and clinical psychological science in the time of COVID-19: Challenges, opportunities, and a call to action. *American Psychologist, 76*(3), 409-426.

Gupta, D., & Morley, J. E. (2014). Hypothalamic-pituitary-adrenal(HPA) axis and aging. *Comprehensive Physiology, 4*(4), 1495-1510.

Hapke, U., Schumann, A., Rumpf, H. J., John, U., & Meyer, C. (2006). Post-traumatic stress disorder: the role of trauma, pre-existing psychiatric disorders, and gender. *European Archives of Psychiatry and Clinical Neuroscience, 256*(5), 299-306.

Henssler, J., Stock, F., van Bohemen, J., Walter, H., Heinz, A., & Brandt, L. (2021). Mental health effects of infection containment strategies: quarantine and isolation-a systematic review and meta-analysis. *European Archives of Psychiatry and Clinical Neuroscience, 271*(2), 223-234.

Hoffart, A., Johnson, S. U., & Ebrahimi, O. V. (2020). Loneliness and Social Distancing During the COVID-19 Pandemic: Risk Factors and Associations With Psychopathology. *Frontiers in Psychiatry, 11*, 589127.

Horesh, D., & Brown, A. D. (2020). Traumatic stress in the age of COVID-19: A call to close critical gaps and adapt to new realities. *Psychological Trauma: Theory, Research, Practice and Policy, 12*, 331-335.

Hossain, M. M., Sultana, A., & Purohit, N. (2020). Mental health outcomes of quarantine and isolation for infection prevention: A systematic umbrella review of the global evidence. *Epidemiology and Health, 42*, e2020038.

House, J. S., Landis, K. R., & Umberson, D. (1988). Social relationships and health. *Science (New York, N.Y.), 241*(4865), 540-545.

Jeong, H., Park, S., Kim, J., Oh, K., & Yim, H. W. (2022). Mental health of Korean adults before and during the COVID-19 pandemic: a special report of the 2020 Korea National Health and Nutrition Examination Survey. *Epidemiology and Health, 44*, e2022042.

Jin, B., Lee, S., & Chung, U. S. (2022). Jeopardized mental health of children and adolescents in coronavirus disease 2019 pandemic. *Clinical and Experimental Pediatrics, 65*(7), 322-329.

Jo, S. H., Koo, B. H., Seo, W. S., Yun, S. H., & Kim, H. G. (2020). The psychological impact of the coronavirus disease pandemic on hospital workers in Daegu, South Korea. *Comprehensive psychiatry, 103*, 152213.

Kang, E., Lee, S. Y., Kim, M. S., Jung, H., Kim, K. H., Kim, K. N., Park, H. Y., Lee, Y. J., Cho, B., & Sohn, J. H. (2021). The Psychological Burden of COVID−19 Stigma: Evaluation of the Mental Health of Isolated Mild Condition COVID−19 Patients. *Journal of Korean Medical Science, 36*(3), e33.

Kang, E., Lee, H., Sohn, J. H., Yun, J., Lee, J. Y., & Hong, Y. C. (2021). Impact of the COVID−19 Pandemic on the Health Status and Behaviors of Adults in Korea: National Cross−sectional Web−Based Self−report Survey. *JMIR Public Health and Surveillance, 7*(11), e31635.

Kessler, R. C., Merikangas, K. R., & Wang, P. S. (2007). Prevalence, comorbidity, and service utilization for mood disorders in the United States at the beginning of the twenty−first century. *Annual Review of Clinical Psychology, 3*, 137−158.

Kim, J. H., Shim, Y., Choi, I., & Choi, E. (2022). The Role of Coping Strategies in Maintaining Well−Being During the COVID−19 Outbreak in South Korea. *Social Psychological and Personality Science, 13*(1), 320−332.

Kim, T. J., & von dem Knesebeck, O. (2016). Perceived job insecurity, unemployment and depressive symptoms: a systematic review and meta−analysis of prospective observational studies. *International Archives of Occupational and Environmental Health, 89*(4), 561−573.

Kim, M. Y., & Yang, Y. Y. (2021). Mental Health Status and Its Influencing Factors: The Case of Nurses Working in COVID−19 Hospitals in South Korea. *International Journal of Environmental Research and Public Health, 18*(12), 6531.

Kohn, R., Saxena, S., Levav, I., & Saraceno, B. (2004). The treatment gap in mental health care. *Bulletin of the World Health Organization, 82*(11), 858−866.

Kwon, D. H., Hwang, J., Cho, Y. W., Song, M. L., & Kim, K. T. (2020). The mental health and sleep quality of the medical staff at a hub−hospital against COVID−19 in South Korea. *Journal of Sleep Medicine, 17*, 93−97.

Lai, J., Ma, S., Wang, Y., Cai, Z., Hu, J., Wei, N., Wu, J., Du, H., Chen, T., Li, R., Tan, H., Kang, L., Yao, L., Huang, M., Wang, H., Wang, G., Liu, Z., & Hu, S. (2020). Factors Associated With Mental Health Outcomes Among Health Care Workers Exposed to Coronavirus Disease 2019. *JAMA Network Open, 3*(3), e203976.

Lee J. (2020). Mental health effects of school closures during COVID−19. *The Lancet. Child & Adolescent Health, 4*(6), 421.

Lee, H. S., Dean, D., Baxter, T., Griffith, T., & Park, S. (2021). Deterioration of mental health despite successful control of the COVID−19 pandemic in South

Korea. *Psychiatry Research, 295*, 113570.

Lee, S-E., Shin, H., & Hur, J.-W. (2020). mHealth for mental health in the COVID-19 era. *Korean Journal of Clinical Psychology, 39*, 325-354.

Lee, K. S., Sung, H. K., Lee, S. H., Hyun, J., Kim, H., Lee, J. S., Paik, J. W., Kim, S. J., Sohn, S., & Choi, Y. K. (2022). Factors Related to Anxiety and Depression Among Adolescents During COVID-19: A Web-Based Cross-Sectional Survey. *Journal of Korean Medical Science, 37*(25), e199.

Lee, A. M., Wong, J. G., McAlonan, G. M., Cheung, V., Cheung, C., Sham, P. C., Chu, C. M., Wong, P. C., Tsang, K. W., & Chua, S. E. (2007). Stress and psychological distress among SARS survivors 1 year after the outbreak. *Canadian Journal of Psychiatry, 52*(4), 233-240.

Lewis, K., Lewis, C., Roberts, A., Richards, N. A., Evison, C., Pearce, H. A., Lloyd, K., Meudell, A., Edwards, B. M., Robinson, C. A., Poole, R., John, A., Bisson, J. I., & Jones, I. (2022). The effect of the COVID-19 pandemic on mental health in individuals with pre-existing mental illness. *BJPsych Open, 8*(2), e59.

Liu, N., Zhang, F., Wei, C., Jia, Y., Shang, Z., Sun, L., Wu, L., Sun, Z., Zhou, Y., Wang, Y., & Liu, W. (2020). Prevalence and predictors of PTSS during COVID-19 outbreak in China hardest-hit areas: Gender differences matter. *Psychiatry Research, 287*, 112921.

Lowe, C., Keown-Gerrard, J., Ng, C. F., Gilbert, T. H., & Ross, K. M. (2022). COVID-19 pandemic mental health trajectories: Patterns from a sample of Canadians primarily recruited from Alberta and Ontario. *Canadian Journal of Behavioural Science / Revue canadienne des sciences du comportement.* Advance online publication.

Luo, M., Guo, L., Yu, M., Jiang, W., & Wang, H. (2020). The psychological and mental impact of coronavirus disease 2019 (COVID-19) on medical staff and general public - A systematic review and meta-analysis. *Psychiatry Research, 291*, 113190.

Mancini, A. D. (2020). Heterogeneous mental health consequences of COVID-19: Costs and benefits. *Psychological Trauma: Theory, Research, Practice, and Policy, 12*, S15-S16.

Mancini, A. D. (2019). When acute adversity improves psychological health: A social-contextual framework. *Psychological Review, 126*, 486-505.

Mariani, R., Renzi, A., Di Trani, M., Trabucchi, G., Danskin, K., & Tambelli, R. (2020). The Impact of Coping Strategies and Perceived Family Support on Depressive and Anxious Symptomatology During the Coronavirus Pandemic (COVID-19) Lockdown. *Frontiers in Psychiatry, 11*, 587724.

Meade J. (2021). Mental Health Effects of the COVID-19 Pandemic on Children and

Adolescents: A Review of the Current Research. *Pediatric Clinics of North America, 68*(5), 945–959.

Mehdi, S. M. A., Meyers, B., Nathanson, M., & Devanand, D. P. (2022). Impact of COVID–19 on the mental health of geriatric residents in long–term care facilities. *GeroPsych: The Journal of Gerontopsychology and Geriatric Psychiatry*. Advance online publication.

Meherali, S., Punjani, N., Louie–Poon, S., Abdul Rahim, K., Das, J. K., Salam, R. A., & Lassi, Z. S. (2021). Mental Health of Children and Adolescents Amidst COVID–19 and Past Pandemics: A Rapid Systematic Review. *International Journal of Environmental Research and Public Health, 18*(7), 3432.

Monroe, S. M., & Simons, A. D. (1991). Diathesis–stress theories in the context of life stress research: Implications for the depressive disorders. *Psychological Bulletin, 110*, 406–425.

Mortier, P., Vilagut, G., Ferrer, M., Serra, C., Molina, J. D., L pez–Fresne a, N., Puig, T., Pelayo–Ter n, J. M., Pijoan, J. I., Emparanza, J. I., Espuga, M., Plana, N., Gonz lez–Pinto, A., Ort –Lucas, R. M., de Sal zar, A. M., Rius, C., Aragon s, E., Del Cura–Gonz lez, I., Arag n–Pe a, A., Campos, M., … MINDCOVID Working Group (2021). Thirty–day suicidal thoughts and behaviors among hospital workers during the first wave of the Spain COVID–19 outbreak. *Depression and Anxiety, 38*(5), 528–544.

Panchal, N., Kamal, R., Cox, C., & Garfield, R. (2021). The Implications of COVID–19 for Mental Health and Substance Use. Available from: https://www.kff.org/coronavirus–covid–19/issue–brief/the–implications–of–covid–19–for–mental–health–and–substance–use/ Accessed October 13, 2022.

Park, H. Y., Jung, J., Park, H. Y., Lee, S. H., Kim, E. S., Kim, H. B., & Song, K. H. (2020). Psychological Consequences of Survivors of COVID–19 Pneumonia 1 Month after Discharge. *Journal of Korean Medical Science, 35*(47), e409.

Park, H. Y., Song, I. A., Lee, S. H., Sim, M. Y., Oh, H. S., Song, K. H., Yu, E. S., Park, H. Y., & Oh, T. K. (2021). Prevalence of mental illness among COVID–19 survivors in South Korea: nationwide cohort. *BJPsych Open, 7*(6), e183.

Petrie, K., Milligan–Saville, J., Gayed, A., Deady, M., Phelps, A., Dell, L., Forbes, D., Bryant, R. A., Calvo, R. A., Glozier, N., & Harvey, S. B. (2018). Prevalence of PTSD and common mental disorders amongst ambulance personnel: a systematic review and meta–analysis. *Social Psychiatry and Psychiatric Epidemiology, 53*(9), 897–909.

Pirkis, J., John, A., Shin, S., DelPozo–Banos, M., Arya, V., Analuisa–Aguilar, P., Appleby, L., Arensman, E., Bantjes, J., Baran, A., Bertolote, J. M., Borges,

G., Brecic, P., Caine, E., Castelpietra, G., Chang, S.-S., Colchester, D., Crompton, D., Curkovic, M., Deisenhammer, E. A., … Spittal, M. J. (2021). Suicide trends in the early months of the COVID-19 pandemic: An interrupted time-series analysis of preliminary data from 21 countries. *Lancet Psychiatry, 8*, 579-588.

Polizzi, C., Lynn, S. J., & Perry, A. (2020). Stress and Coping in the Time of Covid-19: Pathways to Resilience and Recovery. *Clinical Neuropsychiatry, 17*(2), 59-62.

Purssell, E., Gould, D., & Chudleigh, J. (2020). Impact of isolation on hospitalised patients who are infectious: systematic review with meta-analysis. *BMJ Open, 10*(2), e030371.

Rogers, J. P., Chesney, E., Oliver, D., Pollak, T. A., McGuire, P., Fusar-Poli, P., Zandi, M. S., Lewis, G., & David, A. S. (2020). Psychiatric and neuropsychiatric presentations associated with severe coronavirus infections: A systematic review and meta-analysis with comparison to the COVID-19 pandemic. *The Lancet Psychiatry, 7*(7), 611-627.

Rudenstine, S., McNeal, K., Schulder, T., Ettman, C. K., Hernandez, M., Gvozdieva, K., & Galea, S. (2021). Depression and Anxiety During the COVID-19 Pandemic in an Urban, Low-Income Public University Sample. *Journal of Traumatic Stress, 34*(1), 12-22.

Seddighi, H., Salmani, I., Javadi, M. H., & Seddighi, S. (2021). Child Abuse in Natural Disasters and Conflicts: A Systematic Review. *Trauma, Violence & Abuse, 22*(1), 176-185.

Sepúlveda-Loyola, W., Rodríguez-Sánchez, I., Pérez-Rodríguez, P., Ganz, F., Torralba, R., Oliveira, D. V., & Rodríguez-Mañas, L. (2020). Impact of Social Isolation Due to COVID-19 on Health in Older People: Mental and Physical Effects and Recommendations. *The Journal of Nutrition, Health & Aging, 24*(9), 938-947.

Sher L. (2020). The impact of the COVID-19 pandemic on suicide rates. *QJM : monthly journal of the Association of Physicians, 113*(10), 707-712.

Smallwood, N., Karimi, L., Bismark, M., Putland, M., Johnson, D., Dharmage, S. C., Barson, E., Atkin, N., Long, C., Ng, I., Holland, A., Munro, J. E., Thevarajan, I., Moore, C., McGillion, A., Sandford, D., & Willis, K. (2021). High levels of psychosocial distress among Australian frontline healthcare workers during the COVID-19 pandemic: a cross-sectional survey. *General Psychiatry, 34*(5), e100577.

Taylor, S. (2019). The psychology of pandemic: preparing for the next global outbreak of infectious disease. Newcastle: Cambridge scholars publishing.

Taylor, S. E., & Stanton, A. L. (2007). Coping resources, coping processes, and mental health. *Annual Review of Clinical Psychology, 3*, 377–401.

Thibaut, F., & van Wijngaarden–Cremers, P. (2020). Women's Mental Health in the Time of Covid–19 Pandemic. *Frontiers in Global Women's Health, 1*, 588372.

Torales, J., O'Higgins, M., Castaldelli–Maia, J. M., & Ventriglio, A. (2020). The outbreak of COVID–19 coronavirus and its impact on global mental health. *International Journal of Social Psychiatry, 66*(4), 317–320.

Vandoros, S., Avendano, M., & Kawachi, I. (2019). The association between economic uncertainty and suicide in the short–run. *Social Science & Medicine (1982), 220*, 403–410.

Varma, P., Junge, M., Meaklim, H., & Jackson, M. L. (2021). Younger people are more vulnerable to stress, anxiety and depression during COVID–19 pandemic: A global cross–sectional survey. *Progress in Neuro-Psychopharmacology & Biological Psychiatry, 109*, 110236.

Velotti, P., Rogier, G., Beomonte Zobel, S., Castellano, R., & Tambelli, R. (2021). Loneliness, Emotion Dysregulation, and Internalizing Symptoms During Coronavirus Disease 2019: A Structural Equation Modeling Approach. *Frontiers in Psychiatry, 11*, 581494.

Victor, C. R. (2012). Loneliness in care homes: A neglected area of research? *Aging Health, 8*(6), 637–646.

Vindegaard, N., & Benros, M. E. (2020). COVID–19 pandemic and mental health consequences: Systematic review of the current evidence. *Brain, Behavior, and Immunity, 89*, 531–542.

von Dawans, B., Fischbacher, U., Kirschbaum, C., Fehr, E., & Heinrichs, M. (2012). The social dimension of stress reactivity: Acute stress increases prosocial behavior in humans. *Psychological Science, 23*, 651–660.

Whitehead, M., Taylor–Robinson, D., & Barr, B. (2021). Poverty, health, and covid–19. *BMJ (Clinical research ed.), 372*, n376.

WHO (2022). Coronavirus (COVID–19) Dashboard. Retrieved 13/10/2022 from https://covid19.who.int/

WHO (2021). Political Declaration of the Third High–Level Meeting of the General Assembly on the Prevention and Control of Non–Communicable Diseases. *Executive Board 148th Session Provisional Agenda* Item 6.

Wu, P., Fang, Y., Guan, Z., Fan, B., Kong, J., Yao, Z., Liu, X., Fuller, C. J., Susser, E., Lu, J., & Hoven, C. W. (2009). The psychological impact of the SARS epidemic on hospital employees in China: exposure, risk perception, and altruistic acceptance of risk. *Canadian Journal of Psychiatry, 54*(5), 302–311.

Yip, P. S., Cheung, Y. T., Chau, P. H., & Law, Y. W. (2010). The impact of epidemic outbreak: the case of severe acute respiratory syndrome (SARS) and suicide among older adults in Hong Kong. *Crisis, 31*(2), 86–92.

Yoshikawa, H., Aber, J. L., & Beardslee, W. R. (2012). The effects of poverty on the mental, emotional, and behavioral health of children and youth: implications for prevention. *American Psychologist, 67*(4), 272–284.

Zubair, A. S., McAlpine, L. S., Gardin, T., Farhadian, S., Kuruvilla, D. E., & Spudich, S. (2020). Neuropathogenesis and Neurologic Manifestations of the Coronaviruses in the Age of Coronavirus Disease 2019: A Review. *JAMA Neurology, 77*(8), 1018–1027.

저자 후기

'지구촌'이라는 단어가 자연스럽게 받아들여진 21세기의 초입에서 인류는 코로나19 팬데믹이라는 새로운 '지구촌 경험'에 적응하고 있다. 코로나19 팬데믹은 지금까지 인류가 겪었던 그 어떤 재앙보다도 우리 삶에 크고 깊은 상처를 남겼으며, 정치 · 경제 · 사회 · 문화 등 일상의 거의 모든 단면에 전대미문의 변화를 초래했다. 세계보건기구가 코로나19 팬데믹을 공식 선언한 이래 심리학자들은 이 커다란 불행에 감춰진 새로운 위기와 기회를 이해하는 데 매진했고, 그 결과 팬데믹에 대한 사람들의 지각과 인식, 성격 및 정서적 취약성, 마스크 착용과 사회적 거리두기 등 각종 통제 정책에 대한 시민 순응, 정신건강과 적응, 조직 생활, 대인관계 및 집단간 관계 등 광범위한 영역에서 방대한 과학적 연구성과를 세상에 내놓았다.

이 책은 코로나19 팬데믹 기간 동안 인류가 목도하고 있는 제반 심리현상과 인간 행동에 관한 심리학 연구들을 집약하고, 이 연구들을 통해 우리가 얻은 심리학적 통찰을 독자들과 공유하기 위해 집필되었다. 이 목적을 달성하기 위해 사회문화심리, 인지신경심리, 성격심리, 산업 및 조직심리, 임상심리 분야 전공 교수진이 사회적 거리두기를 실천하면서 각자의 전공 영역에서 보고된 팬데믹 관련 심리학 연구들을 분석하였다. 그리고 이를 토대로 포스트 코로나 시대에 발견적 가치와 유용성이 큰 심리학 연구의 내용과 방법을 들여다보았다. 비록 이 시도가 심리학의 일부 영역에 국한된 점이 아쉽기는 하지만, 머지않아 팬데믹이 종식되고 인류가 '새로운 정상'(new normal)에 적응해가는 과정에서 우리가 인간의 마음과 행동에 관한 과학적 연구에 귀를 기울여야 함을 주장하는 것까지는 허락받을 수 있을 듯하다. 이 책을 통해 심리학이 현실 세계 인간 문제에 좀 더 귀를 기울이고, 세상의 변화를 뒤쫓아 다니기보다는 건강한 변화를 창출하는 학문으로 한 걸음 더 나아가야 함을 주장하는 것까지 허락받을 수 있을지는 독자들의 판단에 맡긴다.

2023년 1월 저자일동

코로나19 시기의 심리적 도전과 적응

초판 1쇄 인쇄 2023년 2월 26일
초판 1쇄 발행 2023년 2월 28일

지은이 최훈석, 김민우, 장승민, 박형인, 장혜인
펴낸이 유지범
책임편집 신철호
편집 현상철·구남희
마케팅 박정수·김지현

펴낸곳 성균관대학교 출판부
등록 1975년 5월 21일 제1975-9호
주소 03063 서울특별시 종로구 성균관로 25-2
대표전화 (02)760-1253~4
팩시밀리 (02)762-7452
홈페이지 press.skku.edu

ISBN 979-11-5550-590-8 93330